les Départements de France

Quoi de mieux que le vélo et le fromage pour représenter toute la diversité de la France des Départements ? C'est autour de ces deux tendances positives et fédératrices que l'Assemblée des Départements de France (ADF), le Centre National Interprofessionnel de l'Economie Laitière (Cniel), ADN Tourisme et Vélo & Territoires ont lancé en avril 2019 le projet « Vélo & Fromages, la France sur un plateau ». Derrière ce concept se cachent des parcours thématiques à vélo à la découverte des spécialités fromagères des Départements.

Le vélo garantit un rythme idéal pour prendre le temps de découvrir, rencontrer et partager. A travers un réseau structuré de plus de 17 500 kilomètres de véloroutes et voies vertes, aménagées en partie par les Départements, précurseurs dans le domaine, la France à vélo fait office de référence. A destination d'un public novice ou chevronné, ces itinéraires sont d'autant plus accessibles depuis l'essor du vélo à assistance électrique. Héritage de la tradition et du savoir-faire local, le fromage est un symbole du patrimoine français et de nos Départements. Souvent associé à un moment de convivialité et de plaisir, il n'en fallait pas moins pour le marier à la bicyclette : rien de tel qu'une découverte des saveurs fromagères des Départements pour ponctuer une balade à vélo, après l'effort le réconfort !

À travers « Vélo & Fromages », des visites de fermes, de caves d'affinage, des musées, des rencontres avec des producteurs passionnés, des transformateurs, des crémiers-fromagers, des pauses dans les marchés, etc. sont proposées tout au long des parcours, une véritable route des fromages à vélo à l'échelle de 45 Départements labellisés ! Des balades les plus sportives aux plus familiales, ces 87 premiers itinéraires « Vélo & Fromages » font la promesse de près de 6 800 kilomètres de routes à sillonner à bicyclette, avec plus de 1 000 sites fromagers à découvrir. Des idées d'escapades roulantes et gourmandes… sur un plateau.

SOMMAIRE

LÉGENDES PICTOS

- Éleveur/Ferme
- Atelier de transformation
- Cave d'affinage
- Crémier-fromager
- Musée/Événement fromager
- Marché & Espace de vente
- Restaurateur
- Hébergement
- Hôtel/Restaurant

NORD PAGE 146
MOSELLE PAGE 142
SEINE-ET-MARNE PAGE 220
ALSACE PAGE 178
YONNE PAGE 238
HAUTE-MARNE PAGE 138
HAUTE-SAÔNE PAGE 194
CÔTE D'OR PAGE 70
CHER LOIRET NIÈVRE PAGE 64
DOUBS PAGE 76
SAÔNE ET-LOIRE PAGE 202
JURA PAGE 104
ALLIER PAGE 6
HAUTE-SAVOIE PAGE 210
PUY-DE DÔME PAGE 158
RHÔNE PAGE 186
SAVOIE PAGE 206
ISÈRE PAGE 98
HAUTES-ALPES PAGE 8
HAUTE LOIRE PAGE 126
ARDÈCHE PAGE 26
DRÔME PAGE 86
ALPES-MARITIMES PAGE 14
AVEYRON PAGE 34
BOUCHES DU-RHÔNE PAGE 38
AUDE PAGE 32

BON À SAVOIR

« Vélo & Fromages », c'est l'histoire d'une union entre deux emblèmes de l'art de vivre à la française : la bicyclette, évocatrice de liberté et le fromage, met d'excellence du patrimoine culinaire français. Chaque été, le Tour de France marque la saison estivale et enchante les amateurs de cyclisme sur le bord des routes départementales. Des routes et des chemins qui ravissent aussi bien les professionnels de la petite reine que les cyclotouristes. Plus de 21 millions de Français font du vélo pendant leurs vacances et la France séduit de plus en plus le marché européen du tourisme à vélo. Allié au fromage, la star de nos assiettes et ses quelques 1 200 variétés, il y en a pour tous les goûts : vache, chèvre, brebis, « Vélo & Fromages » ne manque pas d'atouts pour vous séduire lors de vos escapades en famille, montée de cols, chemins de halage ou encore circuits VTT !

DÉPARTEMENTS, VÉLO ET FROMAGES : UN TRIO GOURMAND

› Des itinéraires affinés par les Départements

À travers « Vélo & Fromages », l'Assemblée des Départements de France et ses partenaires placent l'attractivité des territoires au cœur de l'action. Garants de l'aménagement et de l'entretien des routes, et par là-même des itinéraires cyclables, les Départements assurent également des missions de proximité aussi variées que la promotion touristique, le développement des mobilités douces, l'éducation et le sport, le numérique, le développement des circuits-courts, etc. Autant de compétences exercées au quotidien, respectueuses des valeurs et des identités de chaque territoire, réunies à travers ce nouveau concept d'échappées belles et savoureuses !

Ainsi, grâce à l'imagination, la créativité et l'implication des Départements, les 87 itinéraires déjà labellisés mettent en valeur une grande diversité : richesse gastronomique, sportivité des parcours, attractivité touristique, etc. Les Départements sont le bon échelon pour valoriser et faire rayonner les territoires et leurs produits tel que le fromage, symbole français par excellence.

Vélo
& FROMAGES
LA FRANCE
SUR UN PLATEAU

› La France terre de lait : du goût, du caractère, de la diversité !

Une géographie riche de différents terroirs, un climat tempéré propice au pâturage et aux cultures de fourrages, des réserves d'eau : la France est par nature une terre de lait. Camembert, Munster, Roquefort, Ossau-Iraty, etc., chaque fromage révèle un terroir et un savoir-faire local inégalé. Plus de 75 000 producteurs de lait (vaches, chèvres, brebis) œuvrent au quotidien, au cœur des Départements, pour offrir des produits laitiers bons et accessibles.

› Vélo & Fromages, une association qui roule

Des 6,9 km de « La Vélo Francette Airvault-St-Loup-sur-Thouet » dans les Deux-Sèvres aux 380 km du Tour de la Creuse, des parcours les plus physiques tels que « La Boucle Sportive en Bigorre » dans les Hautes-Pyrénées (réel défi montagnard pour cyclistes valeureux) à la balade familiale « Plaine du Comtat Arbre et Patrimoine » dans les Hautes-Alpes, en passant par « Le circuit des Châteaux » dans la Drôme qui propose un itinéraire 100% Bio, les cyclotouristes amateurs de bons produits seront comblés.

› Un label pour se régaler en toute sécurité

Les itinéraires retenus ont fait l'objet d'une analyse par un jury d'experts, sur la base de conditions à respecter. Pour être éligible, un parcours devait nécessairement s'appuyer sur un itinéraire existant sécurisé et balisé (schéma cyclable départemental, véloroutes & voies vertes, EuroVelo…) et respecter un ratio équilibré de sites fromagers. Ces derniers (producteur, affineur, crémier-fromager, restaurateur, marché, etc.) devaient quant à eux être situés à moins de 6 km d'un itinéraire cyclable (sauf site remarquable) et ouverts à la visite et/ou à la vente au public au moins un jour par semaine ou sur rendez-vous.

Cette première édition du guide vous amène à la rencontre de plus de 1 000 sites fromagers à travers 45 Départements. Entremêlant la route et le fromage, le vélo et le terroir, le logo « Vélo & Fromages » vous permet de vous repérer sur les itinéraires et d'identifier les sites fromagers susceptibles de vous accueillir. La garantie d'une sortie vélo récréative et alléchante à partager sur les réseaux sociaux avec le hashtag #VeloetFromages !

LES PARTENAIRES DU PROJET

Initié par l'Assemblée des Départements de France, avec la complicité du Cniel, d'ADN Tourisme et de Vélo & Territoires, le projet n'aurait pu se développer et prendre une telle ampleur sans l'engouement et l'investissement des Départements et de leurs agences touristiques que nous remercions !

› L'Assemblée des Départements de France (ADF)

Créée en 1946, l'ADF est une association pluraliste qui réunit les Présidents des 103 collectivités adhérentes dont 96 Départements et 7 collectivités territoriales à compétences départementales. Elle remplit une triple mission : représenter les Départements auprès des pouvoirs publics, constituer un centre de ressources permanent pour les Conseils départementaux et offrir aux élus départementaux et à leurs collaborateurs les moyens de confronter leurs idées, d'échanger leurs expériences et d'arrêter des positions communes sur les grands sujets nationaux.

› Le Centre National Interprofessionnel de l'Économie laitière (Cniel)

Le Cniel est l'Interprofession qui réunit l'ensemble des acteurs de la filière laitière : les éleveurs laitiers, les coopératives et industriels laitiers, ainsi que les acteurs de la grande distribution, du commerce et de la restauration collective. Association loi 1901 reconnue par les pouvoirs publics français et européens, le Cniel est un lieu d'échange entre les acteurs de la filière, de concertation et de débat intégrant les réalités du monde professionnel et les attentes et préférences des consommateurs-citoyens et de la société civile.

Coopérative fromagère de Bouverans dans le Doubs.

› ADN Tourisme

ADN Tourisme est née le 11 mars 2020 du regroupement des 3 fédérations historiques des acteurs institutionnels du tourisme : Offices de Tourisme de France, Tourisme & Territoires et Destination Régions. Elle représente au niveau national les forces conjuguées de près de 1 300 structures représentant 12 000 salariés. Elle accompagne ses adhérents dans le développement et l'évolution de leurs activités (promotion, observation, ingénierie…), ainsi que dans leurs démarches de qualification des services. Elle participe activement, au niveau national, au déploiement de filières et des marques et labels tels que Accueil Vélo, Tourisme & Handicap, Vignobles & Découvertes.

› Vélo & Territoires

Vélo & Territoires mobilise 11 Régions, 64 Départements, 33 intercommunalités et un partenaire Voies Navigables de France dans une dynamique collégiale pour construire la France à vélo en 2030. Au cœur de ce cap stratégique : achever les schémas vélo au profit de l'équilibre des territoires ; faire du vélo un outil de mobilité à part entière ; porter la France au premier rang des destinations mondiales du tourisme à vélo ; faire de la France une grande nation cyclable.

CITÉ MÉDIÉVALE EN BOCAGE

Un itinéraire affiné dans l'Allier

Terre de bocage, de pâturage et d'élevage, la partie nord/nord-ouest du Département concentre un nombre important de sites fromagers, de fermes et de crémiers. C'est autour de la boucle cyclotouristique n°2 « Cité médiévale en bocage », située autour de Souvigny et Bourbon-l'Archambault, que l'on retrouve un des plus emblématiques parcours du Département en terme de patrimoine et de paysage. A découvrir sans tarder !

DISTANCE *68 km*
DURÉE ESTIMÉE *4h30*
DÉNIVELÉ POSITIF *564m*
NIVEAU ▲▲△△△

FROMAGERIE DÉRET ET FILS

Route de Saint-Pardoux - 03350 THENEUILLE
✆04.70.67.57.58
Horaires d'ouverture : le lun. et le mer. de 9h30-12h/14h-17h, le mar. et le jeu. de 14h-17h et le ven. de 9h30-12h.
Distance : 6 km
Fromages : Le Cérilly

FERME DES BONNES

Les Bonnes - 03210 MARIGNY
✆ 06.71.87.95.29
Horaires d'ouverture : tous les jours de 14h à 18h sauf dim.
Distance : sur l'itinéraire
Fromages : Chèvre

LA CHÈVRE-FEUILLE / LE P'TIT LOQUET

Les Guillou - 03000 MONTILLY
✆ 04.70.48.98.26
Horaires d'ouverture : du vend. 12h au dim. 12h et pour les groupes en semaine
Distance : 5 km

LE CHUCHAL

Margeat - 03160 FRANCHESSE
✆ 04.70.67.19.62
Horaires d'ouverture : du lun. au jeu. 11h30-22 h00, du ven. au sam. 11h30-23h00 et dim. 11h30-21h00
Distance : sur l'itinéraire
Fromages : locaux et régionaux

CHÂTEAU D'YGRANDE

Le mont - 03160 YGRANDE ✆ 04.70.66.33.11
Horaires d'ouverture : tous les jours
Distance :1 km
Fromages : locaux et régionaux

AUBERGE DES TILLEULS

9 place Saint-Éloy - 03210 SOUVIGNY
✆ 04.70.43.60.70
Horaires d'ouverture : tous les jours 12h-14h et 19h-21h30, sauf le mer. et le dim. soir
Distance : sur l'itinéraire
Fromages : locaux et régionaux

FERME DÉBARNOT DU GRAND CROTTET

Le grand Crottet - 03160 FRANCHESSE
✆ 07.63.66.19.90
Horaires d'ouverture : tous les jours de 10h à 12h
Fromages : Yaourt au lait de vache, tomme

MEUBLÉ WITTE - LA LUE ET LA TOUR

La lue - 03210 AGONGES
✆ 04.70.43.91.57
Distance : 2 km

GÎTE ET CHAMBRE D'HÔTES LA TROLIÈRE

Lieu-dit La Trolière - 03210 AUTRY-ISSARDS
✆ 06.62.33.36.91
Distance : 1 km

GRAND HÔTEL MONTESPAN TALLEYRAND

2, 3 et 4 Place des Thermes
03160 BOURBON-L'ARCHAMBAULT
✆ 04.70.67.00.24
Horaires d'ouverture : tous les jours
Distance : 1 km
Fromages : locaux et régionaux

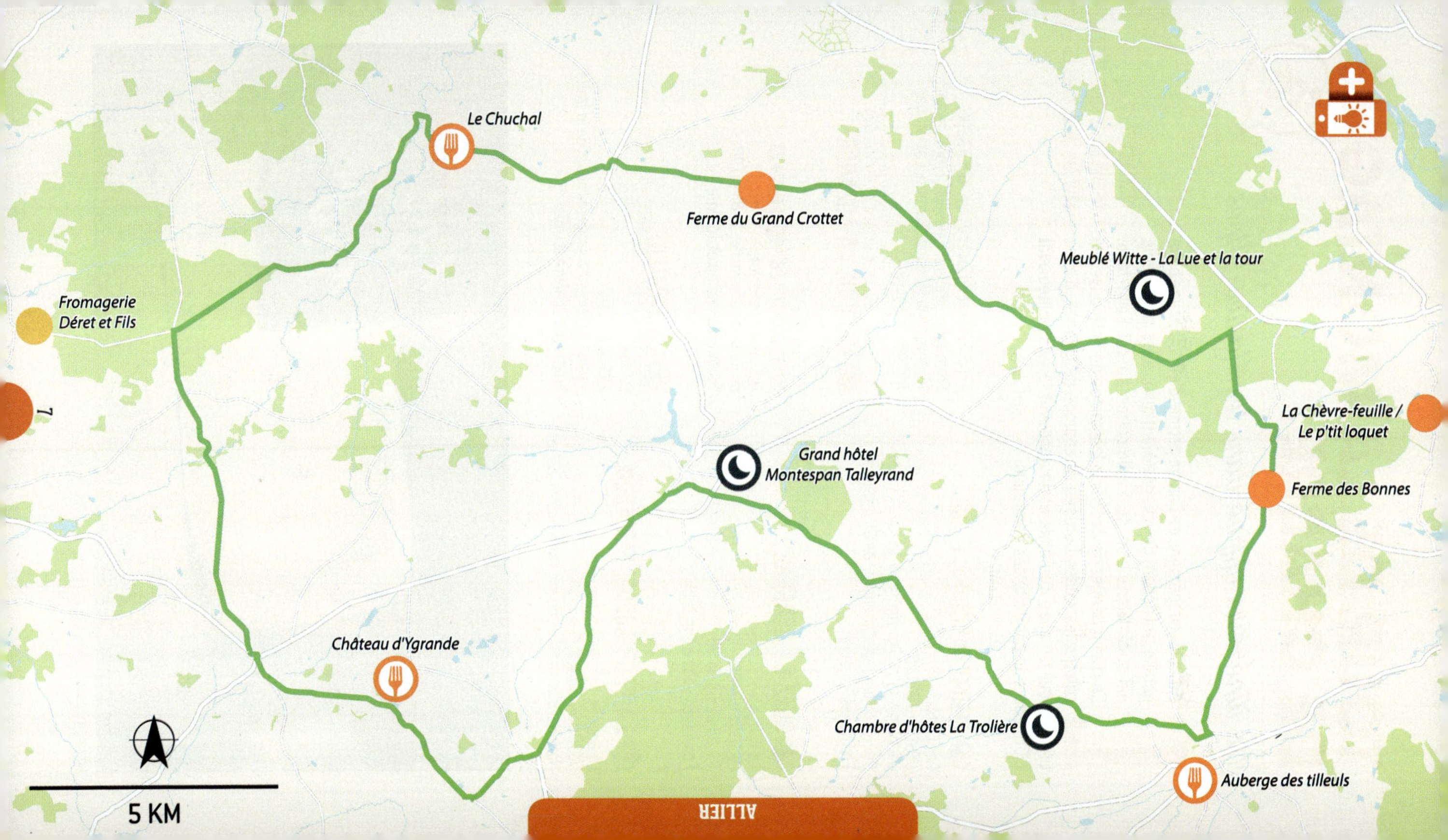
Le Chuchal
Ferme du Grand Crottet
Meublé Witte - La Lue et la tour
Fromagerie
Déret et Fils
La Chèvre-feuille /
Le p'tit loquet
Grand hôtel
Montespan Talleyrand
Ferme des Bonnes
Château d'Ygrande
Chambre d'hôtes La Trolière
Auberge des tilleuls
5 KM
ALLIER

TOUR DE LA MONTAGNE DE CHABRE

Un itinéraire affiné dans les Hautes-Alpes

Le tour de la montagne de Chabre permet d'effectuer une belle boucle au départ de Laragne-Montéglin, avec pour seule difficulté l'ascension de 6 kilomètres du col Saint-Jean. Ce circuit permet de découvrir les gorges de la Méouge, de côtoyer les routes bordées de champs de lavande, d'avoir une vue sur la vallée du Céans et de découvrir le village médiéval d'Orpierre, ancienne cité des Baronnies.

DISTANCE *65,2 km*
DÉNIVELÉ POSITIF *790m*
NIVEAU ▲▲△△△

FERME DU COQ À L'ÂNE

Les Clots
05300 LAGRAND
✆ 04 92 54 71 16 / 06 79 79 30 04
Ouvert du lundi au dimanche, de 8h à 19H
Fromages : chèvre

CHEZ LA BERGÈRE

Le Village
05300 ÉOURRES
✆ 04 92 65 14 08
Fromages : chèvre et brebis

LA FROMAGERIE FERMIÈRE

La Gadelle
05300 SALÉRANS
Horaires d'ouverture : du lun. au mer. 09h-12h et 17h30-20h et du jeu. au dim. 17h30-20h
Fromages : chèvre, Faisselle, Fromage sec, Tomme de la Méouge, Gavotin, Cabrichon, Tomme à l'ancienne

GAEC DE LA LOZANCE

L'Adret
26560 LACHAU
✆ 06 63 57 68 26 / 06 61 64 74 23
Horaires d'ouverture :
du lundi au dimanche, de 8H à 19H
Fromages : Vache et Tomme

LA TOMIÈRE

L'Adret
26560 LACHAU
Vente à la ferme en soirée à l'heure de la traite
Fromages : chèvre fermier

HAUTES-ALPES

© PATRICK DOMEYNE

La tome Izoard.

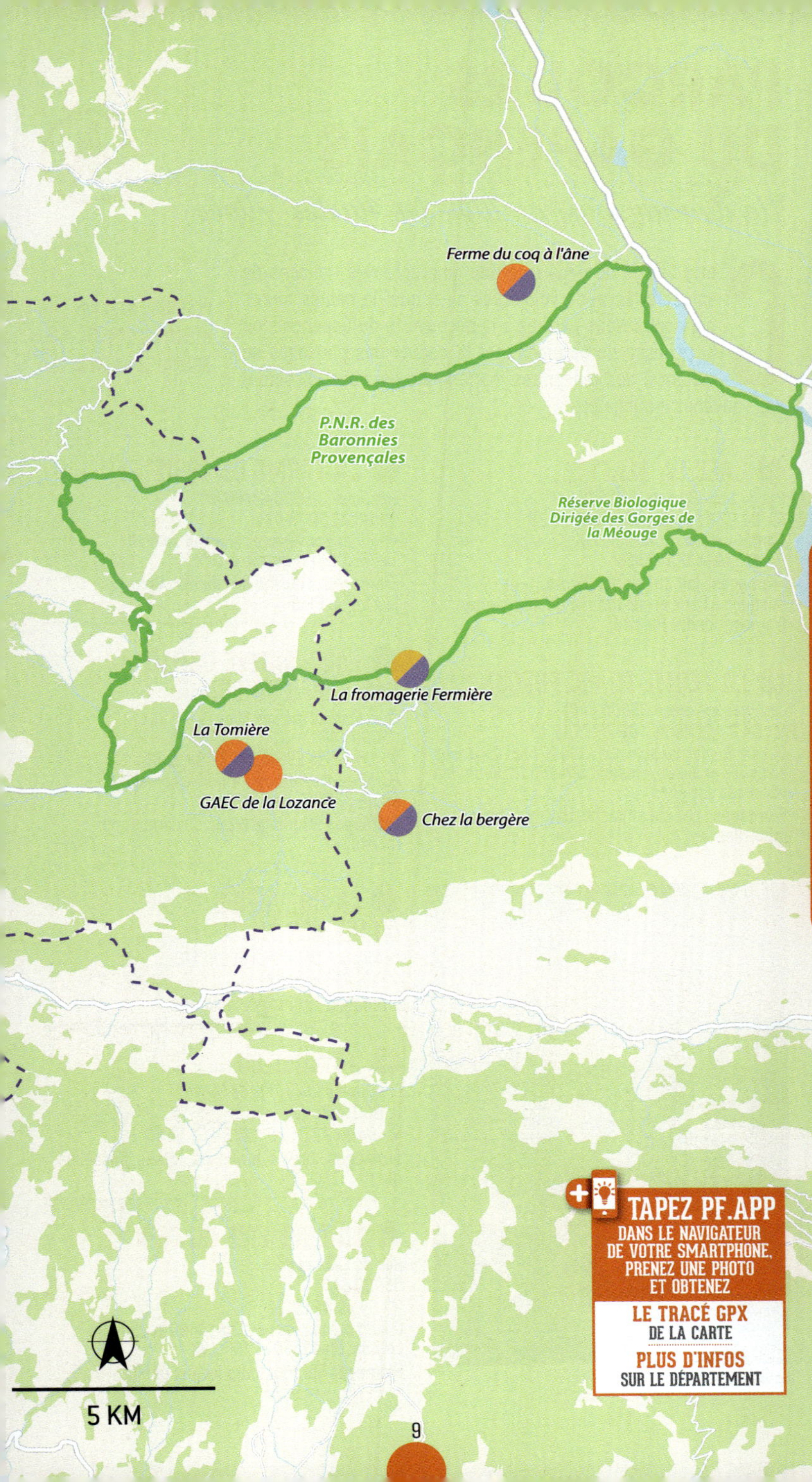

TAPEZ PF.APP
DANS LE NAVIGATEUR DE VOTRE SMARTPHONE, PRENEZ UNE PHOTO ET OBTENEZ

LE TRACÉ GPX
DE LA CARTE

PLUS D'INFOS
SUR LE DÉPARTEMENT

PARCOURS DU GAPENÇAIS

Un itinéraire affiné dans les Hautes-Alpes

Cette boucle au départ de Gap emprunte des tronçons de voies vertes et de véloroutes ainsi que de petites routes partagées. Vous partirez à la découverte du Gapençais où la richesse du patrimoine et la beauté des paysages se mêlent à des rencontres inattendues qui vous laisseront des souvenirs inoubliables...

DISTANCE 41,4 km
DÉNIVELÉ POSITIF 976m
NIVEAU ▲▲▲▲△

GAEC LA BELETTE

Rte du Lac - Romette - 05000 GAP
✆ 04 92 51 04 62 / 06 74 05 16 25
Horaires d'ouverture : lundi au samedi, 9h-11h30 et 17h-18h30
Fromages : lait cru en berlingots, faisselle à l'ancienne, tomme de montagne, fromage Tendre Belette,

LA FERME DE PIC PONÇON

Les Eyssagnières - 05000 GAP
✆ 04 92 52 49 05 / 06 77 75 12 19
Ouvert du mer. au sam. 17h-18h30 hors vacances scolaires et du lun. au sam. 17h-18h30 durant les vacances scolaires
Fromages : chèvre et vache, tommes, bleus, faisselles

© FRANCOIS ROUX - SHUTTERSTOCK.COM
La ville de Gap.

LA FERME DE CHRISTEL

Les Gays - 05000 RAMBAUD
✆ 06 73 39 73 07
Horaires d'ouverture : lundi au samedi, de 9h à 13h et de 15h à 19h
Fromages : Fourme du clocher, Alpin, Martagon Bleu

COOPÉRATIVE LAITIÈRE DES ALPES DU SUD

Chez Sodiaal rue des Silos
05000 GAP
✆ 04 92 53 55 94 / 06 72 88 71 66
Horaires d'ouverture : lundi au samedi, 8h30- 12H30 et 14h-19h
Fromages : fromage blanc de campagne, faisselles

LA CHÈVRERIE DU ROCHER

Le Village - 05000 LA ROCHETTE
✆ 06 75 54 27 27
Fromages : fromages lactiques

A'TRAPOLOU

Les Lunels Rte du Col de Gleize
05000 GAP
✆ 04 92 23 35 78 / 06 84 01 51 09
Fromages : brebis, brousses, tomes, faisselles, bleu

LA CRÉMERIE DU COIN

Rue du Colonel Roux
05000 GAP
✆ 04 92 46 81 04
Ouvert du mar. au ven. 9h-13h30 et 15h-19h. Le sam. 8h-13h30 et 15h-19h
Fromages : producteurs locaux et MOF

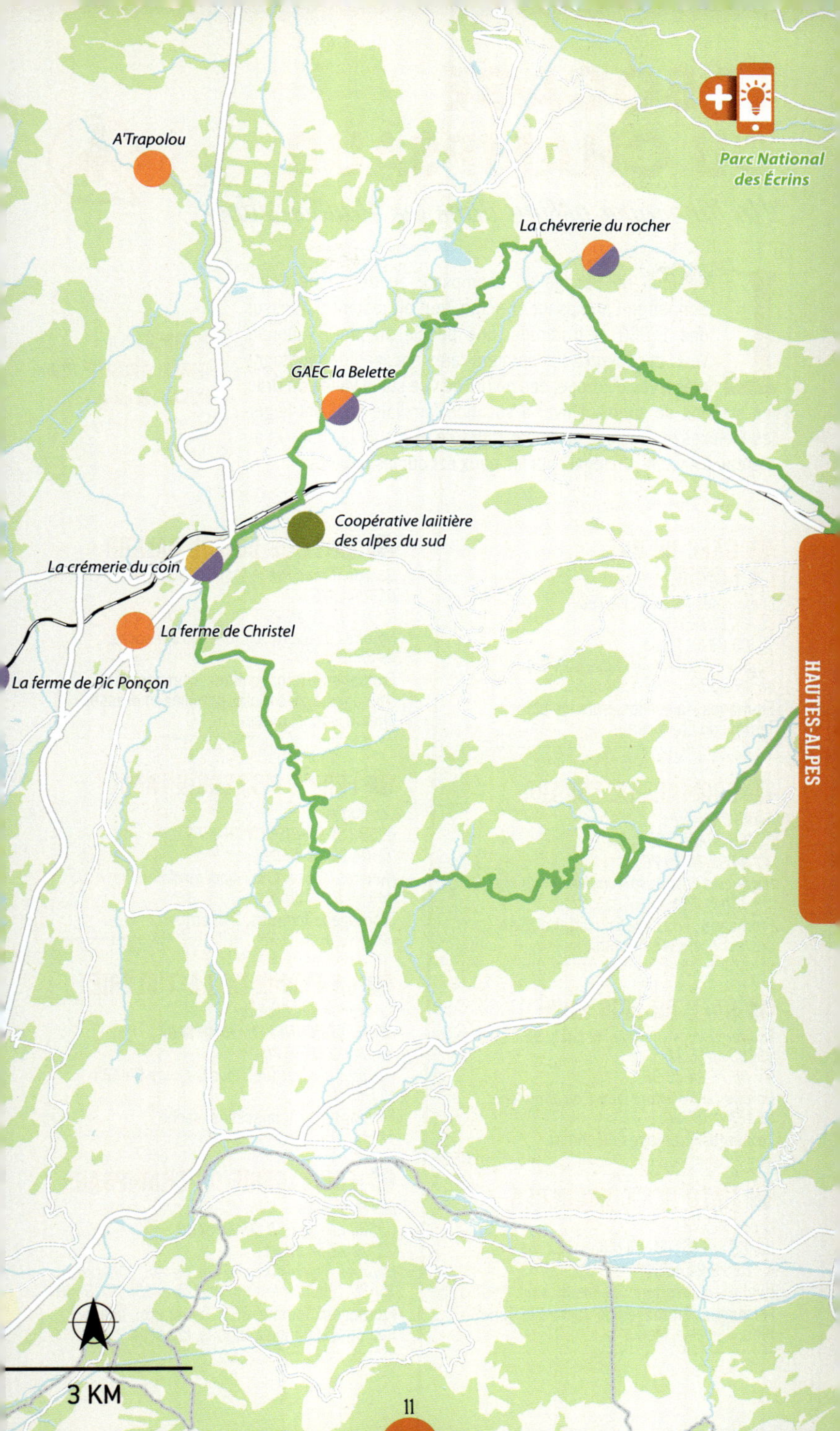
Parc National
des Écrins
A'Trapolou
La chévrerie du rocher
GAEC la Belette
Coopérative laiitière
des alpes du sud
La crémerie du coin
La ferme de Christel
La ferme de Pic Ponçon
3 KM

LE BOCAGE DU CHAMPSAUR

Un itinéraire affiné dans les Hautes-Alpes

Le circuit du Bocage du Champsaur au départ de Saint-Bonnet-en-Champsaur effectue, tout en restant au-dessus des 1 000 m d'altitude, une boucle au profil vallonné. Vous découvrirez les derniers rares bocages de montagne préservés d'Europe, des points de vue sur la vallée du Drac, les stations de sports d'hiver à vocation familiale de Saint-Léger-les-Mélèzes et d'Ancelle et les paysages de plaine de Lachaup et du plateau d'Ancelle. Un régal pour les yeux et pour les papilles !

DISTANCE *45 km*
DÉNIVELÉ POSITIF *819m*
NIVEAU ▲▲▲△△

HAUTES-ALPES

GAEC DU PRÉ LA COMBE

Chemin des Maisons Vieilles
05260 CHABOTTES
✆ 06 08 64 96 55
Horaires d'ouverture : lundi au jeudi, de 9H à 12H
Fromages : faisselles, fromage blanc, Tomme du Champsaur

FROMAGERIE EBRARD

Route d'Orcières
05260 CHABOTTES
✆ 04 92 22 39 76
Horaires d'ouverture : lundi au dimanche, 9h-12h et 14h-19h
Fromages : Fromages au lait thermisé de vache, chèvre et brebis

GAEC DU BOIS NOIR

Edouard Pierre - Chemin de Lachaup
05260 ANCELLE
✆ 06 75 94 48 98
Horaires d'ouverture : lundi au dimanche, de 17H à 18H30
Fromages : fromages de chèvre

GAEC DES COUNNIÈRES

Col de Manse
05260 FOREST-ST-JULIEN
✆ 06 75 94 48 98
Horaires d'ouverture : du lun. au sam. de 9h-12h
Fromages : Fromages de vache Bio, Tomme, Bleu, Raclette, Meule

LAITERIE DU COL BAYARD

Quartier Grand Pré
05500 LAYE
✆ 04 92 50 15 23
Horaires d'ouverture : lundi au dimanche, de 8h30 à 19h
Fromages : fromage blanc, fromage frais, fromages à pâte molle, persillée et pressée chèvre, vache, brebis

FERME PELLEGRIN FAMILY

Les Payas
05500 ST-BONNET EN CHAMPSAUR
✆ 04 92 54 42 09
Horaires d'ouverture : lundi au dimanche, de 17H30 à 19H30
Fromages : Tommes, Camembert

LA FERME DE LA TUILERIE

11 avenue des Esclots
05500 ST-BONNET EN CHAMPSAUR
✆ 04 92 50 50 70
Horaires d'ouverture : tous les jours 9h-12h et 17h-20h
Fromages : lait, faisselles, vache

FROMAGERIE DU CHAMPSAUR

Les Barraques
05500 LA FARE-EN CHAMPSAUR
✆ 04 92 57 86 91
Horaires d'ouverture : du lun. au ven. 10h-12h et 15h30-18h30 et le sam. 9h-12h et 15h30-18h30
Fromages : Tomme, Bleu, Goustarou, Taillon, Raclette, Mélange à fondue, faisselle

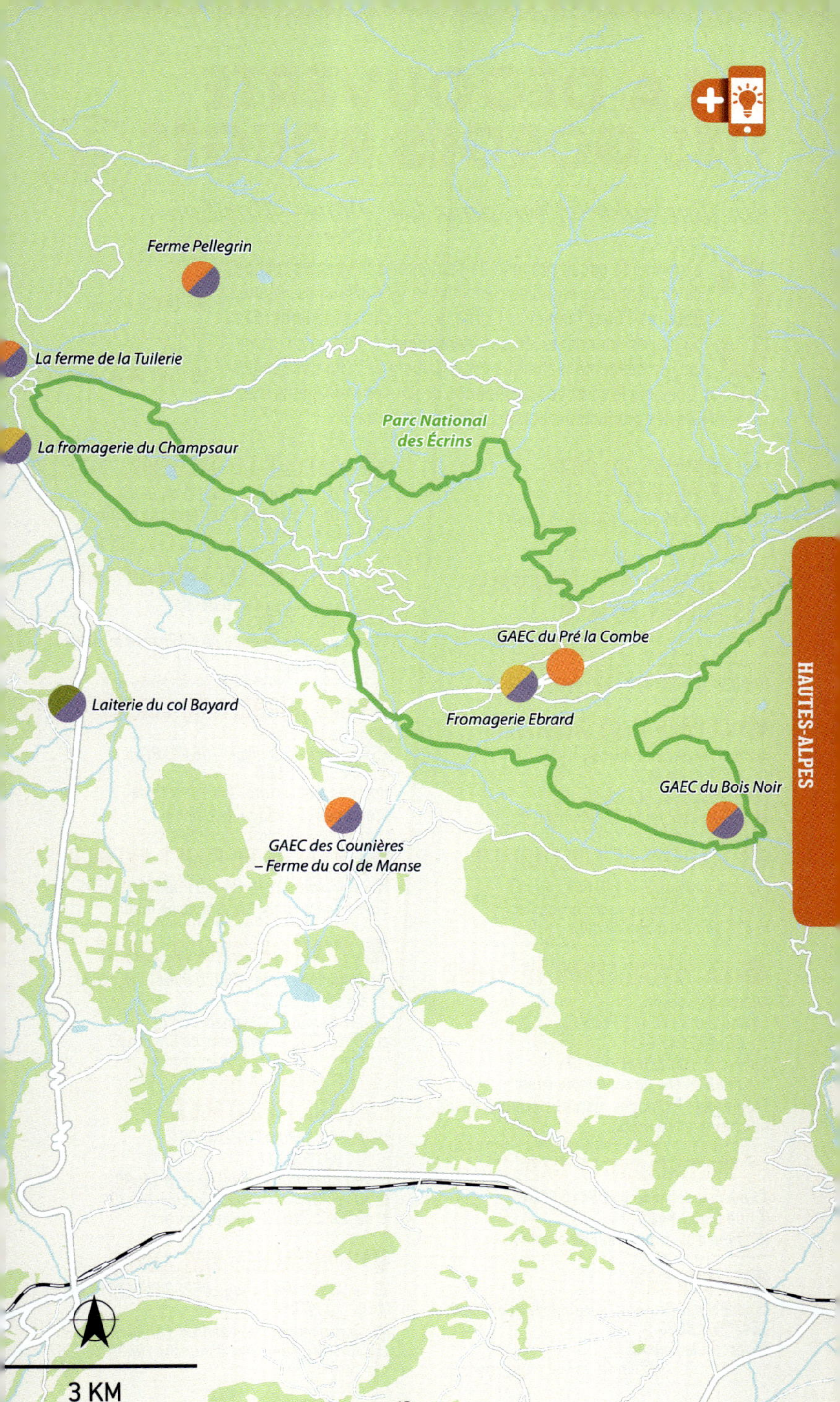
Ferme Pellegrin
La ferme de la Tuilerie
La fromagerie du Champsaur
Parc National
des Écrins
GAEC du Pré la Combe
Fromagerie Ebrard
Laiterie du col Bayard
GAEC du Bois Noir
GAEC des Counières
– Ferme du col de Manse
3 KM

A LA DÉCOUVERTE DES GORGES ROUGES

Un itinéraire affiné dans les Alpes-Maritimes

Ce splendide circuit propose de serpenter à travers les roches de couleur ocre en reliant les villages de Guillaumes, Péone, Beuil et Puget-Théniers. Il offre aux cyclistes aguerris des paysages étonnants et des sensations à l'occasion d'une longue descente technique entre Valberg et la fin des Gorges du Cians. Une boucle sportive à agrémenter de pauses fromagères chez les éleveurs, les producteurs et les coopératives du tracé !

DISTANCE *83 km*
DÉNIVELÉ POSITIF *1 450 m*
NIVEAU ▲▲▲▲△

CAMPING DU PONT DE LA MARIÉE
Quartier Tire-Boeuf - 06470 GUILLAUMES
✆ 04 93 05 53 50

VACANCÉOLE - RÉSIDENCE LES GORGES ROUGES
1 avenue Francis Ravel - 06470 GUILLAUMES
✆ 04 93 05 50 37
Horaires d'ouverture : sur réservation

COOPÉRATIVE AGRICOLE
Avenue Alexandre Durandy
06470 GUILLAUMES
Ouvert toute l'année de 9h-12h
et de 14h-18h, fermé le dimanche

MARCHÉ DE GUILLAUMES
Place Napoléon III - 6470 GUILLAUMES
Ouvert toute l'année (sauf en janvier)
le 2ème samedi matin du mois

LA PETITE FERME DE PÉONE
Audrey Verhoeven
La Baumette - 06470 PÉONE
✆ 06 77 85 47 63
Ouvert de 10h-12h et 14h-18h.
Sur rendez-vous de septembre à mai
Fromages : Fromages, yaourts, crèmes au lait de chèvre et de brebis

RESTAURANT LE SAPET
11 avenue de Valberg - 06470 PÉONE
✆ 04 93 03 14 98
Horaires d'ouverture : sur réservation

L'ÉPICERIE
Avenue Saint Bernard, Immeuble le Beau Site
06470 VALBERG
Ouvert toute l'année

MARCHÉ DE VALBERG
Place Charles Ginésy - 06470 VALBERG
Ouvert de septembre à juin le mardi matin
et le vendredi matin

LE RELAIS DU MERCANTOUR
1 Route de Nice - 06470 BEUIL
✆ 04 93 02 35 94
Ouvert tous les jours de 7h à 19h sauf le mardi
Bistrot de Pays

LES GRANGES DU SCROUIS
Marylise Molinier
755 route de la Couillole - 06470 BEUIL
✆ 04 93 02 31 66
Horaires d'ouverture : mars à octobre
Fromages : Fromage de chèvre

MARCHÉ DE PUGET-THÉNIERS
Place Adolphe Conil - 06470 PUGET-THÉNIERS
Ouvert toute l'année le dimanche matin

TRAITEUR GARCIA ANDRÉ
Place Adolphe Conil - 06470 PUGET-THÉNIERS
✆ 04 93 05 00 41
Ouvert du mardi au samedi de 8h-12h
et 15h15-19h, le dimanche de 8h-12h30

LE BUFFET DE LA GARE L'OUSTALET
N202 06470 PUGET-THÉNIERS
✆ 04 93 05 04 11
Ouvert du mardi au jeudi de 9h à 14h30
et du vendredi au samedi de 9h à 14h30
et de 19h à 21h30 sur réservation

MONTAGNES PAYSANNES
19 rue Alexandre Barety - 06260 PUGET-THÉNIERS
✆ 07 70 26 81 57
Horaires d'ouverture : vendredi (9h30-12h30 et 15h30-19h), samedi et dimanche (9h30-12h30)

Parc National du Mercantour (Cour)
La Petite Ferme de Péone, Audrey Verhoeven
Parc National du Mercantour
Les Granges du Scrouis, Marylise Molinier
Coopérative agricole
Marché de Valberg
L'Epicerie
Marché de Guillaumes
Vacancéole - Résidence Les Gorges Rouges
Camping du Pont de la Mariée
Restaurant le Sapet
Le Relais du Mercantour (Bistrot de pays)
Réserve Naturelle des Gorges de Daluis
Réserve Naturelle Gorges de Daluis
ALPES-MARITIMES
Montagnes Paysannes
Marché de Puget-Théniers
Le buffet de la gare L'Oustalet
Boucher traiteur GARCIA André
P.N.R. des Préalpes d'Azur
5 KM
Réserve Biologique Intégrale de Cheiron
Réserve Biologique Dirigée de Cheiron

AUTOUR DU COL DE VENCE

Un itinéraire affiné dans les Alpes-Maritimes

Ce parcours vous propose deux boucles autour du célèbre Col de Vence. La première boucle démarre sur une route sinueuse en faux plat montant jusqu'aux villages de Bouyon et Coursegoules où de délicieux fromages vous attendent avant la descente rapide du Col de Vence. La deuxième boucle, plus sportive, emprunte le col en montant et se poursuit sur des routes à faible circulation. Après le plateau de Caussols et le village percé de Gourdon, une pause fraîcheur sera bienvenue dans les Gorges du Loup.

DISTANCE *55/86 km*
DÉNIVELÉ POSITIF *1034 / 1737 m*
NIVEAU ▲▲▲▲△

INTER-HÔTEL LE FLORÉAL
440 avenue Rhin Danube - 06140 VENCE
✆ 04 93 58 64 40
Ouvert toute l'année

HÔTEL DIANA
79 avenue des Poilus - 06140 VENCE
✆ 04 93 58 28 56
Ouvert toute l'année

CAMPING DOMAINE DE LA BERGERIE
1330 chemin de la Sine - 06140 VENCE
✆ 04 93 58 09 36
Ouvert de mars à octobre

HÔTEL RESTAURANT & SPA CANTEMERLE
258 chemin de Cantemerle - 06140 VENCE
✆ 04 93 58 08 18
Ouvert toute l'année

HÔTEL MIRAMAR
Plateau Saint-Michel
167 avenue Joseph Bougaerel - 06140 VENCE
Horaires d'ouverture : à l'année

HÔTEL DES CAYRONS
2340 Route de Cagnes - 06140 VENCE
✆ 04 93 58 11 27
Ouvert toute l'année

GAEC FROMAGERIE DE LA CHÈVRE BLANCHE
Jean et Mathieu Cassar
1139 chemin de Berdine - 06510 BOUYON
✆ 06 07 50 28 06
Visite de l'exploitation de mars à novembre
Fromages : Fromages, yaourts et produits au lait de chèvre

GAEC DU CHEIRON
Serge, Sylvie, Steve et Mickaël Maurel
1280 Route de l'Ourméou
06140 COURSEGOULES
✆ 06 16 50 27 99
Ouvert de mars à fin octobre de 9h à 18h
Fromages : Fromages de chèvre et de vache

ÉPICERIE DU CHEIRON
37 Place Neuve - 06140 COURSEGOULES
✆ 04 93 24 17 73
Ouvert de 8h30 à 12h30 (de 9h à 12h30 le dimanche), fermé le mardi

LE BISTROT DE SOPHIE
37 Place Neuve
06140 COURSEGOULES
✆ 04 93 59 11 19
Ouvert tous les jours sauf le mercredi de 8h30 à 19h30
Bistrot de Pays

LA COOPÉRATIVE DES BAOUS
Route de St Barnabé
06140 COURSEGOULES
✆ 06 12 59 29 81
Ouvert le week-end de 10hà 17h

LE LOGIS NEUF, SOPHIE GUIGOU
1182 Route de la Sine - 06460 CAUSSOLS
✆ 04 93 09 26 41
Ouvert de mars à octobre de 14h à 19h
Fromages : Fromages de chèvre

FROMAGERIE DES COURMETTES, BRUNO GABELIER
3860 Route des Courmettes
06140 TOURRETTES-SUR-LOUP
✆ 06 14 01 21 97
Ouvert de février à octobre de 8h30 à 12h

Réserve Biologique
Dirigée de Cheiron
Réserve Biologique
Intégrale de Cheiron
GAEC Fromagerie
de la Chèvre Blanche,
Jean et Mathieu Cassar
Epicerie
du Cheiron
Le Bistrot de Sophie
(Bistrot de pays)
GAEC du Cheiron, Serge,
Sylvie, Steve et Mickaël Maurel
P.N.R. des
Préalpes d'Azur
17
La Coopérative des Baous
Le Logis Neuf, Sophie Guigou
Hôtel
Diana
Inter-hôtel Le Floréal
Fromagerie des Courmettes,
Bruno Gabelier
Hôtel Miramar
Hôtel Restaurant
& Spa Cantemerle
Camping Domaine de la Bergerie
Hôtel des Cayrons
5 KM
ALPES - MARITIMES

LE GRAND TOUR DES PRÉALPES D'AZUR

Un itinéraire affiné dans les Alpes-Maritimes

Ce parcours de 6 jours au départ de Grasse, capitale du parfum, traverse le Parc naturel régional des Préalpes d'Azur. Au fil des étapes et des paysages bercés de lumière, vous découvrirez des sites surprenants : canyons vertigineux aux eaux turquoise, villages colorés sur leurs éperons rocheux, bourgs chargés d'histoire, bisons d'Europe... sans oublier les délicieux fromages provençaux !

DISTANCE *265 km*
DÉNIVELÉ POSITIF *3 722 m*
NIVEAU ▲▲▲▲△

VILLA TAO & SOIRÉE DE RÊVE
25 Chemin du Santon - 06130 GRASSE
✆ 04 93 09 38 68 - Ouvert toute l'année

BASTIDE LOU PANTAIL
25 Chemin du Santon - 06130 GRASSE
✆ 04 93 70 71 62
Horaires d'ouverture : de 16h à 19h

BEST WESTERN ELIXIR GRASSE
Rue Martine Carol - 06160 GRASSE
✆ 04 93 70 70 70 - Ouvert toute l'année

MARCHÉ DE PRODUCTEURS
Square Cauvin - 06530 PEYMEINADE
Horaires d'ouverture : samedi matin

CHÈVRERIE DU BOIS D'AMON
Edith Sellier et Pascal Valkenborg
1307 Route de Grasse
06530 ST-CÉZAIRE-SUR-SIAGNE
✆ 06 37 78 34 75
Horaires d'ouverture : de mars à novembre sur rdv
Fromages : Fromages, yaourts, faisselles et glaces au lait de chèvre et de vache

MARCHÉ DE PRODUCTEURS
Le Grand Pré - 06460 SAINT-VALLIEY DE THIEY
Horaires d'ouverture : vendredi et dimanche matin

RÉSERVE DES MONTS D'AZUR
Domaine du Haut Thorenc - 06750 THORENC
✆ 04 93 60 00 78
Ouvert toute l'année

FERME DE L'ESCAILLON
Jean-Dominique et Fabienne Varrone
1450 Route de Castellane - 06750 ANDON
✆ 04 93 60 00 57
Horaires d'ouverture : 9h-12h et 14h-18h
Fromages : Fromage de vache

MARC PERRIMOND
123 Chemin de Caladou
Les Deffends - 06850 SAINT-AUBAN
✆ 06 62 56 13 50
Vente à la ferme tous les matins sauf le jeudi
Fromages : Fromage de brebis, tomme et lactique

ÉPICERIE DES MONTS D'AZUR - RELAI CYCLO RANDO
357 Avenue des Hôtels - 06850 SAINT-AUBAN
✆ 04 93 60 42 50
Ouvert en basse saison du merc. au vend. (9h-12h30 et 17h-19h), lundi et dim. (17h-19h). En haute saison tous les jours (8h-19h), ferm. le mar. après-midi.

AUBERGE DE CALENDAL
1 Rue Mont Saint-Martin
06910 AIGLUN ✆ 04 93 05 82 32
Ouvert tous les jours sauf le mer., d'oct. à mars
Bistrot de Pays, Fromages : Fromages de chèvre et de vache

SERRE LIONS, DIDIER GASTAUD
Quai Serre Lions - 06260 SAINT-ANTONIN
✆ 06 86 96 29 35
Horaires d'ouverture : 9h-18h
Fromages : Fromages de vache, yaourts

MARCHÉ DU MOULIN DE PALI
Croisement des routes La Penne/Saint-Pierre
06260 LA PENNE
Ouvert d'avril à novembre, le samedi matin

MARCHÉ PAYSAN DE LA PENNE
5311 route du Chanan
06260 LA PENNE
Ouvert tous les jours en juillet et août

LA BERGERIE DU GOURDAN
Jean-Philippe et Dominique Girod
La Penne 06260 LA PENNE
✆ 06 26 19 08 99
Marché de la Penne samedi matin
Fromages : tomes et desserts de brebis

MARCHÉ DE PUGET-THÉNIERS
Place Coril
06260 PUGET-THÉNIERS
Horaires d'ouverture : le dimanche matin

TRAITEUR GARCIA ANDRÉ
Place Adolphe Conil
06470 PUGET-THÉNIERS
✆ 04 93 05 00 41
Ouvert du mardi au samedi de 8h-12h et 15h15-19h, le dimanche de 8h-12h30

LE BUFFET DE LA GARE L'OUSTALET
N202 06470 PUGET-THÉNIERS
✆ 04 93 05 04 11
Ouvert du mardi au jeudi de 9h à 14h30 et du vendredi au samedi de 9h à 14h30 et de 19h à 21h30 sur réservation

MONTAGNES PAYSANNES
19 rue Alexandre Barety
06260 PUGET-THÉNIERS ✆ 07 70 26 81 57
Horaires d'ouverture : vendredi (9h30-12h30 et 15h30-19h), samedi et dimanche (9h30-12h30)

AU RELAIS FLEURI
5 rue des Laves - 06830 GILETTE
✆ 04 93 08 56 45 - Ouvert toute l'année

DOMAINE DE L'OLIVAIE
3965 route de Gilette - 06830 GILETTE
✆ 04 93 08 57 33
Séjours du samedi au samedi

FROMAGERIE DE LA CHÈVRE BLANCHE
Jean et Mathieu Cassar - 1139 chemin de Berdine
06510 BOUYON ✆ 06 07 50 28 06
Visite de l'exploitation de mars à novembre
Fromages : Fromages, yaourts et produits au lait de chèvre

Chèvres.

GAEC DU CHEIRON
Serge, Sylvie, Steve et Mickaël Maurel
1280 Route de l'Ourméou
06140 COURSEGOULES
✆ 06 16 50 27 99
Ouvert de mars à fin octobre de 9h à 18h
Fromages : Fromages de chèvre et de vache

ÉPICERIE DU CHEIRON
37 Place Neuve - 06140 COURSEGOULES
✆ 04 93 24 17 73
Ouvert de 8h30 à 12h30 (de 9h à 12h30 le dimanche), fermé le mardi

LE BISTROT DE SOPHIE
37 Place Neuve
06140 COURSEGOULES
✆ 04 93 59 11 19
Ouvert tous les jours sauf le mercredi de 8h30 à 19h30
Bistrot de Pays

LA COOPÉRATIVE DES BAOUS
Route de St Barnabé - 06140 COURSEGOULES
✆ 06 12 59 29 81
Ouvert le week-end de 10h à 17h non-stop

LA VIEILLE VIGNE
10 rue sous Barry - 06620 CIPIÈRES
✆ 04 93 32 13 97
Ouvert du jeudi au samedi (12h-13h30 et 19h-21h), le dimanche (12h-13h30)

LA NOUVELLE CRÉMERIE
40 place des Pins, Pré du Lac
06740 CHÂTEAUNEUF
✆ 09 52 37 34 35
Ouvert du mardi au samedi (8h30-12h30 et 15h30-19h30), le dimanche (8h30-12h30)

TAPEZ PF.APP
DANS LE NAVIGATEUR DE VOTRE SMARTPHONE, PRENEZ UNE PHOTO ET OBTENEZ
LE TRACÉ GPX DE LA CARTE
PLUS D'INFOS SUR LE DÉPARTEMENT

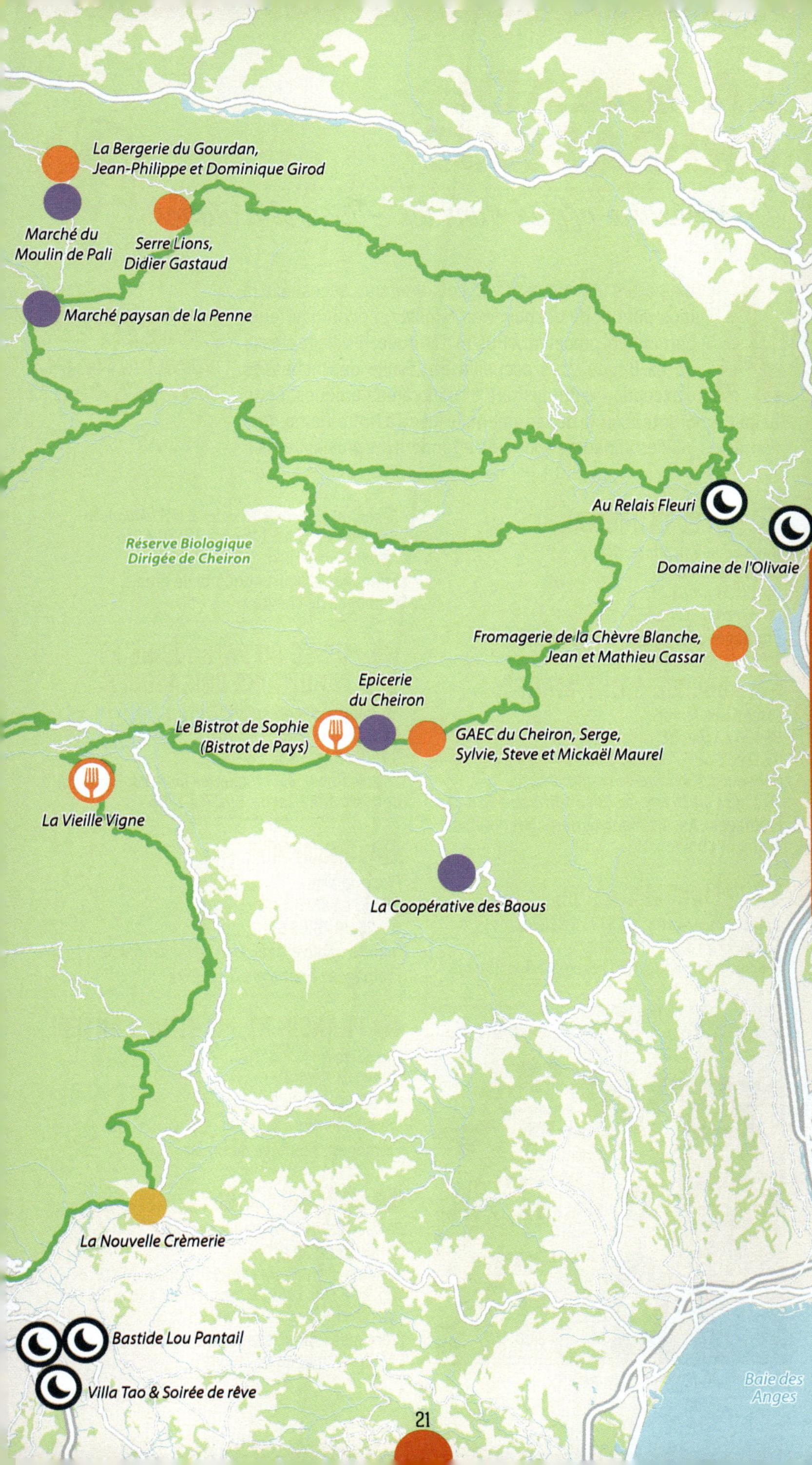

ALPES - MARITIMES

LA BALADE BRIGASQUE

Un itinéraire affiné dans les Alpes-Maritimes

Aux portes du Mercantour, cet itinéraire accessible à tous permet de découvrir en famille un écrin naturel et patrimonial préservé. A 800 m d'altitude, le village classé de La Brigue vous accueille et dévoile des richesses d'exception entre histoire et panoramas uniques. Cette balade emprunte la route départementale jusqu'à Notre-Dame-des-Fontaines, où des variantes sportives attendent les plus aguerris !

DISTANCE *8 km*
DÉNIVELÉ POSITIF *476 m*
NIVEAU ▲△△△△

HÔTEL LE MIRVAL
3 rue Saint Vincent Ferrier
06430 LA BRIGUE
✆ 04 93 04 63 71
Ouvert toute l'année
Fromages : Fromages de chèvre et brebis

AUBERGE SAINT-MARTIN
Place Saint-Martin
06430 LA BRIGUE
✆ 04 93 53 97 15
Horaires d'ouverture du restaurant :
du 1er fév. au 15 nov. de 12h à 14h & de 19h à 21h
Fromages : Assortiment de fromages ; brebis, vache et chèvre

FLEURS DES ALPES
1 place Saint-Martin - 06430 LA BRIGUE
✆ 04 93 04 61 05
Hébergement : entre le 1er novembre & le 31 mars.
Restaurant : entre le 15 mars & le 3e dimanche d'Octobre de 12h à 14h et de 19h30 à 21h (fermé le mercredi).
Fromages : Yaourt et ricotta de brebis, fromages de chèvre

© ROLFST - ISTOCKPHOTO.COM
Le charmant village de La Brigue.

MUSÉE DU PATRIMOINE ET DES TRADITIONS BRIGASQUES
26 Avenue du Général de Gaulle
06430 LA BRIGUE
✆ 06 88 49 33 14
En juillet-août, ouvert tous les jours sauf le mardi de 10h à 12h30 et de 14h30 à 18h30

CHRISTOPHE
Place de Nice
06430 LA BRIGUE
✆ 06 29 76 88 85
Horaires d'ouverture : Marché du dimanche
Fromages : Fromages de chèvre

FRANCIS ET MARTINE LANTERI
4 rue Etroite
06430 LA BRIGUE
✆ 06 08 11 12 36
Ouvert de mars à octobre
Fromages : Fromage de brebis

GAEC DE LA ROYA
Philippe SENDRE - Quartier Gravilora
✆ 04 93 04 70 65
Horaires d'ouverture : lundi & samedi de 10h à 12h & de 16h à 18h, le mercredi de 16h à 18h (marché de Tende le matin)
Fromages : Yaourts et faisselles au lait de chèvre, fromages de chèvre.

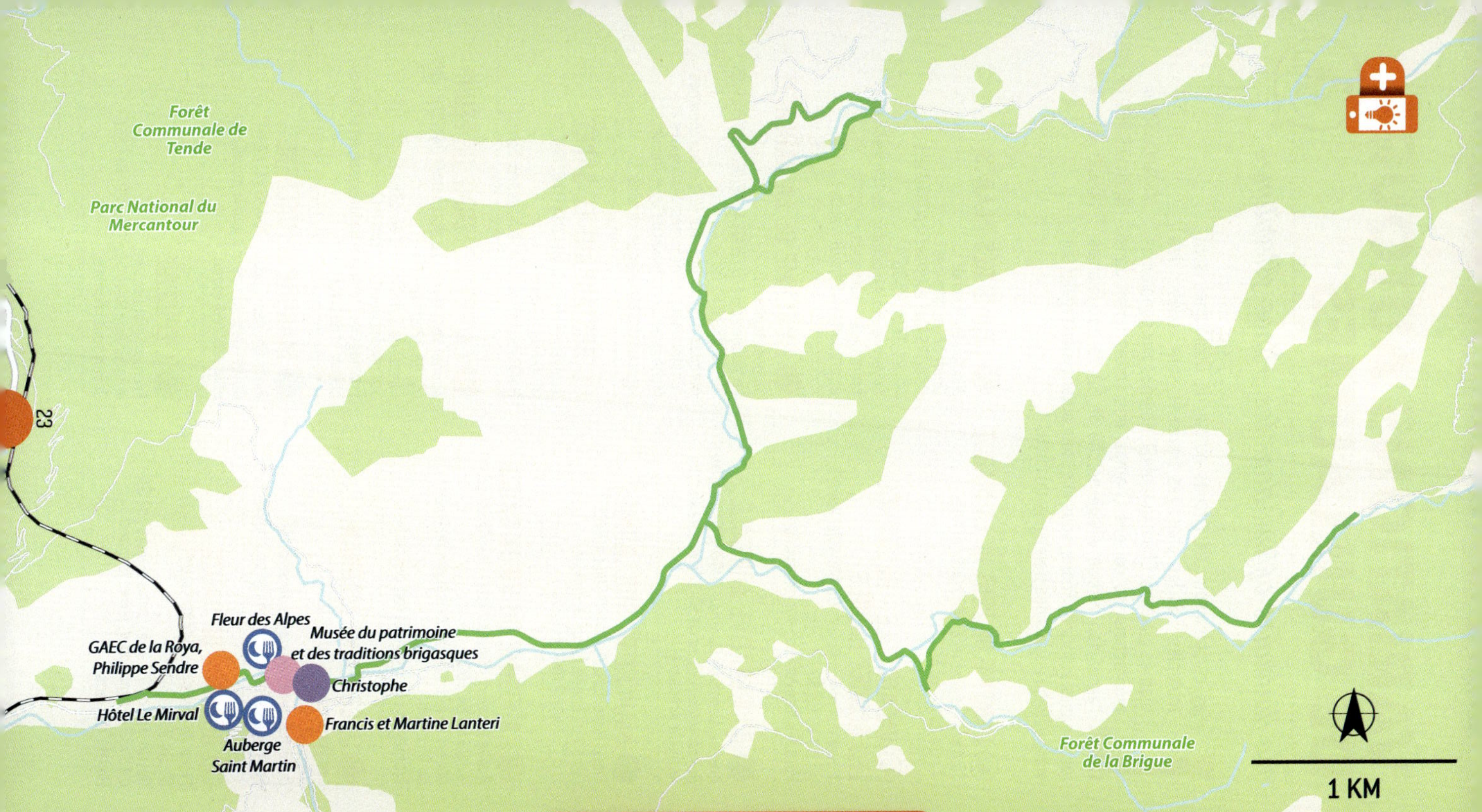

Forêt Communale de Tende
Parc National du Mercantour
23
GAEC de la Roya, Philippe Sendre
Fleur des Alpes
Musée du patrimoine et des traditions brigasques
Christophe
Hôtel Le Mirval
Auberge Saint Martin
Francis et Martine Lanteri
Forêt Communale de la Brigue
1 KM

VARIATIONS AUTOUR DE GUILLAUMES

Un itinéraire affiné dans les Alpes-Maritimes

Les combinaisons de circuits autour de Guillaumes sont multiples ! Et les paysages traversés sont variés : des marnes grises de Châteauneuf-d'Entraunes aux panoramas montagneux du col des Champs, des vertes forêts dans l'ascension vers le village perché de Sauze aux falaises rocailleuses autour de Péone, vous allez tout autant vous régaler sur votre vélo qu'auprès des fromagers du circuit !

DISTANCE *50 km*
DÉNIVELÉ POSITIF *2856 m*
NIVEAU ▲▲▲▲▲

CAMPING DU PONT DE LA MARIÉE
Quartier Tire-Boeuf - 06470 GUILLAUMES
✆ 04 93 05 53 50

VACANCÉOLE - RÉSIDENCE LES GORGES ROUGES
1 avenue Francis Ravel - 06470 GUILLAUMES
✆ 04 93 05 50 37
Horaires d'ouverture : sur réservation

COOPÉRATIVE AGRICOLE
Avenue Alexandre Durandy - 06470 GUILLAUMES
Ouvert toute l'année de 9h-12h et de 14h-18h, fermé le dimanche

MARCHÉ DE GUILLAUMES
Place Napoléon III - 06470 GUILLAUMES
Ouvert à l'année (sauf en janvier) le 2ème samedi matin du mois

LA FERME DU VIEUX SAUZE
Basile Gaubert - Sauze Vieux - 06470 SAUZE
✆ 06 68 66 50 24
Ouvert de mars à octobre sur rendez-vous de 9h à 18h
Fromages : Fromage et lait de vache

JACQUELINE MAGNAN
Les Perriers - 06470 SAUZE
✆ 04 93 02 72 48
Ouvert de mars à octobre de 9h à 18h
Fromages : Tome et fromage de chèvre

AUBERGE DE SAUZE
Place de la Mairie - 06470 SAUZE
✆ 04 93 05 57 70
Ouvert de 6h30 à 22h, fermé le jeudi (de 9h à 12h30 le dimanche), fermé le mardi
Bistrot de pays

FERME DES BLANCS
Nicolas Guillaumot
Quartier Les Blances
06470 SAINT-MARTIN D'ENTRAUNES
✆ 04 93 02 03 86
Ouvert de mars à octobre de 10h à 18h30
Fromages : Fromages, yaourts et produits laitiers de vache

LA FERME DE LA BARLATTE
Samuel Nyddeger
Le Village - 06470 CHÂTEAUNEUF D'ENTRAUNES
✆ 06 95 12 91 22
Horaires d'ouverture : sur RDV et sur marchés (Châteauneuf d'Entraunes, Guillaumes et Montagnes paysannes à Puget-Théniers)
Agriculture biologique : brebis

RESTAURANT LE SAPET
11 avenue de Valberg - 06470 PÉONE
✆ 04 93 03 14 98
Horaires d'ouverture : sur réservation

LA PETITE FERME DE PÉONE
Audrey Verhoeven - La Baumette - 06470 PÉONE
✆ 06 77 85 47 63
Ouvert de 10h-12h et 14h-18h.
Sur rendez-vous de septembre à mai
Fromages : Fromages, yaourts, crèmes au lait de chèvre et de brebis

MARCHÉ DE VALBERG
Place Charles Ginésy - 06470 VALBERG
Ouvert de septembre à juin le mardi matin et le vendredi matin

L'ÉPICERIE
Avenue Saint Bernard,
Immeuble le Beau Site - 06470 VALBERG
Ouvert toute l'année

Ferme des Blancs,
Nicolas Guillaumot
La Petite Ferme de Péone,
Audrey Verhoeven
GAEC La Ferme de la Barlatte,
Samuel Nyddeger
25
Parc National du
Mercantour
Coopérative agricole
Camping du Pont de la Mariée
Marché de Guillaumes
Jaqueline Magnan
Auberge de Sauze
(Bistrot de pays)
GARC La Ferme du Vieux Sauze,
Basile Gaubert
Vacancéole - Résidence
Les Gorges Rouges
Marché
L'Epicerie
Restaurant
le Sapet
3 KM

LA GRANDE TRAVERSÉE VTT DE L'ARDÈCHE

Un itinéraire affiné en Ardèche

L'itinéraire se décompose en 7 étapes qui traduisent toute la diversité et la richesse du Département. La Grande Traversée de l'Ardèche prend sa source au départ de Saint Félicien, ville berceau de la plus grande cyclotouriste d'Europe : l'Ardéchoise. Longeant le bord ouest du Département, elle permet de découvrir les superbes paysages préservés du Parc naturel régional des Monts d'Ardèche, entre Massif Central et Cévennes, en passant notamment au pied des fameux monts Mézenc et Gerbier-de-Jonc.

DISTANCE *315 km*
DÉNIVELÉ POSITIF *5569m*
NIVEAU ▲▲▲▲▲

ARDÈCHE

AUBERGE LES MURETS
6 route des Martins Lengarnayre
07230 CHANDOLAS
✆ 04 75 39 08 32
Ouvert tous les jours

AUBERGE DE CHANALEILLES
Chassagnes bas
07140 LES VANS
✆ 04 75 94 96 01
Ouvert de Pâques à Toussaint

TERRA CABRA
Quartier de l'Eglise
07230 PLANZOLLES
✆ 04 75 39 92 31
Ouvert tous les jours
Distance : 1 km
Fromages : chèvre et Picodon AOP

Le village de Beaulieu.

MARCHÉ HEBDOMADAIRE
Le villageg - 07460 BAULIEU
Ouvert du 17/04 au 25/12 le dim. 8h-12h30

LA FERME DES DIVOLS
Les Divolsg - 07460 BEAULIEU
✆ 04 75 89 98 72
Ouvert tous les jours du 01/03 au 31/12
Fromages : chèvre

CARABASSE
Pléouxg - 07460 BEAULIEU
✆ 06 17 89 73 58
Ouvert tous les jours (fermé en janvier)

MARCHÉ HEBDOMADAIRE BERRIAS
Place André Rouveyrol
07460 BERRIAS-ET-CASTELJAU
✆ 04 75 38 81 76
Horaires d'ouverture : jeu. 8h-12h30

MARCHÉ HEBDOMADAIRE
07310 BORÉE
Horaires d'ouverture : mar. 14h-16h

MARCHÉ DE PRODUCTEURS
Chemin de la Barrière
07700 BOURG-SAINT-ANDÉOL
Horaires d'ouverture : mer. sauf le 01/01 et le 25/12

© LC-ADT07

Plateau de fromages de l'Ardèche.

DOMAINE NOTRE DAME DE COUSIGNAC
Quartier Cousignac
07700 BOURG-SAINT-ANDÉOL
✆ 04 75 54 61 41
Ouvert tous les jours

LES DÉLICES DE LA MONTAGNE ARDÉCHOISE
RN 102-07660 LANARCE

BOUCHERIE CHARCUTERIE PUZZI
07660 LANARCE ✆ 04 66 69 44 79
Fromages : locaux

AUBERGE DES FERMIERS DU MÉZENC
Le Bourg - 43150 LES ESTABLES
✆ 04 71 08 34 30

MARCHÉ HEBDOMADAIRE LES VANS
Place Ollier, Rue du Marché, Place du Marché
07140 LES VANS
Horaires d'ouverture : sam. 8h-14h

ACCORD PICODON ET VIN
07140 LES VANS
✆ 04 75 37 24 48
Horaires d'ouverture : du 01/03 au 31/10
Fromages : chèvre

LA FROMAGERIE VANSÉENNE
10 place Henri Thibon
07140 LES VANS
✆ 04 75 38 79 14
Ouvert du mar au sam. 9h-12h45 et 16h-19h

AUX FERMES DES RAYOLS
4 avenue Charles de Gaulle
07140 LES VANS
✆ 04 75 94 00 93
Fromages : locaux

LA MAISON DU GERBOUL
MALARCE SUR LA THINES
✆ 04 75 36 22 10
Fromages : chèvre

FERME LE SAVOYARD
Les Bois
07510 MAZAN-L'ABBAYE
✆ 06 15 37 41 45
Horaires d'ouverture : sur rdv
Fromages : Picodon AOC et chèvres

CHRISTELLE RANC
Prat Clos
07140 MONTSELGUES
Fromages : chèvre

L'ESCAPADE
Place de l'église
07320 ROCHEPAULE
✆ 04 75 30 54 67
Horaires d'ouverture : du 01/03 au 30/12.
Fermé le lun. mer. soir et dim. soir.

HÔTEL AUBERGE CHANÉAC
Le village
07450 SAGNES-ET-GOUDOULET
✆ 04 75 38 80 88
Fromages : locaux

LA GRANDE TRAVERSÉE VTT DE L'ARDÈCHE

Un itinéraire affiné en Ardèche

SALAISONS TEYSSIER
du Patrimoine vivant Place de Verdun
07320 SAINT AGRÈVE
✆ 04 75 30 14 22
Fromages : locaux

LA CHÈVRE D'ANDAURE
Les Champs de Guilhaume
07320 SAINT-JEURE-D'ANDAURE
✆ 06 95 54 43 48
Fermé du 8/11 au 9/02
Fromages : chèvre

MARCHÉ
07320 SAINT-AGRÈVE
Horaires d'ouverture : lun. 8h-13h

LA TRADITION ARDÉCHOISE
La Tradition Ardéchoise - Route du Tunnel
07510 SAINT-CIRGUESEN-MONTAGNE
✆ 04 75 88 84 37
Fromages : Coucouron, du Béage et du Lac d'Issarlès

FERME DES BORDS DE LOIRE
07510 SAINTE-EULALIE
✆ 04 75 38 84 21
Ouvert du 01/03 au 31/10

FERME DE LA SOURCE DE LA LOIRE
Mont Gerbier-de-Jonc
07510 SAINTE-EULALIE
✆ 04 75 38 81 76
Ouvert du 15/03 au 15/11

VISITES GOURMANDES DE SAINT FÉLICIEN
Office de tourisme - 19 place de l'Hôtel de ville
07410 SAINT FÉLICIEN
✆ 04 75 08 10 23
Fromages : chèvre

MARCHÉ
Place du village
07700 SAINT-MARCEL-D'ARDÈCHE
Horaires d'ouverture : jeu. 8h-12h30

MARCHÉ SAISONNIER DU GERBIER DE JONC
07310 SAINT-MARTIAL
Ouvert du 07/04 au 04/11, tous les jours 10h-18h

RESTAURANT FERME DE LA BESSE
La Besse
07510 USCLADES-ET-RIEUTORD
✆ 04 75 38 80 64
Ouvert du 15/03 au 15/12

MARCHÉ HEBDOMADAIRE DE VALLON PONT D'ARC
07150 VALLON-PONT-D'ARC
Horaires d'ouverture : jeu. 8h-13h

DOMAINE LE GRAND JARDIN
Rond Point des Vignerons - Le Grand Jardin
07150 VALLON PONT D'ARC
✆ 04 75 37 72 08
Ouvert du 01/02 au 31/12

AUBERGE DU PONT D'ARC
Le Pont d'Arc - Route des Gorges
07150 VALLON PONT D'ARC
✆ 04 75 88 01 57
Horaires d'ouverture : du 30/03 au 11/11

AUX GLACES DE MON PÈRE
Route de Ruoms - Rond-Point des Sources
07150 VALLON PONT D'ARC
✆ 04 75 88 14 02
Horaires d'ouverture : de Pâques à Toussaint

GLACIER LE PETIT BEATRIX
10 place Armand Puaux
07150 VALLON PONT D'ARC
✆ 09 73 56 82 08
Ouvert tous les jours de Pâques à fin Septembre

AIGON THIERRY MAÎTRE GLACIER
8 rue Jean Jaurès
07150 VALLON PONT D'ARC
✆ 06 81 93 78 27
Ouvert du 01/04 au 30/09 tous les jours 9h-23h

Visite gourmande de Saint Félicien
L'Escapade
La chèvre d'Andaure – Mme Fumas Emilie
Salaisons Teyssier
Marché
Les Fermiers du Mézenc
Marché hebdomadaire
Marché saisonnier du Gerbier de Jonc
Boutique Ferme de la Source de la Loire
Ferme des bords de Loire
Les délices de la Montagne ardéchoise
La Tradition Ardéchoise
Hôtel Auberge Chanéac
Restaurant Ferme de La Besse
Boucherie charcuterie Puzzi
Ferme le Savoyard Mme Montoya Fanny
P.N.R. des Monts d'Ardèche
Mme Ranc Christelle
Terra Cabra
La Maison du Gerboul
Marché hebdomadaire Les Vans
Auberge des Murets
La Fromagerie Vanséénne
Aux Fermes des Rayols
Accord Picodon et vin
Auberge de Chanaleilles
Marché hebdomadaire Berrias
Carabasse
La Ferme des Divols
Marché hebdomadaire
Glacier le Petit Beatrix
Marché hebdomadaire de Vallon Pont d'Arc
Domaine le Grand Jardin
Notre Dame de Cousignac
Auberge du Pont d'Arc
Marché de producteurs
Aigon Thierry maître glacier
Les Glaces de mon Père
Marché
Parc National des Cévennes
20 KM
ARDÈCHE

LA VÉLOROUTE 81 DE FOIX À ST GIRONS

Un itinéraire affiné en Ariège

Territoire de nature et de caractère par excellence, les motivations de séjour en Ariège sont variées : si l'envie de se détendre et de se relaxer domine, rien ne vaut un petit détour par la Véloroute 81 ! Au départ de Vernajoul (à 3km de Foix), cet itinéraire doux, au coeur du Parc des Pyrénées Ariégeoises, est une invitation à la balade. Tomme des Pyrénées, tome du Couserans, fromage de Bethmale... vous découvrirez à quel point l'Ariège aime le vélo... et les fromages !

DISTANCE *42 km*
DÉNIVELÉ POSITIF *2h30*
NIVEAU ▲△△△△

MARCHÉ DE FOIX
Halle aux Grains - 09000 FOIX
Marché le vendredi matin (8-13h) et marché fermier le mardi matin

FROMAGERIE DE L'ABBAYE NOTRE-DAME DU PESQUIÉ
Le Pesquié - 09000 SERRES-SUR-ARGET
✆ 05 61 02 97 55
Vente à l'abbaye (10h30-12h et 16-18h) et sur le marché à Foix le vendredi.
Fromages : Transformation du lait et fabrication de fromages : tomme, Saint-Paterne, faisselle, beurre.

LA CHÈVRERIE DE MONDÉLY
Le Pla de la Borde - 09240 LA BASTIDE-DE-SÉROU
✆ 05 61 64 54 06
Vente directe à la ferme tous les jours de mars à décembre 10h-12h et 14h-19h
Fromages : chèvre

LA FERME DE LA BISCARRERE
Hameau les Estaniels - 09240 LA BASTIDE DE SÉROU
✆ 05 34 14 07 22 - Horaires d'ouverture : ts les jrs de 9-12h et de 14-19h & marché de Foix le vend.
Fromages : Camembert, crottins de chèvre

LA FERME DE MÉRAS
Nescus - 09240 LA BASTIDE DE SÉROU
✆ 05 61 64 50 66
Chambres & table d'hôtes servant des assiettes de fromages locaux

LA FERME DE CARREGAUT
09240 CASTELNAU-DURBAN
✆ 05 61 04 95 82 - fermeducarregaut@free.fr
Vente à la ferme tous les jrs sauf le dim. (10-12h et 14-18h) et sur le marché à Foix le vend.
Fromages : tomme des Pyrénées

FERME DE LA BAURE
La Baure - 09420 LESCURE
✆ 05 61 04 49 32 / 06 83 31 32 34
Horaires d'ouverture : sur rdv
Fromages : crèmes, beurre, yaourts

FERME DE MILLES
Milles - 09420 RIMONT
✆ 05 61 02 87 24 - 06 09 06 17 51
Ouvert tous les jours sauf le samedi matin.
Fromages : chèvre, tomme des Pyrénées au lait cru de chèvre

CRÈMERIE DU COUSERANS
3 rue de la République - 09200 ST GIRONS
✆ 05 61 66 50 30
Ouvert du mardi au samedi de 9h-12h15 et de 15h-19h
Fromages : tomes du Couserans

MARCHÉ DE SAINT-GIRONS
Champs de Mars - 09200 SAINT-GIRONS
Horaires d'ouverture : samedi matin
Fromages : locaux

RESTAURANT LE SAINT-GI
14 Rue du Pujol - 09200 SAINT-GIRONS
✆ 05 61 04 99 13
Fromages : locaux

LES FROMAGERIES OCCITANES
Pont du Baup - 09190 SAINT-LIZIER
✆ 05 34 14 65 03 - nicolas.oddon@lfo-occitanes.fr
Horaires d'ouverture : lundi (8h30-12h30) et du mardi au samedi (8h30-12h30 et 14h-18h30
Fromages : locaux

MARCHÉ DE PRAT-BONREPAUX
Halle de Prat - 09160 PRAT
Ouvert le dimanche de 8h à 13h
Fromages : locaux

Marché de Prat-Bonrepaux
Les Fromageries Occitanes
Le Saint-Gi
Crèmerie du Couserans
Marché de Saint-Girons
Ferme de la Baure
Ferme de Milles
La Ferme du Carregaut
P.N.R. des Pyrénées Ariégeoises
La chèvrerie de Mondély
La Ferme de Méras
La Ferme de la Biscarrère
Abbaye Notre-Dame du Pesquié
Marché de Foix
10 KM
31

LA VÉLOROUTE DU PAYS CATHARE "PUIVERT-PUILAURENS"

Un itinéraire affiné dans l'Aude

D'un château à l'autre, parcourez cet itinéraire en passant par le plateau de Sault et la Vallée du Rebenty où de magnifiques paysages vous attendent. Sur de petites routes partagées, profitez de ces moments riches de dégustation, de produits fermiers, de visites inoubliables et de découvertes magiques. Cet itinéraire jonctionne la véloroute du Piémont Pyrénéen (V 81) dans sa partie audoise.

DISTANCE *49 km*
DÉNIVELÉ POSITIF *882m*
NIVEAU ▲▲▲△△

AUDE

GAEC LA FERME DE LA PLANEILLE

La Planeille - 11140 CAILLA
✆ 04 68 20 52 65 / 06 89 87 27 04
Horaires d'ouverture : sur RDV
Distance : 2,1 km
Fromages : Fromages frais, yaourts et tomme

FERME DE LAPRADE

Hameau de Laprade - 11140 CAILLA
✆ 04 68 74 10 84
Ouvert tous les jours de 17h00 à 19h00
Distance : 2,1 km
Fromages : Fromage blanc frais, Tommes

LES PYRÉNÉENNES DU P'TIT PLATEAU

Le Village - Rue du Balech - 11140 GALINAGUES
✆ 06 03 49 32 96
Ouvert tous les matins, sauf le mardi de 9h30 à 12h30
Distance : 3,3 km
Fromages : Fromages de chèvres, fromage blanc campagnard

LA COMBIQUETTE

Hameau de Caillens
11140 RODOME
✆ 06 49 70 28 41
Ouvert de mars à décembre, sur RDV.
Distance : 4,6 km
Fromages : Fromages de chèvre dont Le Bentaillole, Tomme de chèvre, faisselles.

LE DOMAINE DES MASSOLS

Domaine des Massols
11140 MARSA
✆ 04 68 31 89 81
Ouvert tous les jours de 9h00 à 23h00
Distance : sur le parcours
Fromages : Fromages piémont pyrénéens

AUX QUATRE SAISONS

101 Route de Font-Romeu
11140 AXAT
✆ 04 68 20 14 67
En hiver, ouvert du vendredi au samedi soir, service à 19h30. Les autres soirs par réservation en avance uniquement.
Distance : sur le parcours
Fromages : Fromages piémont pyrénéens

LE CATHAROME

24 Avenue du Languedoc
11140 PUILAURENS
✆ 04 68 69 16 24
Ouvert ts les jrs sauf le mercredi, de 12h00 à 2h30.
Distance : sur le parcours
Fromages : Fromages piémont pyrénéens

HOSTELLERIE DU GRAND DUC

2 Route de Boucheville
11140 GINCLA
✆ 04 68 20 55 02
Horaires d'ouverture : non renseigné
Distance : 5,6 km
Fromages : Fromages piémont pyrénéens

5 KM
Forêt Domaniale des Fanges
Le Catharome
Hostellerie du Grand Duc
Aux 4 Saisons
Ferme de Laprade (Françoise Faure et Philippe Guitard)
La Ferme de la Planeille
Domaine des Massols
La Combiquette Solange Blachère
Les Pyrénéennes du P'tit Plateau
AUDE
33

ROUTE DU LAGUIOLE AOP ET DES FROMAGERS DE L'AUBRAC ET DU CARLADEZ

Un itinéraire affiné en Aveyron

Ce circuit de 109 km permet de relier ce grand territoire fromager formé de l'Aubrac, le Carladez et la Viadène, un parcours cyclotouristique sur les traces du Laguiole, délicieux fromage au lait cru de vache produit dans le fief de la coutellerie. Pour les moins sportifs, une variante de 30 km autour de Laguiole saura ravir les papilles !

DISTANCE *109 km*
DURÉE ESTIMÉE *2 jours*
NIVEAU ▲▲▲△△

COOPÉRATIVE JEUNE MONTAGNE

La Borie Neuve - 12210 LAGUIOLE
Ouvert du lundi au samedi 8h-12h et 14h-18h et le dimanche 9h-12h
Distance : sur le parcours
Fromages : Aligot, Laguiole, Tome d'Aubrac

MARCHÉ TRADITIONNEL DE LAGUIOLE

Place du Foirail - 12210 LAGUIOLE
Ouvert le samedi matin
Distance : sur le parcours

LES BURONNIERS

Allée de l'Amicale - 12210 LAGIOLE
Ouvert du lundi au vendredi de 9h à 16h
Distance : sur le parcours
Fromages : Fromages régionaux

© PIERRE SOISSONS

Affinage Fromage Laguiole AOP à la coopérative Jeune Montagne.

GAEC CESTRIÈRES DES PRADELLES

Lieu-dit Lindières
1210 MONTPEYROUX
✆ 06 07 58 74 98 / 06 86 00 09 06
Visite de la ferme à 16h30 (sur le parcours de Visite de Ferme de Jeune Montagne) en juillet-août
Distance : 6 km
Fromages : Laguiole, Réseau « Bienvenue à la ferme »

DANIEL PÈGUES

Ambert - 12210 MONTPEYROUX
✆ 06 87 09 52 81
Horaires d'ouverture : non renseigné
Distance : 2,4 km
Fromages : Laguiole

GUILLAUME CAPOULADE

La Crestilie - 12210 SOULAGES-BONNEVAL
✆ 06 33 96 41 32
Visite de la ferme à 16h (sur le parcours de Visite de Ferme de Jeune Montagne)
Distance : 400 m

GAEC LA BORIE ALTE

Lieu-dit La Borie Haute
12460 SAINT-AMANS DES CÔTS
✆ 06 31 07 03 14
Horaires d'ouverture : vendredi et lundi 9h-12h30.

Visite de la ferme à 16h (sur le parcours de Visite de Ferme de Jeune Montagne)
Distance : sur le parcours
Fromages : Laguiole fermier

MARCHÉ TRADITIONNEL DE SAINT-AMANS DES CÔTS
Place de l'Église - 12460 SAINT-AMANS DES CÔTS
Ouvert le jeudi matin
Distance : sur le parcours

GAEC LA BORIE DU CAUVEL (SUR LA VARIANTE)
Ucafol - 12210 LAGUIOLE
✆ 06 03 22 16 86
Visite et goûter à la ferme
Distance : 300 m

LA FERME DE DILHAC
Dilhac - 12600 LACROIX-BARREZ
Ouvert du lundi au samedi 7h30-19h30
Distance : 1,5 km
Fromages : produits fermiers bio

MARCHÉ TRADITIONNEL DE MUR-DE-BARREZ
Place de Monaco - 12600 MUR-DE-BARREZ
Ouvert le jeudi matin
Distance : sur le parcours
Fromages : Fromages régionaux

BOULANGERIE BOS
5 Place de Monaco - 12600 MUR-DE-BARREZ
Horaires d'ouverture : mardi, jeudi, vendredi, samedi 7h-12h30 et 14h-19h, mercredi 14h-19h, dimanche et lundi 7h-12h30
Distance : sur le parcours
Spécialités : Tarte à la tome

COOPÉRATIVE FROMAGÈRE DE THÉRONDELS
Route de Laussac - 12600 THÉRONDELS
✆ 05 65 44 24 32
Visites guidées gratuites, dégustation et vente les vendredi et samedi 9h-12h
Distance : sur le parcours
Fromages : Cantal, Thérondels au lait cru, aligot, tarte d'encalat, tome fraiche

GAEC DE LA VOLTE
Biac 1 -2420 CANTOIN
Horaires d'ouverture : non renseigné
Distance : 4 km

© GERALD VILLENA - STOCK.ADOBE.COM

Laguiole.

MARCHÉ TRADITIONNEL D'ARGENCES-EN-AUBRAC
Place des Tilleuls -12420 ARGENCES-EN-AUBRAC
Ouvert le mercredi matin
Distance : sur le parcours
Fromages : Fromages régionaux

BENOÎT FAGEGALTIER
Brenac - 12420 GRAISSAC
✆ 05 65 66 47 15 / 06 81 93 43 28
Horaires d'ouverture : non renseigné
Distance : 2,6 km
Fromages : Laguiole fermier AOP, Tomme de Brenac, Tome fraîche de l'Aubrac

GAEC VALADIER EN ARGENCES
Lieu-dit Les Clauzels - 12210 LA TERRISE
✆ 06 37 58 01 77
Visite de la ferme à 15h30 (sur le parcours de Visite de Ferme de Jeune Montagne)
Distance : sur le parcours

LIONEL VIGUIER
Le Bourg - 12210 LA TERRISE
✆ 06 76 25 68 22
Visite de la ferme à 15h30 (sur le parcours de Visite de Ferme de Jeune Montagne)
Distance : sur le parcours

LA BORIE DE MONDOU
La Borie de Mondou - 12210 LAGUIOLE
✆ 06 88 96 02 46
Vente directe à la ferme
Distance : 1,8 km
Fromages : Laguiole fermier bio et tome fraîche

AVEYRON

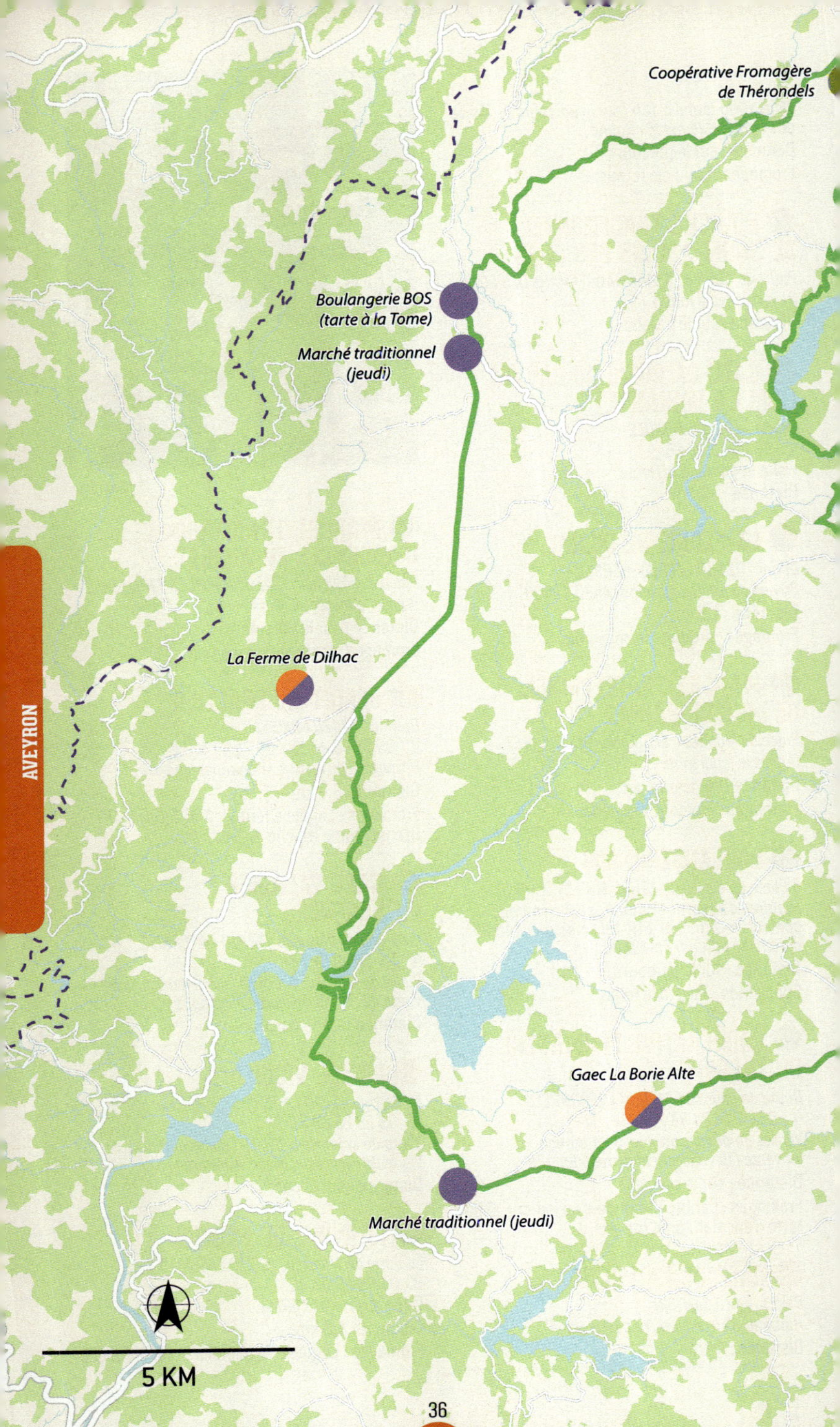
Coopérative Fromagère
de Thérondels
Boulangerie BOS
(tarte à la Tome)
Marché traditionnel
(jeudi)
La Ferme de Dilhac
AVEYRON
Gaec La Borie Alte
Marché traditionnel (jeudi)
5 KM

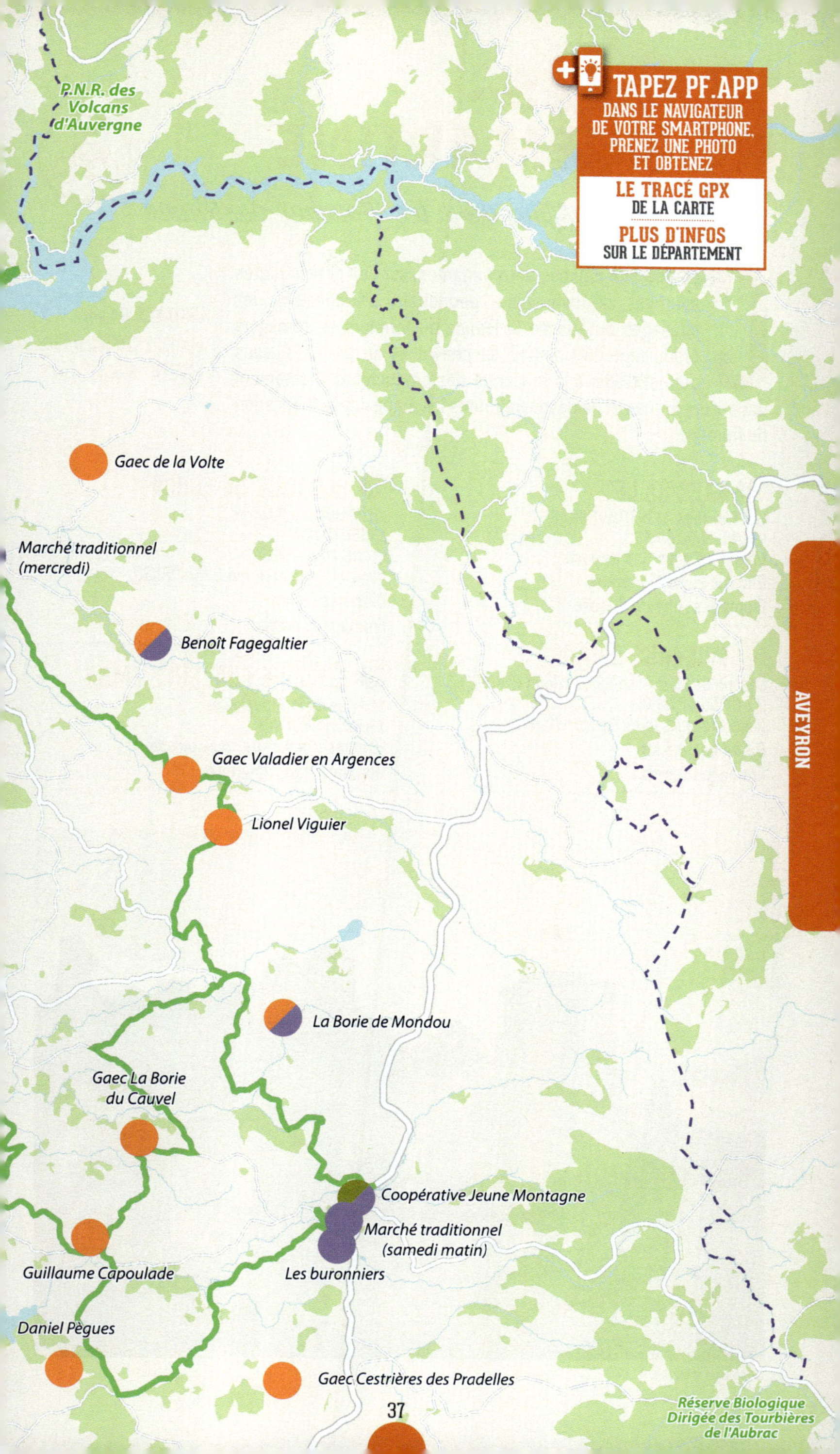

TAPEZ PF.APP
DANS LE NAVIGATEUR DE VOTRE SMARTPHONE, PRENEZ UNE PHOTO ET OBTENEZ
LE TRACÉ GPX DE LA CARTE
PLUS D'INFOS SUR LE DÉPARTEMENT

ALPILLES - ROQUEMARTINE

Un itinéraire affiné dans les Bouches-du-Rhône

Cet itinéraire propose deux variantes, sur des petites routes sportives de campagne, permettant de découvrir les paysages du Sud de la France où fermiers et fromagers produisent du fromage de chèvre et de brebis. Il vous permet d'aller à la rencontre des producteurs directement dans leurs fermes et de découvrir toutes les étapes de la fabrication du fromage.

DISTANCE *64 km*
DURÉE ESTIMÉE *4h30*
NIVEAU ▲▲△△△

GAEC GILLET

Les Plantiers - 13930 AUREILLE
✆ 06 79 92 68 53
Horaires d'ouverture : sur rdv
Distance : sur l'itinéraire
Fromages : chèvre du rove

FROMAGE CHIARI

Chemin Du Mas d'Espagne - 13430 EYGUIÈRES
✆ 04 90 57 88 85
Ouvert tous les jours à partir de 18h
Distance : 2,5 km
Fromages : chèvre

BERGERIE DE LOBEN

1915 route de Bazarde
13660 ORGON
✆ 06.16.59.86.59
Ouvert le mer. et le vend. 15h-18h30.
Distance : 3 km
Fromages : brebis

ÉPICERIE FINE CHEZ EMILY

124 Rue de la République
13810 EYGALIÈRES
Horaires d'ouverture : mar. au sam.
Distance : sur l'itinéraire

Le village d'Orgon.

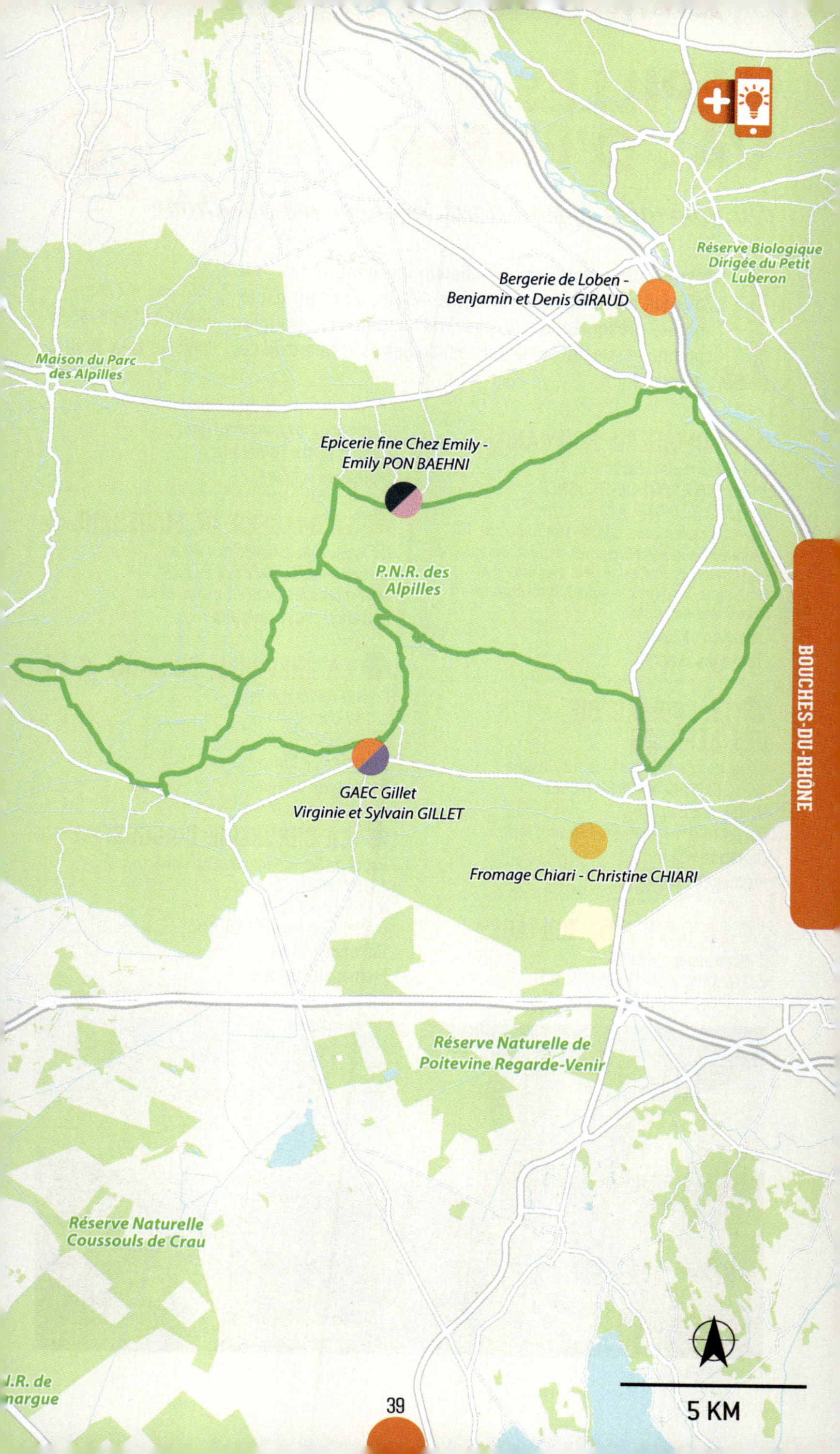
Réserve Biologique Dirigée du Petit Luberon
Bergerie de Loben - Benjamin et Denis GIRAUD
Maison du Parc des Alpilles
Epicerie fine Chez Emily - Emily PON BAEHNI
P.N.R. des Alpilles
GAEC Gillet Virginie et Sylvain GILLET
Fromage Chiari - Christine CHIARI
Réserve Naturelle de Poitevine Regarde-Venir
Réserve Naturelle Coussouls de Crau
I.R. de
nargue
5 KM

ALPILLES - VAL D'ENFER

Un itinéraire affiné dans les Bouches-du-Rhône

Le parcours emprunte le chemin passant par le Val d'Enfer, un itinéraire difficile, de 42 km, au coeur d'une nature préservée et sauvage. Vous apprécierez les jolis points de vue sur le Massif des Alpilles et le calme de ce parcours.

DISTANCE 42 km
DURÉE ESTIMÉE 3h30
NIVEAU ▲▲▲▲△

FROMAGERIE ROUMANILLE

196 petite route d'Eyragues,
13210 SAINT-RÉMY-DE-PROVENCE
✆ 06 77 39 03 40
Ouvert tous les jours 17h30-19h30 ou sur RDV
De juin à fin septembre : mer. et sam. au marché de St Rémy de Provence, jeu. au marché de Maussane-les-Alpilles, mar. soir au marché de Mas-Blanc-les-Alpilles
Distance : 1,5 km
Fromages : vache

LA FROMAGERIE DES ALPILLES

Route des Baux Les Joncades Basses
13210 SAINT RÉMY DE PROVENCE
✆ 04 90 92 07 02
Ouvert tous les jours 8h-19h sauf le dim.
Distance : 2 km
Fromages : chèvre

LA CAVE AUX FROMAGES

1 Place Joseph Hilaire
13210 SAINT-RÉMY-DE-PROVENCE
Ouvert tous les jours sauf lun.
Distance : sur l'itinéraire
Fromages : chèvre

FROMAGERIE DE MAUSSANE

94 Avenue de la Vallée des Baux
13520 MAUSSANE-LES-ALPILLES
Ouvert tous les jours sauf dim. et lun.
Distance : sur l'itinéraire

LA CHÈVRERIE DE SAINT-JEAN

Grande Route d'Arles
13150 TARASCON
✆ 06 20 31 65 89
Distance : 2 km
Fromages : chèvre

LA CHÈVRERIE D'AUGUSTINE

Route de Saint Rémy de Provence
13150 TARASCON
✆ 06 22 89 06 94
Ouvert tous les sam. sur rdv
Distance : 4 km
Fromages : chèvre

Le Val d'Enfer.

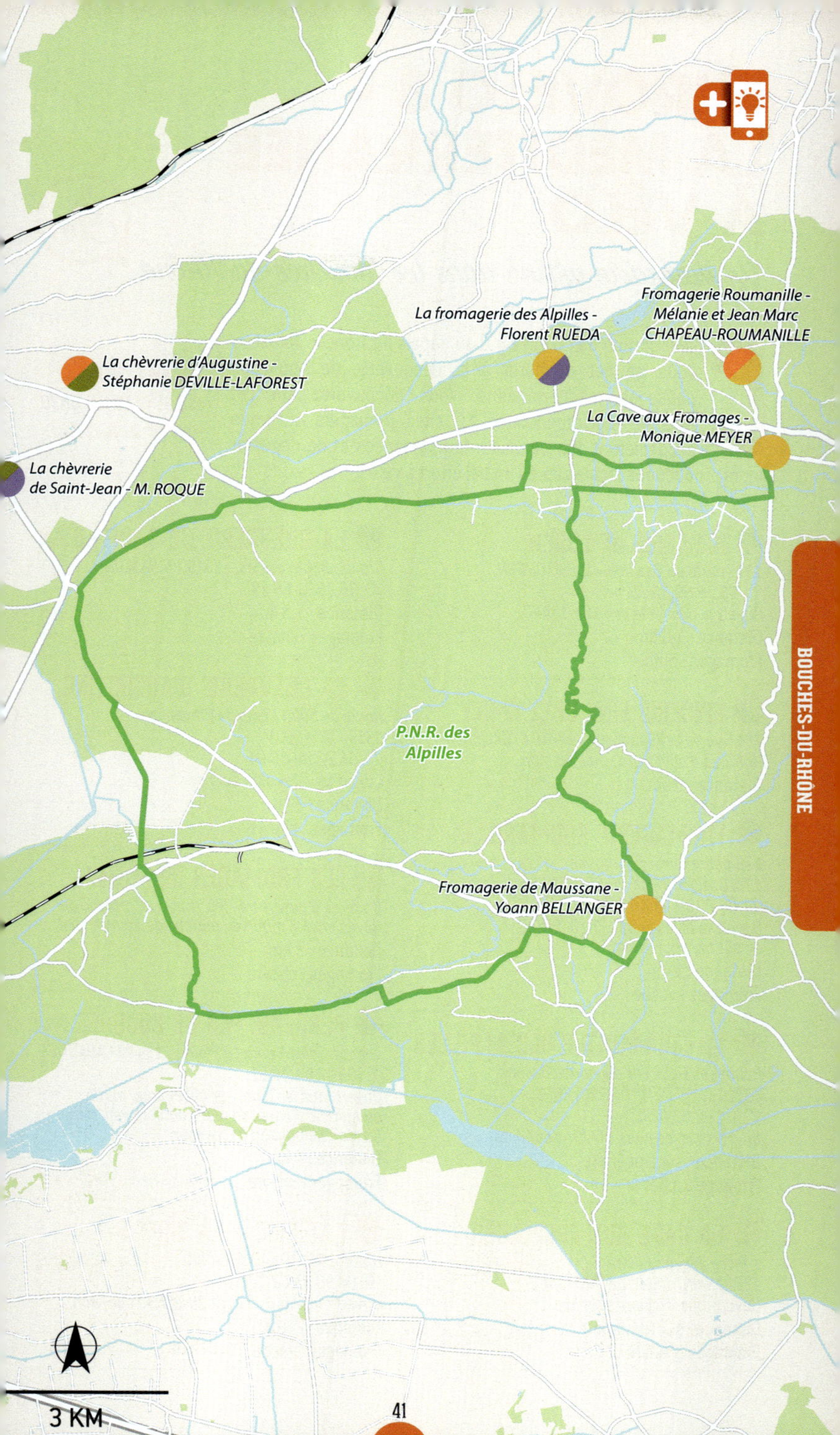
Fromagerie Roumanille -
Mélanie et Jean Marc
CHAPEAU-ROUMANILLE
La fromagerie des Alpilles -
Florent RUEDA
La chèvrerie d'Augustine -
Stéphanie DEVILLE-LAFOREST
La Cave aux Fromages -
Monique MEYER
La chèvrerie
de Saint-Jean - M. ROQUE
P.N.R. des
Alpilles
Fromagerie de Maussane -
Yoann BELLANGER
3 KM

EUROVELO 8 – LA MÉDITERRANÉE À VÉLO

Un itinéraire affiné dans les Bouches-du-Rhône

Cette portion de l'EuroVelo 8 au départ du Tronçon Tarascon vous permet de partir à la découverte de nouveaux paysages méditerranéens. Vous découvrirez sur cet itinéraire cyclotouristique 10 sites fromagers qui vous accueilleront afin de visiter leurs espaces et de déguster leurs productions locales après un bel effort à vélo !

DISTANCE *38 km*
DURÉE ESTIMÉE *3h30*
NIVEAU ▲▲△△△

BERGERIE DE LOBEN

1915 route de Bazarde - 13660 ORGON
✆ 06.16.59.86.59
Ouvert le mer. et le ven.15h-18h30.
Distance : 1,5 km
Fromages : brebis

ÉPICERIE FINE CHEZ EMILY

124 Rue de la République - 13810 EYGALIÈRES
Horaires d'ouverture : mar. au sam.
Distance : 3 km

FROMAGERIE ROUMANILLE

196 petite route d'Eyragues
13210 SAINT-RÉMY-DE-PROVENCE
✆ 06.77.39.03.40
Ouvert tous les jours 17h30-19h30 ou sur rdv sauf le dim.
Distance : 1 km
Fromages : vache

LA FROMAGERIE DES ALPILLES

Route des Baux Les Joncades Basses
13210 SAINT RÉMY DE PROVENCE
✆ 04 90 92 07 02
Ouvert tous les jours 8h-19h sauf dim.
Distance : sur l'itinéraire
Fromages : chèvre

LA CAVE AUX FROMAGES

1 Place Joseph Hilaire
13210 SAINT-RÉMY-DE-PROVENCE
Ouvert tous les jours sauf lun.
Distance : sur l'itinéraire
Fromages : chèvre

LA CHÈVRERIE DE SAINT-JEAN

Grande Route d'Arles – 13150 TARASCON
✆ 06 20 31 65 89
Distance : 1,5 km
Fromages : chèvre

LA CHÈVRERIE D'AUGUSTINE

Route de Saint Rémy de Provence
13150 TARASCON
✆ 06 22 89 06 94
Ouvert tous les sam.sur rdv
Distance : 2 km
Fromages : chèvre

LES FROMAGES DE MUMU

Horaires d'ouverture : jeu. matin au marché de Noves et ven. matin au marché de Saint-Andiol
Distance : 3 km
Fromages : chèvre

BERGERIE PAS DE BOUQUET

Chemin Saint-Henry La Plaine - 13440 CABANNES
✆ 06 17 64 98 51
Ouvert tous les jours sur rdv et sam. matin au marché d'Arles, de mai à octobre ven. matin au marché paysan à Graveson
Distance : 4 km
Fromages : chèvre

LAITERIE « LA TAPY »

RD24 – 13670 SAINT-ANDIOL
✆ 04 90 95 02 04
Ouvert tous les jours 16h30-18h30 sauf dim.
Distance : 2 km
Fromages : vache

Bergerie Pas de Bouquet
Laiterie « La Tapy » - Jean-François et Jacques MICHEL
Les Fromages de Mumu – Muriel TISSOT
Bergerie de Loben - Benjamin et Denis GIRAUD
Réserve Biologi Dirigée du Pet Luberon
P.N.R. Luber
La chèvrerie d'Augustine - Stéphanie DEVILLE-LAFOREST
La fromagerie des Alpilles - Florent RUEDA
Fromagerie Roumanille - Mélanie et Jean Marc CHAPEAU-ROUMANILLE
Maison du Parc des Alpilles
La Cave aux Fromages - Monique MEYER
La chèvrerie de Saint-Jean - M. Roque
P.N.R. des Alpilles
Epicerie fine Chez Emily - Emily PON BAEHNI
5 KM
BOUCHES-DU-RHÔNE

LA ROUTE DE LA CHAÎNE DES CÔTES

Un itinéraire affiné dans les Bouches-du-Rhône

A la lisière nord du Département, cet itinéraire entre plaines et collines propose un spectaculaire mélange de paysages et d'architecture provençales. Il peut être réalisé en trois boucles entre le Val de Durance et le massif boisé de la Chaîne des Côtes. Ces liaisons vertes vous permettront de découvrir 4 sites fromagers spécialisés dans les fromages de chèvre.

DISTANCE *93 km*
DURÉE ESTIMÉE *6h*
NIVEAU ▲▲△△△

LA FERME D'AURONS

Route de Pélissanne - Quartier des Beaumales
13121 AURONS
✆ 04 90 55 61 74
Horaires d'ouverture : ven. et sam. 10h-13h et dim. matin sur le marché de Pélissanne.
Distance : 4 km
Fromages : chèvre, faisselles et brousses

LES ROVES DE LA JACOURELLE

Route de Sainte Anne
13640 LA ROQUE D'ANTHÉRON
✆ 04 42 50 56 79
Horaires d'ouverture : lun. au sam. 9h-12h et jeu. matin sur le marché à la Roque d'Anthéron
Distance : 3 km
Fromages : chèvre

LA FERME DU BRÉGALON

Chemin du Gour
Mas du Brégalon
13840 ROGNES
✆ 04.42.50.14.32
Ouvert de février à fin novembre du mar. au sam. (sauf jours fériés) à partir de 15h
Distance : sur l'itinéraire
Fromages : chèvre

LA CHÈVRERIE DES PERRIÈRES

Les Perrières
13410 LAMBESC
✆ 06 70 65 28 71
Ouvert tous les jours (sauf dim. et jours fériés) 16h-19h mar. au marché de Lambesc mer. et dim. sur le marché de Pélissanne
Distance : 1,5 km
Fromages : chèvre

La chapelle Saint-Roch à Lambesc.

P.N.R. du Luberon
Les Roves de la Jacourelle - Sandrine et François BOREL
La ferme du Brégalon - Hugues, Christine & Anaïs GIRARD
La chevreries des Perrières - Stéphanie et Cyril VANDERSTEIN
La ferme d'Aurons - Marion HASSINE
3 KM
BOUCHES-DU-RHÔNE

LE PIEMONT DU GARLABAN

Un itinéraire affiné dans les Bouches-du-Rhône

Ce parcours au départ d'Aubagne se réalise en une boucle de 22 km agrémentée de visites et de découvertes gustatives. Cet itinéraire est riche par la diversité de ses paysages avec en point d'orgue le Garlaban, ce sommet rocheux qui domine la verte vallée de l'Huveaune. Le fromage de chèvre et de brebis sont principalement mis à l'honneur dans les 4 sites fromagers que vous pourrez retrouver lors de votre balade à vélo.

DISTANCE *22 km*
DURÉE ESTIMÉE *2h30*
NIVEAU ▲▲△△△

FROMAGERIE BELLON

22 Rue Rastègue
13400 AUBAGNE
✆ 04 42 08 27 35
Ouvert du mar. au sam. 08h-19h30
et le dim. 09h-13h
Distance : sur l'itinéraire
Fromages : Brie ail fines herbes, le brie truffé, le camembert aux cèpes, le brie au basilic, la cachaille provençale, Lou Fadoli

CHEZ LES PRODUCTEURS

RN96, 1500 route de Napollon
13400 AUBAGNE
Ouvert du mar.au sam. 14h30-19h
et le mer. 10h-19h
Distance : sur l'itinéraire
Fromages : locaux

LES CHÈVRES DE LA BEAUME

700, chemin de la Beaume
13360 ROQUEVAIRE
✆ 06 19 06 24 67
Vente chez Lionel et Sylvain CHIAPELLO le ven. 14h-19h et le dim. 10h-12h et 14h-19h, mar. au marché d'Aubagne et mer. au marché de Gemenos
Distance : sur l'itinéraire
Fromages : chèvre

AJELLO LAURENT

Chemin de lieutaud, La Jardinière
13420 GÉMENOS
✆ 06 71 02 65 02
Distance : sur l'itinéraire
Fromages : brebis

BOUCHES-DU-RHÔNE

© JACKIN - STOCK.ADOBE.COM

Le massif du Garlaban.

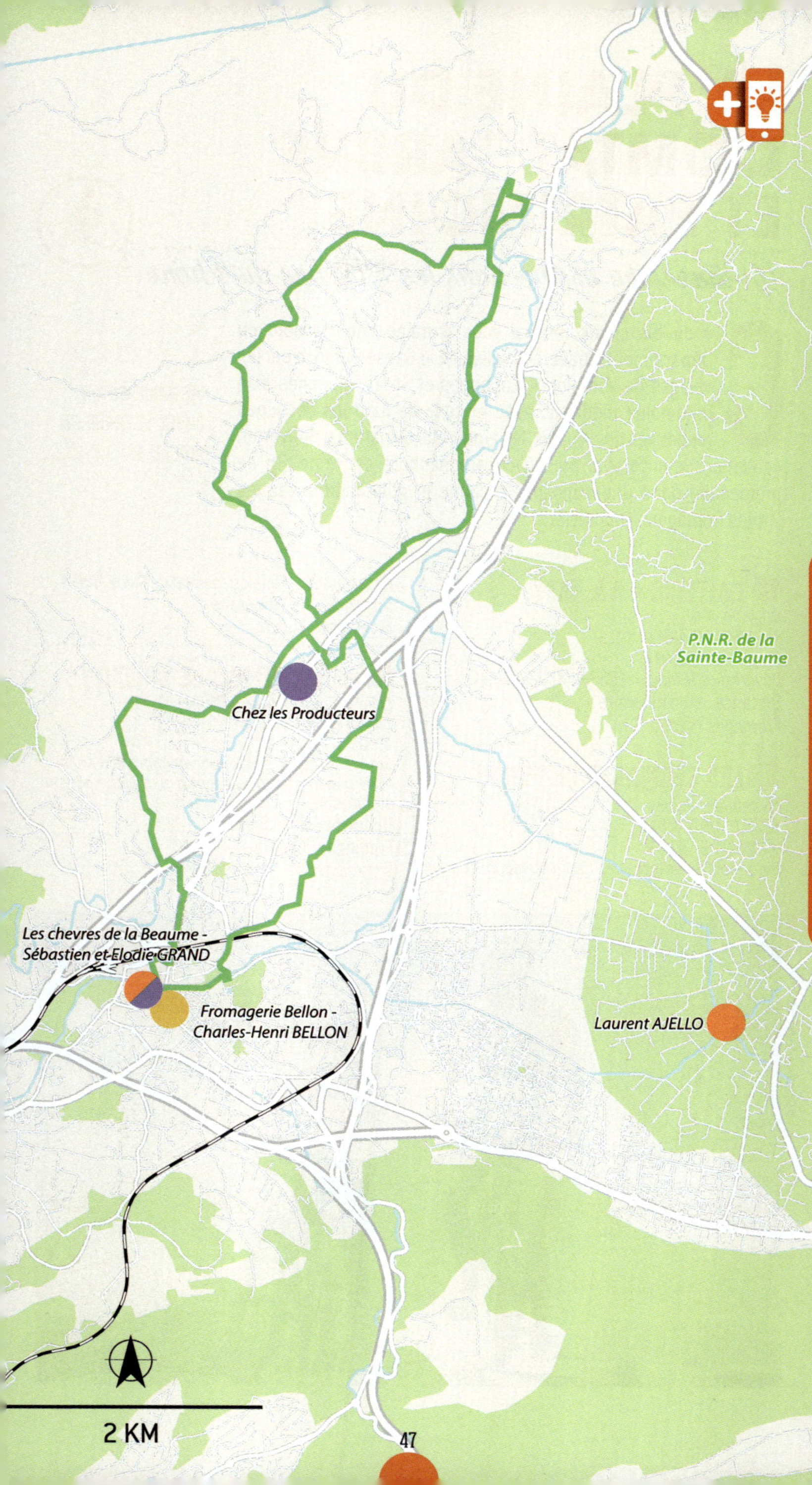

BOUCHES-DU-RHÔNE

LA PLAINE DU COMTAT " ARBRE ET PATRIMOINE "

Un itinéraire affiné dans les Bouches-du-Rhône

Ce double circuit familial vous entraîne dans le nord du Département à travers la vallée de la Basse Durance par les villages de Verquières, Cabannes et St Andiol, riches d'un patrimoine médiéval. Avec en toile de fond les découpes rocheuses des Alpilles, les amoureux de nature y trouveront également leur compte puisqu'ici l'arboriculture est reine. 3h de promenade dans une atmosphère calme et gourmande avec les 3 sites fromagers à apprécier...

DISTANCE *38 km*
DURÉE ESTIMÉE *3h*
NIVEAU ▲△△△△

BOUCHES-DU-RHÔNE

LAITERIE « LA TAPY »

RD24
13670 SAINT-ANDIOL
✆ 04 90 95 02 04
Ouvert tous les jours 16h30-18h30 sauf dim.
Distance : sur l'itinéraire
Fromages : vache

LES FROMAGES DE MUMU

Chemin des Paluds
13670 SAINT-ANDIOL
✆ 06 99 27 51 69
Horaires d'ouverture : jeu. matin au marché de Noves et ven. matin au marché de Saint-Andiol
Distance : sur l'itinéraire
Fromages : Chèvre

BERGERIE PAS DE BOUQUET

Chemin Saint-Henry La Plaine
13440 CABANNES
✆ 06 17 64 98 51
Ouvert sur rdv le sam. matin au marché d'Arles et de mai à octobre ven. matin au marché paysan à Graveson
Distance : sur l'itinéraire
Fromages : Chèvre

P.N.R. du Luberon
Bergerie Pas de Bouquet
Les Fromages de Mumu – Muriel TISSOT
Laiterie « La Tapy » - Jean-François et Jacques MICHEL
P.N.R. des Alpilles
2 KM

VOIE VERTE DE MEZIDON-CANON À LISIEUX

Un itinéraire affiné dans le Calvados

Au départ de Mézidon-Canon, cet itinéraire emprunte de petites routes à travers le Pays d'Auge avant de rejoindre la voie verte au Mesnil-Mauger. D'ici, la promenade longe la vallée de la Vie, ses bocages, ses pommiers et ses vaches normandes. Un cadre bucolique qui vous mènera jusqu'à Livarot, commune éponyme de la plus ancienne AOP fromagère de Normandie, et la fameuse basilique de Lisieux.

DISTANCE *70 km*
DURÉE ESTIMÉE *4h30*
NIVEAU ▲△△△△

FERME DE LA TUILERIE

Ch... l'Eglise, La Tuilerie
141... MESNIL-DURAND
✆ 02 ... 32 02 37
Visites dès 16h, réservation obligatoire le week-end

FROMAGERIE GRAINDORGE

42 rue du Général Leclerc
14140 LIVAROT
✆ 02 31 48 20 10
Horaires d'ouverture : du 02/11 au 31/03 : lun-ven (10h-12h30 et 14h30-17h30) et sam. (10h-13h).
Du 01/04 au 31/10 : lun-sam (9h30-13h et 14h-17h30).
Du 01/07 au 31/08 : lun-sam (9h30-17h30) et dim. (10h30-17h30).
Fromages : Musée du Livarot, atelier de transformation et espace de vente.

© G. BLANCHON CNIEL

Fromage Livarot.

FROMAGERIE DE LA HOUSSAYE

La Houssaye
14170 BOISSEY
✆ 02 31 20 64 00
Ouvert du lundi au vendredi de 9h-18h
Fromages : Pont L'Evêque, Livarot, Deauville et Pavé d'Auge

GÎTE DE LA COUR ST JEAN

Sainte-Marguerite-de-Viette
14140 SAINT-PIERRE-EN-AUGE
✆ 02 14 10 14 04 - 06 21 76 27 60
Ouvert toute l'année

DOMAINE SAINT HIPPOLYTE

Route de Livarot
14100 SAINT-MARTIN-DE-LA-LIEUE
✆ 06 11 74 02 62
Horaires d'ouverture : vendredi de 14h-16h
Fromages : Pont l'évêque, Livarot fermier AOP, Pavé d'Auge, crème fraîche fermière

FERME DE LA MOISSONNIÈRE

La Moissonnière - 14140 FERVAQUES
✆ 02 31 32 31 23
Ouvert du lundi au vendredi 8h-13h et 14h-16h ; le samedi 8h-13h
Fromages : Pont l'Evêque, Pavé d'Auge et Fervaques

MARCHÉ DE LISIEUX

Place de la République / Rue Pont-Mortain
14100 LISIEUX
Marché les samedis matin (8h à 13h) et les samedis journée (Été : 8h-17h45 ; Hiver : 8h-16h45)
Fromages : locaux

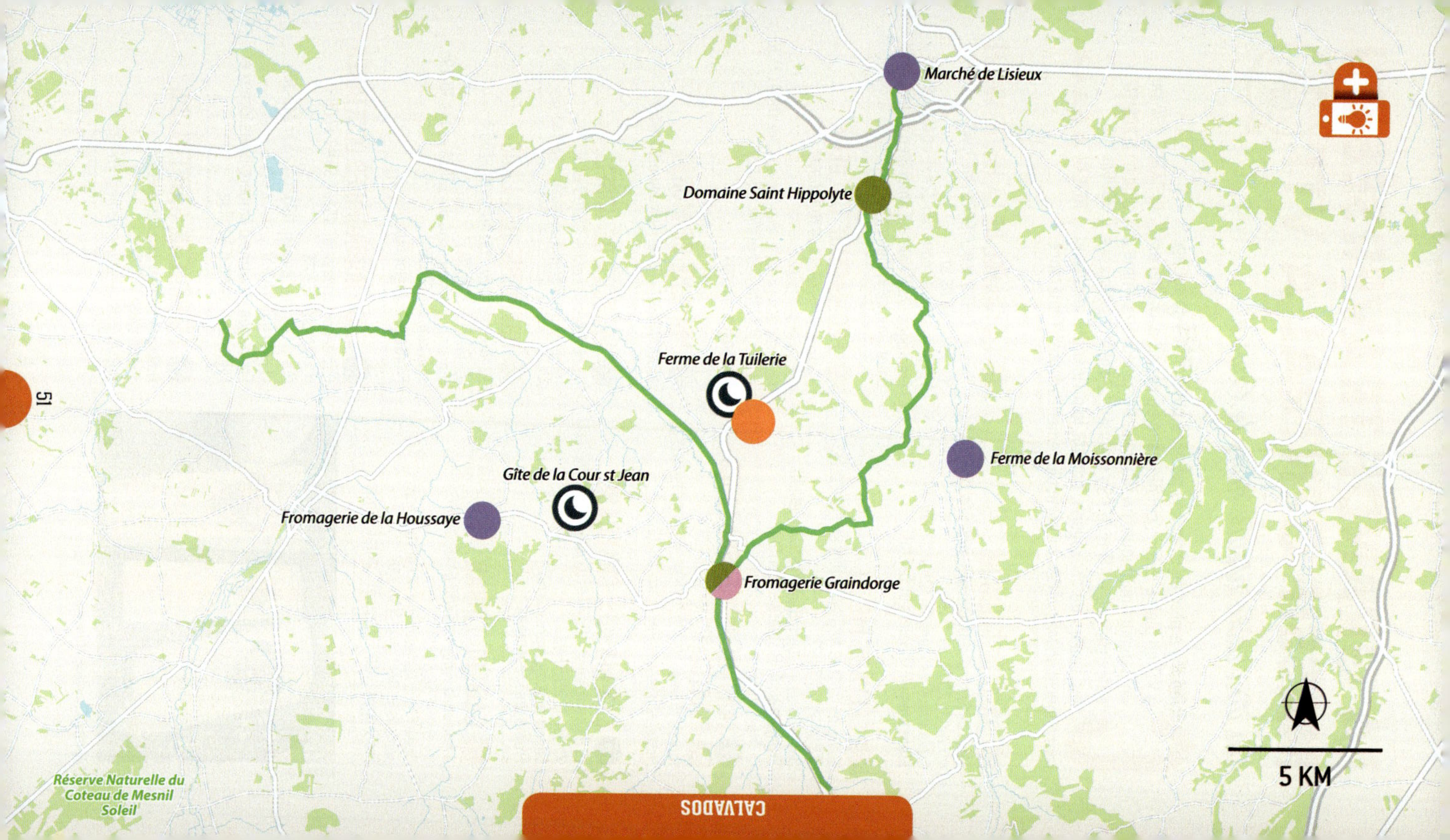
Marché de Lisieux
Domaine Saint Hippolyte
Ferme de la Tuilerie
Ferme de la Moissonnière
Gîte de la Cour st Jean
Fromagerie de la Houssaye
Fromagerie Graindorge
Réserve Naturelle du Coteau de Mesnil Soleil
5 KM
CALVADOS

LA GRANDE TRAVERSÉE DU MASSIF CENTRAL À VTT

Un itinéraire affiné dans le Cantal

Créé il y a plus de vingt ans pour les passionnés de voyage à VTT en pleine nature, cet itinéraire au départ d'Avallon est un parcours mythique, un itinéraire de collection comme il en existe peu en France ! Sa notoriété a d'ailleurs dépassé les limites de l'hexagone, portant loin l'identité unique et méconnue d'un Massif Central particulièrement adapté à l'itinérance.

DISTANCE *100 km*
DÉNIVELÉ POSITIF *2000m*
NIVEAU ▲▲▲▲▲

GAEC DE FERRAND
Mons de Ferrand - 15170 NEUSSARGUES EN PINATELLE
✆ 04 71 20 01 43
Ouvert tous les jours 9h-12h et 17h30-19h
Fromages : AOP Salers et Cantal

ÉLEVAGE MERLE
Le Bourg - 15170 NEUSSARGUES EN PINATELLE
✆ 04 71 20 14 77
Ouvert tous les jours 8h-11H et 17h-19h30
Fromages : AOP Salers et Cantal

MARCHÉ DE NEUSSARGUES EN PINATELLE
Rue de la gare - 15170 NEUSSARGUES EN PINATELLE
Horaires d'ouverture : merc. 8h-13h

SAS MARCEL CHARRADE
13 Route de Murat - 15170 NEUSSARGUES EN PINATELLE
✆ 04 71 20 51 93
Ouvert tous les jours sur rdv
Fromages : régionaux

GAEC DU LIORAN
1 Rue de la Prade - 15300 LAVEISSIÈRE
✆ 06 64 66 55 07
Ouvert tous les jours sur rdv et vacances scolaires : 9h-11h et 16h-19h
Fromages : AOP Salers et Cantal, tomme

© P.MAZIN

Marcel Charrade Affineur.

LA GRANGE DE LA HAUTE VALLÉE
Pignou - 15300 ALBEPIERRE-BREDONS
✆ 06 07 50 65 61
Visite sur rdv et vente 10h-12h30 et 15h-18h30
Fromages : AOP Salers, Cantal Bleu d'Auvergne, Saint Timothée, Pignou, tome

FROMAGERIE CALDERA
3 Rue Justin Vigier - 15300 MURAT
✆ 04 71 20 21 84
Horaires d'ouverture : du mar. au sam. 09h-12h30 et 14h30-19h00 et le dim. 9h-12h
Fromages : locaux

MARCHÉ DE MURAT
15300 MURAT - Ouvert le vendredi 8h-12h

MARCHÉ DE USSEL
Place Celestin Lafon - 15300 USSEL
Horaires d'ouverture au public : samedi 8h-13h

CRÉMERIE DES LACS
53 Rue des Lacs - 15100 SAINT FLOUR
✆ 04 71 60 08 20
Ouvert du mar. au sam. 9h-12h30 et 14h30-19h et le dim. 9h-12h30.
Fromages : régionaux

LES FROMAGERIES OCCITANES
Rue Léopol Chastang - 15100 SAINT-FLOUR
✆ 04 71 60 53 28
Ouvert du mar. au ven. 09h30-12h et 14h-18h et sam 09h30-12h
Fromages : Fourme d'Ambert, bleus locaux et régionaux, carré d'Aurillac

MARCHÉ DE SAINT-FLOUR
Halle aux Bleds, Place de la Halle
15100 SAINT-FLOUR
Horaires d'ouverture : samedi 7h-12h

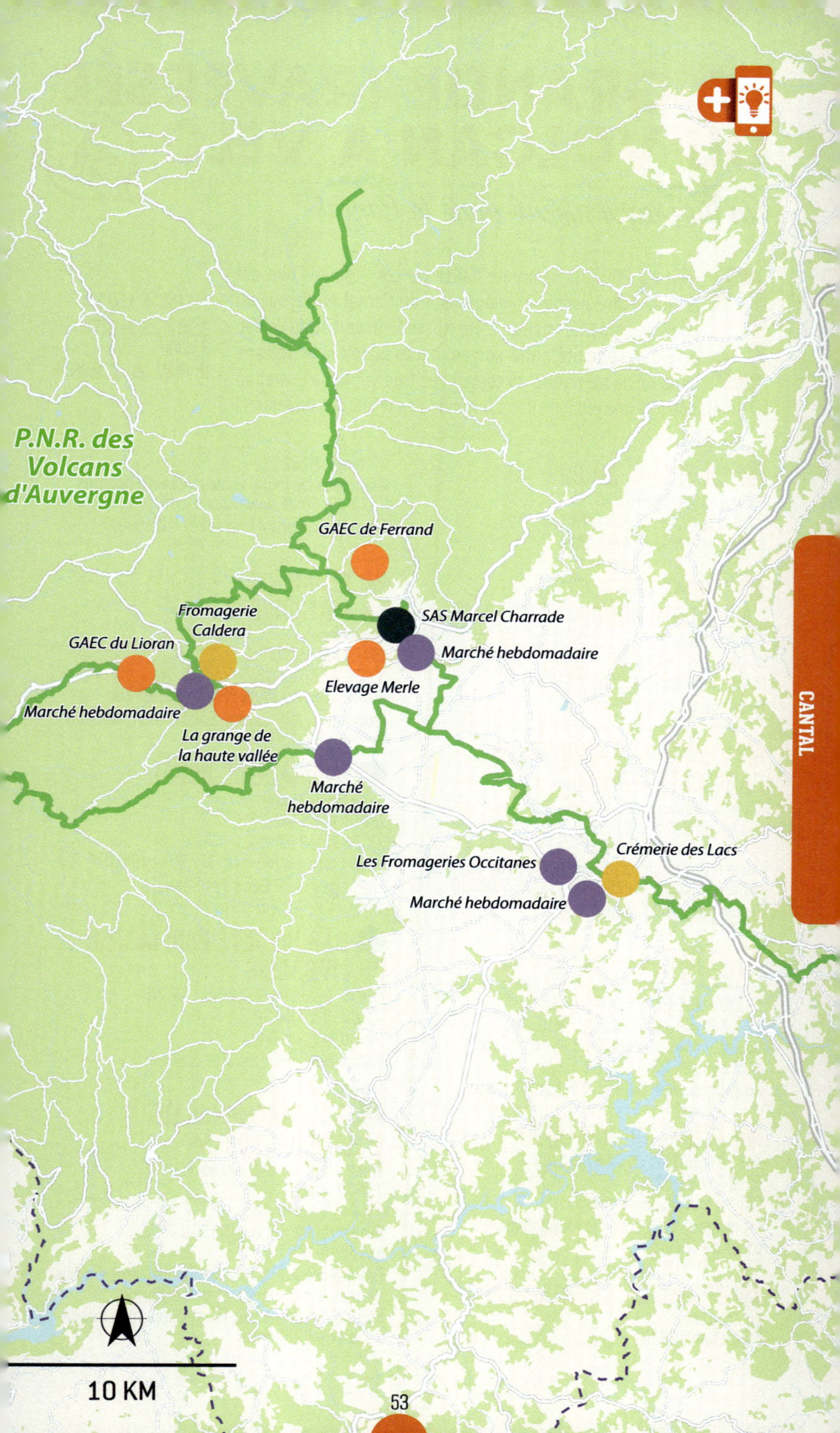
P.N.R. des Volcans d'Auvergne
GAEC de Ferrand
SAS Marcel Charrade
Marché hebdomadaire
Elevage Merle
Fromagerie Caldera
GAEC du Lioran
Marché hebdomadaire
La grange de la haute vallée
Marché hebdomadaire
Les Fromageries Occitanes
Crémerie des Lacs
Marché hebdomadaire
10 KM

LA GRANDE TRAVERSÉE DU VOLCAN À VÉLO

Un itinéraire affiné dans le Cantal

Créée en 2007, la Véloroute Vallée du Lot - Haute-Loire est le fruit d'une politique volontariste du Cantal en faveur du cyclotourisme. Le tracé de cette « Grande Traversée du Volcan à Vélo » serpente entre gorges, hauts plateaux et volcans dans un cadre naturel exceptionnel. Une véritable invitation à l'itinérance et à une plongée dans l'intimité des territoires traversés !

DISTANCE *150 km*
DÉNIVELÉ POSITIF *2300m*
NIVEAU ▲▲▲▲▲

CANTAL

LA FERME DU BOS

Le Bos - 15600 LEYNHAC
✆ 04 71 49 05 59 / 06 70 77 25 18
Ouvert tous les jours sur rdv

FERME DE LA MAISON ROUGE

15220 VITRAC
✆ 06 78 57 14 35
Ouvert tous les sam. 9h30-12h
Fromages : vache

FERME DE LABOUYGUES EARL CALDAYROUX

Chemin Labouygues
15130 ARPAJON SUR CÈRE
✆ 04 71 64 28 68 / 06 88 57 73 00
Ouvert tous les jours pendant la période de fabrication du Salers, du 15/04 au 15/11 à 16H30
Fromages : AOP Cantal

FERME DE LAVEISSIÈRE

Laveissière - Saint-Julien de Jordanne
15590 MANDAILLES SAINT JULIEN
✆ 04 71 47 95 05 / 06 22 29 33 28
Ouvert du lun. au sam. 9h-11h et 17h-20h et le dim. 9h-11h
Fromages : AOP Salers, AOP Cantal, tome

FERME DE RAYMOND

15590 MANDAILLES SAINT JULIEN
✆ 04 71 47 97 33
Ouvert tous les jours sur rdv
Fromages : Cabécou « le Mandailles », tome de chèvre

FERME DE LA CHAPELLE

La Chapelle
15300 LAVIGERIE
✆ 04 71 20 82 70
Visite tous les jours, vente : de mai à octobre 9h30-19h30 de novembre à avril de 10h-17h
Fromages : Cantal fermier et salers AOP

FERME DE LA MATHONIÈRE

Saint-Herem
15160 ALLANCHE
✆ 06 31 56 12 02
Ouvert tous les jours 8h-12h et 14h-19h
Fromages : AOP Cantal, Salers, Saint Nectaire

FROMAGERIE BONAL

6 rue Denis Papin
15000 AURILLAC
✆ 04 71 48 22 85
Ouvert tous les jours 8h-12h30 et 15h-19h
Fromages : AOP Cantal et Salers

SAS SOCIÉTÉ FROMAGÈRE DU LIVRADOIS

Rue du Cezallier - 15160 ALLANCHE
✆ 04 71 20 44 32
Ouvert tous les jours
Fromages : AOP Cantal et Salers

GIE CHATAIGNERAIE L'ÉLEVEUR OCCITAN

1, rue Ampère - ZAC de Laborie
15600 MAURS
✆ 04 71 46 75 82
Ouvert du lun. au ven. 8h30-12h30 et 13h30-17H30
Fromages : AOP Cantal et Salers, tome fraîche, bleu au lait de vache et de bufflonne, Fleur d'Auvergne Bio, Piastrellou, mozzarella au lait de bufflonne

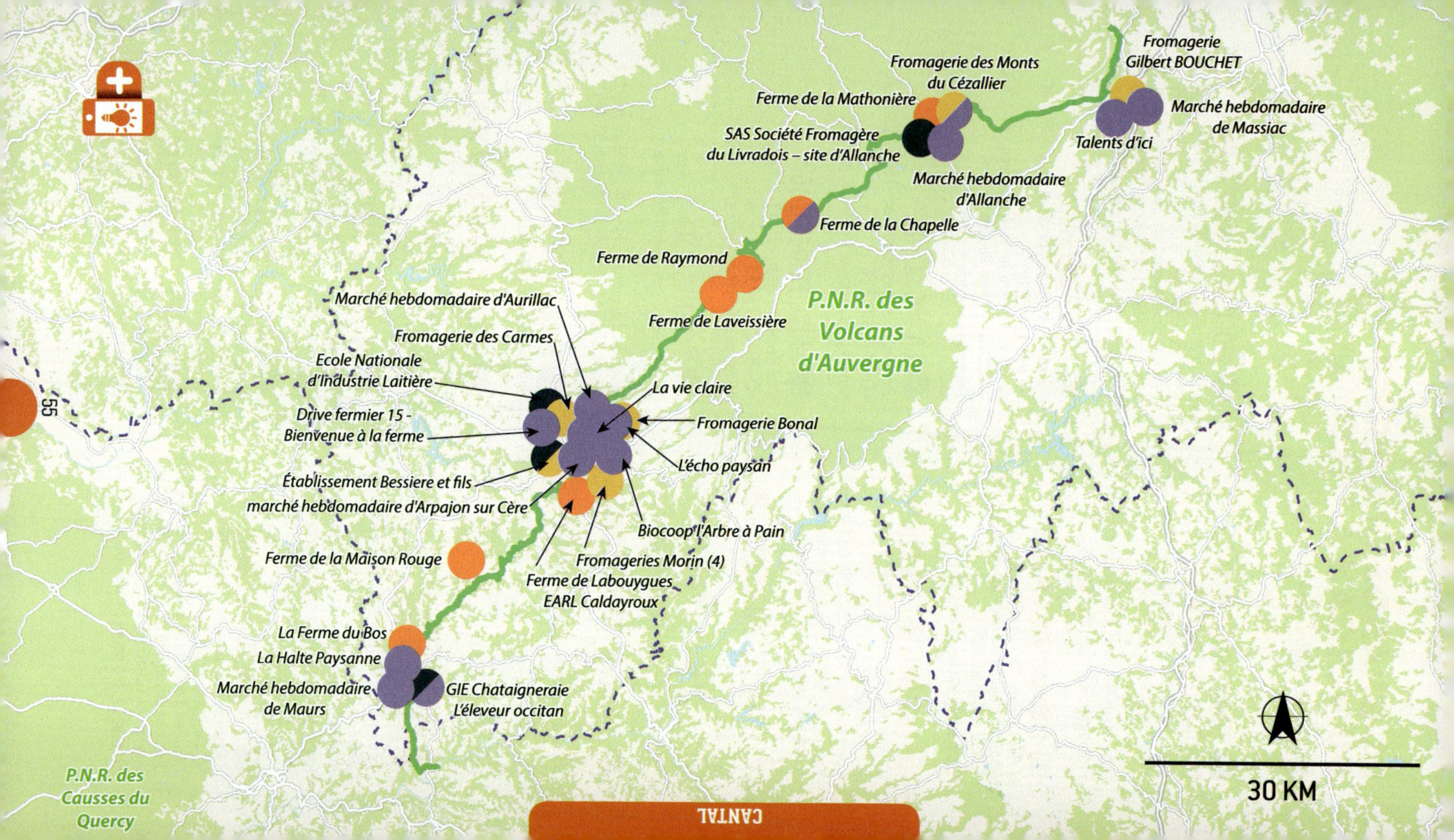
Fromagerie
Gilbert BOUCHET
Marché hebdomadaire
de Massiac
Talents d'ici
Fromagerie des Monts
du Cézallier
Ferme de la Mathonière
SAS Société Fromagère
du Livradois – site d'Allanche
Marché hebdomadaire
d'Allanche
Ferme de la Chapelle
Ferme de Raymond
Ferme de Laveissière
P.N.R. des
Volcans
d'Auvergne
Marché hebdomadaire d'Aurillac
Fromagerie des Carmes
Ecole Nationale
d'Industrie Laitière
La vie claire
Drive fermier 15 -
Bienvenue à la ferme
Fromagerie Bonal
L'écho paysan
Établissement Bessiere et fils
marché hebdomadaire d'Arpajon sur Cère
Biocoop l'Arbre à Pain
Ferme de la Maison Rouge
Fromageries Morin (4)
Ferme de Labouygues
EARL Caldayroux
La Ferme du Bos
La Halte Paysanne
Marché hebdomadaire
de Maurs
GIE Chataigneraie
L'éleveur occitan
P.N.R. des
Causses du
Quercy
30 KM
CANTAL

ÉCOLE NATIONALE D'INDUSTRIE LAITIÈRE

21 Rue du Château Saint-Étienne
15000 AURILLAC
✆ 04 71 46 26 78
Ouvert tous les jours, pour groupes sur rdv
Fromages : AOP Cantal et Salers

FROMAGERIES MORIN

7 Rue du Buis -15000 AURILLAC
Horaires d'ouverture : du mar. au sam. 8h30-12h30 et 14h30-19h
Fromages : vache, brebis, chèvre

FROMAGERIE DES CARMES

46 Rue des Carmes - 15000 AURILLAC
✆ 04 71 48 33 01
Ouvert tous les jours 09 h-19h sauf mer. et dim.
Fromages : 5 AOP d'Auvergne, tome fraiche, fromages et locaux

ÉTABLISSEMENT BESSIERE ET FILS

59 Boulevard Jean Jaurès - 15000 AURILLAC
✆ 04 71 48 74 98
Horaires d'ouverture : le ven. 6h30-12h30

FROMAGERIE DES MONTS DU CÉZALLIER

3 Rue du Cézallier - 15160 ALLANCHE
✆ 04 71 20 44 32
Horaires d'ouverture : du mar. au sam. 10h-19h
Fromages : 5 AOP d'Auvergne, tome fraiche, fromages et locaux

FROMAGERIE GILBERT BOUCHET

49 avenue du Général de Gaulle - 15500 MASSIAC
✆ 04 71 23 02 76
Horaires d'ouverture : tous les jours
Fromages : Cantal, Salers, St Nectaire, bleu d'Auvergne, fourme d'Ambert, chèvres

LA HALTE PAYSANNE

3 Place de l'Europe - 15600 MAURS
✆ 04 71 64 33 58
Horaires d'ouverture : jeu. 9h-12h30 et 15h30-19h, ven.et sam. 9h30-12h30 et 15h30-19h, dim. 9h30-12h30 (du 01/05 au 31/10)
Fromages : locaux et régionaux

BIOCOOP L'ARBRE À PAIN

150 avenue du Général Leclerc - 15 000 AURILLAC
✆ 04 71 63 56 40
Horaires d'ouverture : lun. 14h-19h et du mar. au sam. 9h30-19h, 19h30 le ven. fermé le dim.
Fromages : locaux et régionaux

L'ÉCHO PAYSAN

15 allée Georges Pompidou - 15000 AURILLAC
✆ 04 71 64 22 83
Horaires d'ouverture : du lun. au ven. 9h-12h30 et 14h30-19h et sam 9h-12h
Fromages : locaux

LA VIE CLAIRE

2 avenue Georges Pompidou - 15000 AURILLAC
✆ 04 71 48 67 66
Ouvert tous les jours 9h-19h30 sauf dim.

DRIVE FERMIER 15

Rue Bernard Palissy - 15000 AURILLAC
✆ 06 87 03 58 51
Horaires d'ouverture : ven. 12h30-18h30

TALENTS D'ICI

97 bis avenue du Général de Gaulle
15500 MASSIAC
Horaires d'ouverture : lun. 9h-12h15 du mar. à ven. 9h-12h15 et 15h-19h et sam. 9h-18h

MARCHÉ DE MAURS

Tour de Ville - 15600 MAURS

MARCHÉ D'ARPAJON SUR CÈRE

Place de la République
15130 ARPAJON SUR CÈRE
Ouvert dimanche matin.

MARCHÉ D'AURILLAC

Place de l'Hôtel de Ville - 15000 AURILLAC
Horaires d'ouverture : Mercredi et samedi 8h-13h

MARCHÉ D'ALLANCHE

Centre-Village - 151600 ALLANCHE
Horaires d'ouverture : mardi 8h-12h

MARCHÉ DE MASSIAC

Place des Pupilles - 15500 Massiac
Horaires d'ouverture : mardi 8h-13h

Tome des volcans,
L' Eleveur Occitan.

GRANDE TRAVERSÉE DE LA CHARENTE-MARITIME

Un itinéraire affiné en Charente-Maritime

L'itinéraire démarre à l'entrée Nord du Département, en provenance de la Vendée sur les routes de La Vélo Francette. Une fois arrivé à La Rochelle, vous longerez la côte et les cabanes à carrelet typiques de la façade atlantique, sur les chemins de la Vélodyssée, avant d'emprunter après Rochefort, La Flow Vélo. Un cadre idéal pour improviser des pique-niques fromagers ou des pauses glaces au lait de vache !

DISTANCE *154 km*
DURÉE ESTIMÉE *3 jours*
NIVEAU ▲▲△△△

EARL DE L'ANGLE GIRAUD
L'Angle Giraud 17170
ST-JEAN-DE-LIVERSAY
✆ 06 14 59 71 04 / 06 99 26 84 85
Ouvert tous les jours de 16h-19h en accès libre, fermé le dimanche
Distance : 6 km

MARIE-CÉCILE MONNIER
5 Petite Rue du Palais
17137 MARSILLY
Horaires d'ouverture : marché de Ste Marie de Ré, mercredi, vendredi et samedi matin 8h-13h toute l'année
Distance : 7,3 km

LA CHÈVRE RIT
10 chemin de Bel Air
17139 DOMPIERRE-SUR-MER
✆ 05 46 56 11 16
Horaires d'ouverture : le vendredi 15h-19h et le samedi 9h-12h et 15h-19h
Distance : 2 km

ASINERIE DE VARENNE
1 Fief des Varennes
17139 DOMPIERRE-SUR-MER
✆ 06 15 15 12 29
Ouvert le mercredi et le samedi 15h-17h
Lait d'ânesse et produits cosmétiques
Distance : 1,4 km

L'AFFINE HEURE
11 place Charles de Gaulle
17138 PUILBOREAU
✆ 05 16 85 77 86
Horaires d'ouverture : du mardi au samedi de 9h30-13h et 15h30-19h, le dimanche matin 10h-13h. Fermé le lundi
Distance : 3 km

BEILLEVAIRE
12 rue du 11 novembr
17138 PUILBOREAU
✆ 05 46 31 03 02
Ouvert du lundi au samedi 9h-19h30
Distance : 2 km

PANIER DE NOS CAMPAGNES
1-7 place Jean Zay
17000 LA ROCHELLE
✆ 05 46 01 98 28
Ouvert tous les jours fériés le matin et mercredi 15h-19h. Jeudi et vendredi 9h30-19h, samedi 9h30-12h30
Distance : 1,6 km

L'ESTIVE
1 rue Gambetta
17000 LA ROCHELLE
Ouvert tous les jours marché des halles 7h-13h30
Distance : 1 km

FROMAGERIE L'EPICURIUM
6 rue Gargoulleau
17000 LA ROCHELLE
✆ 05 46 42 48 57
Ouvert du mardi au samedi de 9h30-13h et 15h30-19h
Distance : 1 km

HISTOIRES D'AFFINEUR
Rue Gambetta - 17000 LA ROCHELLE
✆ 06 63 60 05 29
Horaires d'ouverture : marché de La Rochelle, toute l'année du mardi au dimanche 7h-13h30
Distance : 1 km

LA CRÉMERIE DE PAULINE
Place du marché, bancs n°61 et 62, 17000 LA ROCHELLE
✆ 05 46 41 44 96
Ouvert tous les jours 8h-13h30
Distance : 1 km

MARTINE POUPARD
Rue Gambetta - 17000 LA ROCHELLE
Horaires d'ouverture : marché de Courçon le mercredi 8h-13h et marché de La Rochelle mercredi et samedi 8h-13h
Distance : 1 km

ERICK JARNAN
Rue Gambetta - 17000 LA ROCHELLE
Horaires d'ouverture : grandes surfaces et crémeries du 14/07 au 31/08/2020, tous les dimanche matin marché de Port des Barques 8h-13h
Distance : 1 km

FROMAGERIE CASSIUS
4 rue Saint Nicolas - 17000 LA ROCHELLE
✆ 05 86 56 43 00
Ouvert du mardi au samedi 11h30-15h et 17h30-22h, restauration sur place
Distance : 400 m

ERNEST LE GLACIER
15 rue du Port - 17000 LA ROCHELLE
✆ 05 46 50 55 60
Ouvert du 1er mai au 30 septembre 12h-23h
Distance : 500 m

ERNEST LE GLACIER
48 cours des Dames, 1 rue St Jean Perot 17000 LA ROCHELLE
Ouvert du 1er mai au 30 septembre 12h-23h
Distance : 500 m

BEILLEVAIRE
30 avenue ZAC des Fourneaux 17690 ANGOULINS
Ouvert du lundi au samedi 9h-19h30
Distance : 1,5 km

100% FERMIERS
22 avenue des Fourneaux - 17690 ANGOULINS
✆ 05 46 37 47 14
Ouvert le jeudi et vendredi 9h30-19h et le samedi 9h30-13h
Distance : 1,5 km

GLACIER DES DUNES
64 bd de la Mer 17340 CHATELAILLON-PLAGE
Fermé de novembre à mars, ouvert basse saison le weekend 14h-20h
Distance : sur le parcours

ERICK JARNAN
48 rue du marché 17340 CHATELAILLON-PLAGE
Ouvert tous les jours sur les halles du marché de Chatelaillon Plage de 8h-13h
Distance : sur le parcours

ERICK JARNAN
Rue de la Halle - 17450 FOURAS
Ouvert tous les jours sur les halles du marché de Fouras Plage de 8h-13h
Distance : 6 km

FROMAGERIE OLIVIER JUIN
Halle aux légumes -17450 FOURAS
✆ 06 15 31 57 34
Ouvert tous les jours marché de Fouras 7h-13h30
Distance : 6 km

FROMAGERIE CHEZ MOI
61 rue de la Halle - 17450 FOURAS
✆ 09 83 39 79 71
Ouvert du mardi au samedi 8h-13h et 16h-19h30. Dimanche 8h30-16h. Marché de la Couarde (juillet /août) tous les jours de 8h-13h
Distance : 6 km

LA FERME DE BEL AIR
1 rue Bel Air 17780 SAINT-NAZAIRE-SUR-CHARENTE
✆ 05 46 84 51 71 / 06 81 42 05 02
Vente de lait en heures d'hiver 18h-20h, heures d'été 19h-20h30
Distance : 6,8 km (par Pont Transbordeur)

LA P'TITE SOURIS
69 avenue Léon Gambetta - 17300 ROCHEFORT
✆ 05 46 99 76 91
Ouvert du mardi au vendredi 8h30-13h et 15h-19h30, samedi 8h30-19h30
Distance : 1,5 km

GRANDE TRAVERSÉE DE LA CHARENTE-MARITIME

Un itinéraire affiné en Charente-Maritime

LAITERIE GILBERT

53 rue Audry de Puyravault - 17300 ROCHEFORT
✆ 05 46 53 26 81
Ouvert du mardi au samedi de 8h30-12h30 et 15h-19h30, dimanche de 9h-12h
Distance : 1 km

LA CRÉMERIE DE BABETTE

28 rue Lesson - 17300 ROCHEFORT
✆ 05 46 99 38 89
Ouvert mardi et jeudi 9h-12h45, du mardi au samedi 17h30-19h15, mercredi et vendredi 10h-12h45, samedi 8h-13h
Distance : sur le parcours

CHEZ RÉGIS

Les Halles, Banc n° 20t - Rue Jean-Jaurès
17300 ROCHEFORT
Ouvert mardi, jeudi et samedi de 7h30-13h30
Distance : sur le parcours

CHÈVRERIE LA P'TITE TROUPE

Les Halles - 17300 ROCHEFORT
✆ 06 11 96 21 52
Ouvert de mars à décembre. Magasin ouvert sur le site de la ferme le mercredi et vendredi de 16h30-18h
Distance : sur le parcours

LE GUIGNE CHÈVRE

Les Halles - 17300 ROCHEFORT
Ouvert tous les samedi matin 8h-13h
Distance : sur le parcours

ERICK JARNAN

Avenue Charles de Gaulle - 17300 ROCHEFORT
Vente en grandes surfaces et crèmeries, Halles de Rochefort
Distance : sur l'itinéraire

FERME DE LA VARENNE

Les Varennes - 17430 TONNAY-CHARENTE
✆ 05 46 44 18 82
Ouvert du mercredi au vendredi 9h30-12h30 et 15h-19h, samedi 9h30-12h30 et 15h-18h
Distance : 800 m

FERME DE LIBERNEUIL

La Brossardière
17350 TAILLEBOURG
✆ 06 27 10 93 53
Ouvert d'avril à décembre
Visite libre de l'élevage et vente de produits le mercredi et samedi 17h-19h
Distance : 3 km
Fromages : Fromages de chèvres

RÉGIS MOREAU

35 Chemin des Motillons
17100 BUSSAC-SUR-CHARENTE
Horaires d'ouverture : Saintes le mardi et vendredi (marché au Cours Reverseaux) 8h-13h, mercredi et samedi (marché Saint Pierre) 7h-14h à Cozes
Distance : 5,5 km

FERME FROMAGÈRE DE LA NOUGERÉE

2 Chemin de la Nougerée
17810 SAINT-GEORGES-DES-COTEAUX
Horaires d'ouverture : à la ferme le jeudi et vendredi 17h-19h, à Saintes (Cours Reverseaux) le vendredi 8h-13h, à Arvert le mercredi 8h-13h
Distance : 5,2 km

L'ANGELYS

ZA de la Sauzaie - 17100 FONCOUVERTE
✆ 05 46 74 88 00
Ouvert du lundi au vendredi de 9h-12h et 14h-18h
Distance : 6,6 km

FROMAGERIE FINE

Place du 11 novembre, Marché
17100 SAINTES
✆ 05 46 74 53 38 / 06 18 65 73 99
Ouvert mardi et vendredi 8h-13h
Distance : 600 m

POT D'VACHE

23 rue Saint Pierre - 1700 SAINTES
Horaires d'ouverture : marché de Saint Pierre le samedi 8h-13h
Distance : sur le parcours

POT D'VACHE

25 chemin de chez Viaud
17100 LA CHAPELLE-DES-POTS
Ouvert le vendredi 17h30-19h et le samedi de 10h-12h
Distance : 7,5 km (par le Bac de Chaniers)

Carrelets le long de la Vélodyssée.

Anse de l'Aiguillon
EARL de l'Angle Giraud
P.N.R. du Marais Poitevin
Marie-Cécile Monnier
L'affine Heure
La Chèvre rit
Asinerie de Varenne
Martine POUPARD
Histoires d'affineur
Beillevaire
Panier de nos campagnes
Erick JARNAN
Fromagerie L'Epicurium
La crémerie de Pauline
Ernest Le Glacier
Fromagerie Cassius
Beillevaires
Ernest Le Glacier
L'Estive
100% Fermiers
Erick JARNAN
Glacier des dunes
Fromagerie Chez Moi
Océan Atlantique
Fromagerie Olivier Juin
Le Guigne Chèvre
Laiterie Gilbert
Erick JARNAN
Erick JARNAN
La P'tite Souris
La Ferme de Bel Air
Ferme de la Varenne
Chèvrerie La P'tite Troupe
Chez Régis
La Crémerie de Babette
10 KM

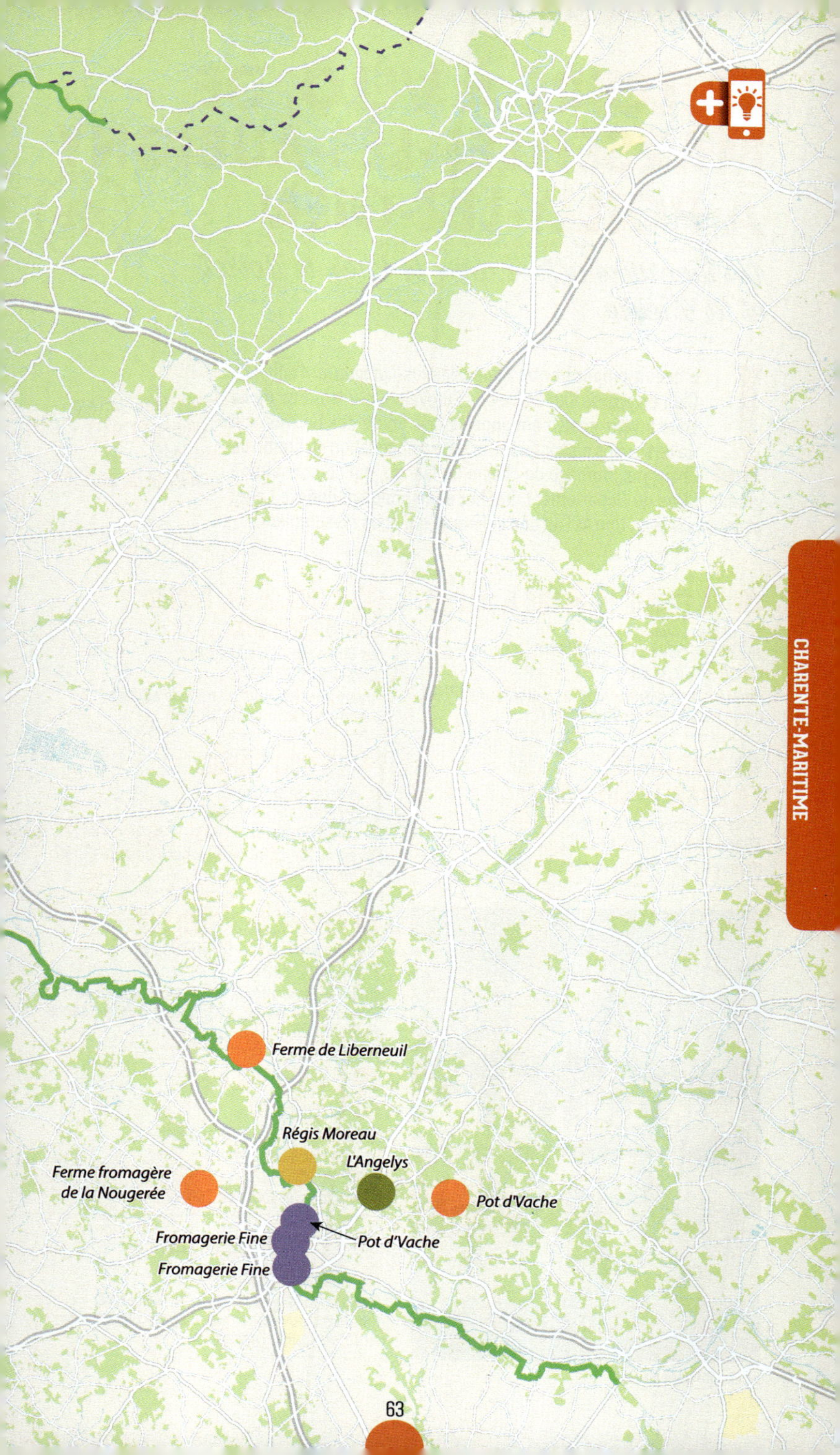
Ferme de Liberneuil
Régis Moreau
L'Angelys
Ferme fromagère
de la Nougerée
Pot d'Vache
Fromagerie Fine
Pot d'Vache
Fromagerie Fine

LA LOIRE À VÉLO, DE MARSEILLES-LÈS-AUBIGNY À POILLY-LEZ-GIEN

Un itinéraire affiné dans le Cher, le Loiret et la Nièvre

Le circuit proposé entre Marseilles-lès-Aubigny et Poilly-lez-Gien emprunte l'itinéraire de l'EuroVelo 6 sur la partie de La Loire à Vélo, également appelée la « Route des fleuves ». Il traverse sans discontinuité la zone d'appellation du Crottin de Chavignol, fromage de chèvre au lait cru, qui comprend une grande partie du Département du Cher et se prolonge dans le Loiret et dans la Nièvre. Une AOC et une véloroute qui nous rassemblent...

DISTANCE *135 km*
DURÉE ESTIMÉE *13h30*
NIVEAU ▲▲△△△

CHER - LOIRET - NIÈVRE

LA FERME DE MARC & RACHEL
17 rue des Loges
18320 MARSEILLES-LÈS-AUBIGNY
✆ 06 34 50 04 89
Horaires d'ouverture : lundi et mercredi de 17h30 à 19h ; le samedi de 9h à 11h30

MARCHÉ DE LA CHARITÉ-SUR-LOIRE
Place du Général de Gaulle
58400 LA CHARITÉ-SUR-LOIRE
Horaires d'ouverture : samedi 8h-13h

© TOMMY LAREY - STOCK.ADOBE.COM
La Charité-sur-Loire.

AUBERGE LA FERME DES BARREAUX
Les Barreaux - 18140 HERRY
✆ 02 48 79 57 80
Ouvert tous les jours en période estivale, le week-end le reste de l'année

LE COQ HARDI
42 avenue de la Tuilerie
58150 POUILLY-SUR-LOIRE
✆ 03 86 39 12 99
Ouvert du mercredi au dimanche de 12h-13h30 et 19h-20h30

FERME DES RAUCHES
Les Rauches - 18300 SAINT-BOUIZE
✆ 06 37 62 73 81
Ouvert le lundi, mardi, mercredi, vendredi et samedi de 8h30-12h et 17h30-19h, le dimanche de 8h30-12h

LA CHÈVRERIE DU GUENETIN
Le Guenetin - 18300 THAUVENAY
La Bête Noire Sancerroise
✆ 02 48 79 97 17
Ouvert tous les jours de 10h-12h et 14h-19h

FÊTE DU CROTTIN DE CHAVIGNOL
Caves de la Mignonne - 18300 SANCERRE
Horaires d'ouverture : week-end le plus proche du 1er mai après l'Ascension

CHER - LOIRET - NIÈVRE

LA LOIRE À VÉLO, DE MARSEILLES-LÈS-AUBIGNY À POILLY-LEZ-GIEN

Un itinéraire affiné dans le Cher, le Loiret et la Nièvre

MARCHÉ DE SANCERRE

Nouvelle Place
18300 SANCERRE
Horaires d'ouverture : samedi 8h-12h

DUBOIS BOULAY

Chavignol
18300 SANCERRE
✆ 02 48 54 15 69
Ouvert le lundi, mardi, jeudi et vendredi de 7h30-12h et 14h-18h, le mercredi et samedi de 9h-12h et 15h-18h. Fermé le dimanche

LA CÔTE ET LE BISTRO DES MONTS DAMNÉS

Chavignol
18300 SANCERRE
✆ 02 48 54 01 72
Ouvert tous les jours de 12h15 à 14h (fermeture le mardi et le mercredi pour La Côte)

AU P'TIT GOÛTER

Chavignol
18300 SANCERRE
✆ 02 48 54 01 66
Ouvert du mardi au dimanche de 12h-14h et 19h-21h

LA FROMAGERIE

Rue des Juifs
18300 SANCERRE
Ouvert du lundi au dimanche (10h-12h30 et 14h-18h) ; fermé en janvier

RESTAURANT LE BORD DE LOIRE

2 quai de Loire
18300 SAINT-SATUR
✆ 02 48 54 12 15
Ouvert tous les jours sauf le lundi et le mercredi de 12h-13h30 et 19h-20h30

RESTAURANT LE LAURIER

29 rue du Commerce
18300 SAINT-SATUR
✆ 02 48 54 17 20
Ouvert le midi et soir du mardi au dimanche.

AUBERGE DE SAINT-THIBAULT

37 rue du Capitaine Jacques Combes
18300 SAINT-SATUR
✆ 02 48 78 04 10
Ouvert tous les jours sauf le mercredi de 12h-13h45 et 19h-20h45

DUBOIS ROMAIN

1262 rue des Champs
18300 SAINT-SATUR
✆ 02 48 72 96 77
Ouvert du lundi au vendredi (8h30-12h et 14h-18h30), le samedi et dimanche (9h-12h et 15h-18h30)

Bar à fromages - La Valise à Fleurs.

FERME DES CHAPOTONS
Les Chapotons - 18300 MENETOU RATEL
© 02 48 79 36 38
Ouvert du lundi au samedi (9h-12h et 14h30-18h30), le dimanche (9h30-12h et 15h-17h30)

FERME DE SAINT LOUIS
Saint-Louis - 18300 SURY-EN-VAUX
© 02 48 79 31 66 / 06 75 68 74 21
Ouvert tous les matins de 9h à 12h

MARCHÉ DE COSNE-SUR-LOIRE
Place de la Mairie
58220 COSNE-SUR-LOIRE
Ouvert mercredi et dimanche 8h-13h.

FERME DU PORT AUBRY
Port Aubry - 58220 COSNE-SUR-LOIRE
© 03 86 26 63 61
Horaires d'ouverture : traite le matin à 6h et l'après-midi à 16h

LA GRANGE DE WALTER
Port Aubry
58220 COSNE-SUR-LOIRE
Gîte de France

LE CHAT
42 rue des Guérins
58220 COSNE-SUR-LOIRE
© 03 86 28 49 03
Ouvert du mercredi au samedi (12h-13h30 et 19h30-21h), le dimanche (12h-13h30)

RESTAURANT L'ARDOISE DU MARCHÉ
19 place des Tilleuls
18240 BOULLERET
© 02 48 72 39 62
Ouvert du mercredi au samedi (12h-13h30 et 19h30-21h), le dimanche (12h-13h30)

DURAND JACQUES
5, Rognon - 18240 BOULLERET
© 02 48 72 34 97 / 06 89 61 59 95
Ouvert tous les jours de 8h à 19h, fermé le dimanche après-midi

FERME DU FEULARD
Route du Col de Spandelles
18240 SAVIGNY-EN-SANCERRE
© 02 48 72 13 07
Ouvert du lundi au samedi de 9h-12h et 14h30-19h

EARL BAILLY BLAIN
Les Cerceaux
18240 SAVIGNY-EN-SANCERRE
© 02 48 78 14 52 / 06 73 30 58 22
Ouvert tous les jours de 7h-13h et 17h-19h30

GAEC DE LA MARÉCHALERIE
La Maréchalerie
18240 SAVIGNY-EN-SANCERRE
© 06 09 91 91 22
Ouvert tous les jours de 9h à 19h

HÔTEL-RESTAURANT « TERRE DE LOIRE »
10-14 Route de Beaulieu
18240 BELLEVILLE-SUR-LOIRE
© 02 48 54 30 30

LE COMPTOIR DES VOYAGEURS
ZI La Champagne - 45420 BONNY-SUR-LOIRE
© 02 38 27 01 45
Maître restaurateur

LE CLOS DU VIGNERON
106 Grande Rue - 45250 OUSSON-SUR-LOIRE
© 02 38 31 43 11

LA CAVE DU CLOS DES CORTILLAUX
10 Chemin des Cortillaux
45250 OUSSON-SUR-LOIRE
© 02 38 31 67 61 / 06 25 78 74 14
Ouvert tous les jours de 8h à 18h30

LA BELLE ÉPOQUE
111 avenue de la République - 45500 GIEN
© 09 70 35 63 45
Ouvert du mardi au samedi de 12h-14h et 19h-21h
Maître restaurateur

MARCHÉ DE GIEN
3 Chemin de Montfort - 45500 GIEN
Ouvert les jeudis des semaines paires, le samedi de 8h à 13h

CHÈVRERIE DU GRAND BARDELET
Le Grand Bardelet - 45500 POILLY-LES-GIEN
© 02 38 67 29 24
Visite gratuite de février à mi-novembre, du mercredi au dimanche, de 14h30 à 19h ; traite vers 18h

VÉLO & FROMAGES EN XAINTRIE BLANCHE

Un itinéraire affiné en Corrèze

Situé dans la partie sud-est de la Corrèze, à la limite du Cantal, ce circuit sillonne un plateau vallonné entre la Vallée de la Dordogne classée Réserve Mondiale de Biosphère par l'Unesco, la vallée de la Maronne avec ses célèbres Tours de Merle et les Monts d'Auvergne. C'est une contrée atypique aux influences cantaliennes à l'architecture incomparable magnifiée par ses toitures en lauzes où l'on découvre les premiers élevages de vaches « Salers ».

DISTANCE *58 km*
DÉNIVELÉ POSITIF *780m*
NIVEAU ▲▲▲△△

CORRÈZE

FERME DU MONTCALIN

Eybret
19220 RILHAC XAINTRIE
✆ 05 55 28 24 48
Horaires d'ouverture : dim. matin en été ou sur rdv et sur le marché de St Privat les ven.
Distance : 600 m
Fromages : vache

LAITERIE FROMAGERIE DUROUX

19220 RILHAC-XAINTRIE
✆ 05 55 28 27 62
Horaires d'ouverture : du lun. au sam. 9h-12h et 14h30-18h
Distance : 1,1 km
Fromages : Cantal AOP, Salers AOP, tome du pays biologique, tome de Rilhac, pavé corrézien, tome fraiche, bleu de vache, bleu de brebis, fourme d'Ambert AOP, tome de brebis, tome de chèvre, Reblochon, Camembert, Beaufort AOP, Comté AOP, Brie de Meaux AOP, Chaussenacois, Brageacois et buchette.

MARCHÉ À SAINT PRIVAT

Place du Champ de Foire
19220 SAINT PRIVAT
✆ 05 55 28 28 77
Horaires d'ouverture : tous les ven. matin
Distance : sur l'itinéraire
Fromages : locaux

RESTAURANT AUBERGE DE LA XAINTRIE

25, rue de la Xaintrie
19220 SAINT PRIVAS
✆ 05 55 28 49 80
Ouvert toute l'année l'année et tous les jours de 12h à 14h et 19h30 à 21h
Distance : sur l'itinéraire
Fromages : de la fromagerie Duroux

LES CONTES DE BRUYÈRES

1, rue des Nauges
19220 SERVIERES LE CHÂTEAU
✆ 05 55 28 09 50
Ouvert toute l'année et tous les jours en saison estivale. En hiver, fermeture hebdo le dim. soir, lun. soir, mar. soir et mer. soir.
Distance : sur l'itinéraire
Fromages : de la fromagerie Duroux, Brebis et Chèvre locaux

LES JARDINS SOTHYS

10, Rue Bernard Mas
19220 AURIAC
✆ 05 55 91 96 91
Ouvert du 01/04 au 30/06 : mer. jeu. ven. sam. et dimanche 12h-14h. Du 01/07 au 15/09 : mar. mer. jeu. ven. sam. et dim. 12h-14h. Du 16/09 au 10/11 : mer. jeu. ven. sam. et dim. 12h-14h
Distance : sur l'itinéraire
Fromages : de la fromagerie Duroux

AUBERGE DE SAINT JULIEN AUX BOIS

1, route des Pierres Blanches
19220 ST JULIEN AUX BOIS
✆ 05 55 28 41 94
Ouvert en juillet et août tous les jours. Hors saison, fermé le ven. sam et le dim. soir
Distance : sur l'itinéraire
Fromages : de la fromagerie Duroux

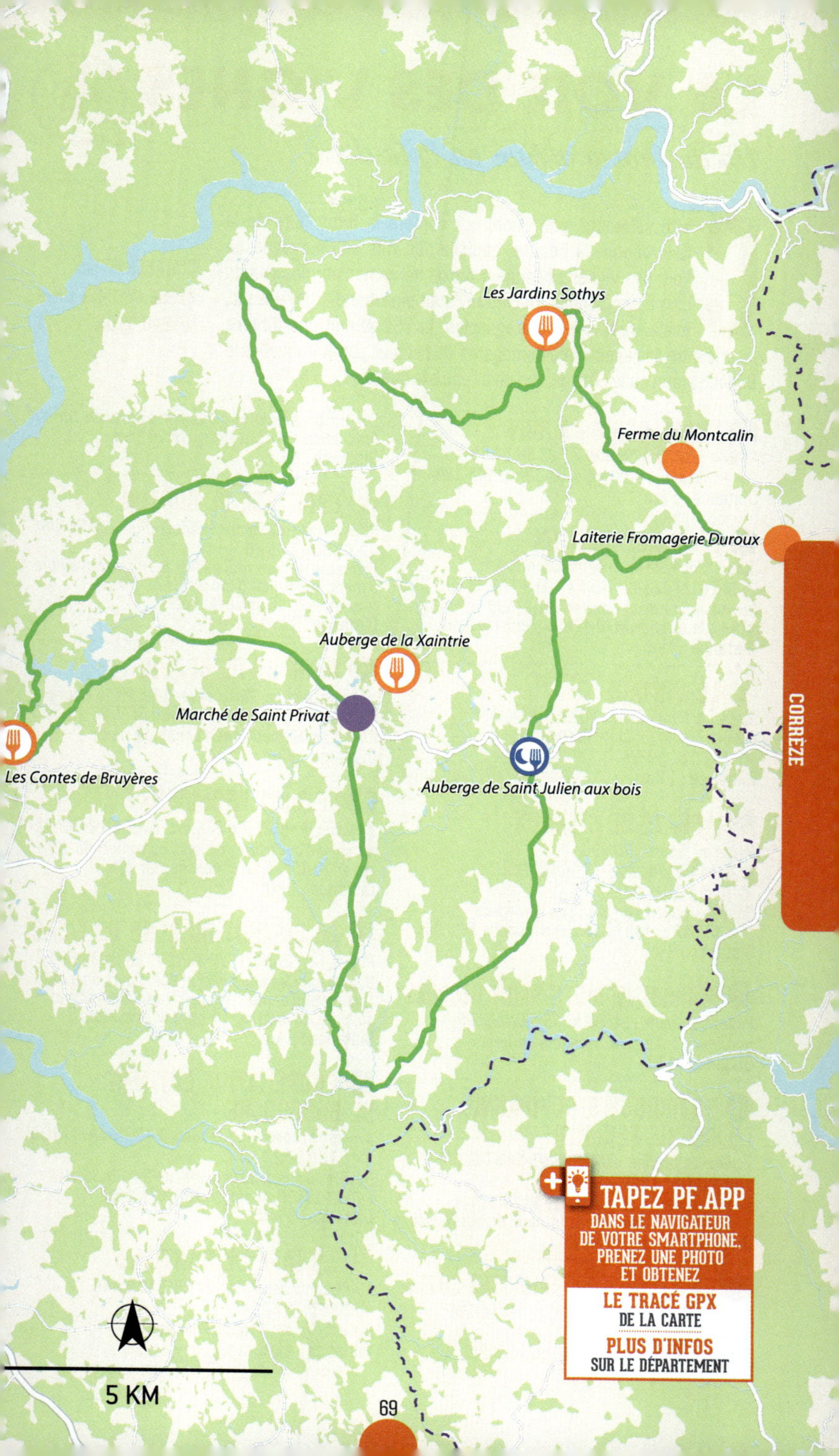

TAPEZ PF.APP
DANS LE NAVIGATEUR DE VOTRE SMARTPHONE, PRENEZ UNE PHOTO ET OBTENEZ
LE TRACÉ GPX DE LA CARTE
PLUS D'INFOS SUR LE DÉPARTEMENT

LA VOIE DES VIGNES

Un itinéraire affiné en Côte-d'Or

Cette véloroute relie Dijon, qui abritera la future Cité de la Gastronomie, à Beaune, capitale des vins de Bourgogne. La Voie des vignes chemine à proximité immédiate des grands crus bourguignons, inscrits au Patrimoine mondial de l'Unesco, et d'autres productions agricoles ! La V51 permet ainsi d'aller à la rencontre des spécialités fromagères du secteur, parmi lesquelles le Brillat-Savarin ou le Cîteaux... on en a l'eau à la bouche !

DISTANCE 67 km
DURÉE ESTIMÉE 6h15
NIVEAU ▲▲△△△

FROMAGERIE GAUGRY
RD974 - 21220 BROCHON ✆ 03 80 34 00 07
Ouvert du mardi au samedi 9h-12h et 14h-18h
Distance : 1 km

FROMAGERIE DEIIN
1 parc d'activité de la petite Champagne
21640 GILLY-LES-CÎTEAUX ✆ 03 80 62 87 20
Ouvert du mardi au vendredi 9h-12h30 et 13h30-17h30, le samedi 8h30-12h30. Fermé le lundi.
Distance : 3 km

LE VINTAGE
Ruelle du Pont - 21700 VOSNES-ROMANÉE
Ouvert 7 jours / 7 toute l'année
✆ 03 80 61 59 59
Distance : 1 km

ABBAYE DE CÎTEAUX
Route de Seurre - RD 996
21700 SAINT-NICOLAS-LES-CÎTEAUX
✆ 03 80 61 34 28
Boutique ouverte du mardi au samedi de 10h-12h30 et 14h30-18h, le dimanche 14h-18h.
Distance : 9 km

MARCHÉ DE NUITS-SAINT-GEORGES
Halles centrales - 21700 NUITS-SAINT-GEORGES
Horaires d'ouverture : vendredi matin
Distance : 1 km

FRUIROUGE & COMPAGNIE L'ÉPICERIE FERMIÈRE
2 place de l'Église - 21700 NUITS-SAINT-GEORGES
✆ 03 80 27 31 59
Ouvert du mardi au samedi de 9h30-12h et 14h30-19h. Fermé dimanche, lundi et jours fériés.
Distance : 1 km

LA CHÈVRERIE DES HAUTES-CÔTES
Rue Haute à Changey - 21420 ECHEVRONNE
✆ 06 37 20 34 66
Ouvert du lundi au vendredi après 17h30. Samedi après midi et dimanche à partir de 10h30. Production de début Mars à Novembre.
Distance : 6 km

ERMITAGE DE CORTON
RD 974 Route de Dijon - 21200 CHOREY-LES-BEAUNE
✆ 03 80 22 05 28
Fermeture le mercredi midi et le soir de novembre à mars. Fermeture annuelle de mi-février à mi-mars et semaine de Noël.
Distance : 3 km

MARCHÉ DE BEAUNE
Halle de Beaune, Place de la Halle, Place Fleury Avenue de la République - 21200 BEAUNE
Ouvert le mercredi matin et samedi matin
Distance : 1 km

LE TAST FROMAGES
7 Place Carnot 21200 BEAUNE ✆ 03 80 24 73 51
Horaires d'ouverture : du lundi au samedi 9h-12h15 et 14h30-19h15. Le dimanche 10h-13h.
Distance : 1 km

LE BISTROT DU BORD DE L'EAU
Rue du Golf 21200 LEVERNOIS ✆ 03 80 24 89 58
Ouvert tous les jours midi et soir d'avril à mi-nov. (sauf mardi et mercredi soir), tous les midis et du merc. au dim. soir de mi-nov. à fin mars.
Distance : 5 km

COOPÉRATIVE LAITIÈRE DE BOURGOGNE
1 route de Laborde - 21200 SAINTE-MARIE-LA-BLANCHE
✆ 03 80 22 27 77
Ouvert du mardi au vendredi de 9h-12h30 et 14h30-18h30, samedi de 8h30-12h30.
Distance : 6 km

L'ÉTAPE DE SANTENAY
10 Place du Jet d'Eau - 21590 SANTENAY
✆ 03 80 26 47 84
Ouvert 7 jours / 7 toute l'année
Distance : 1 km

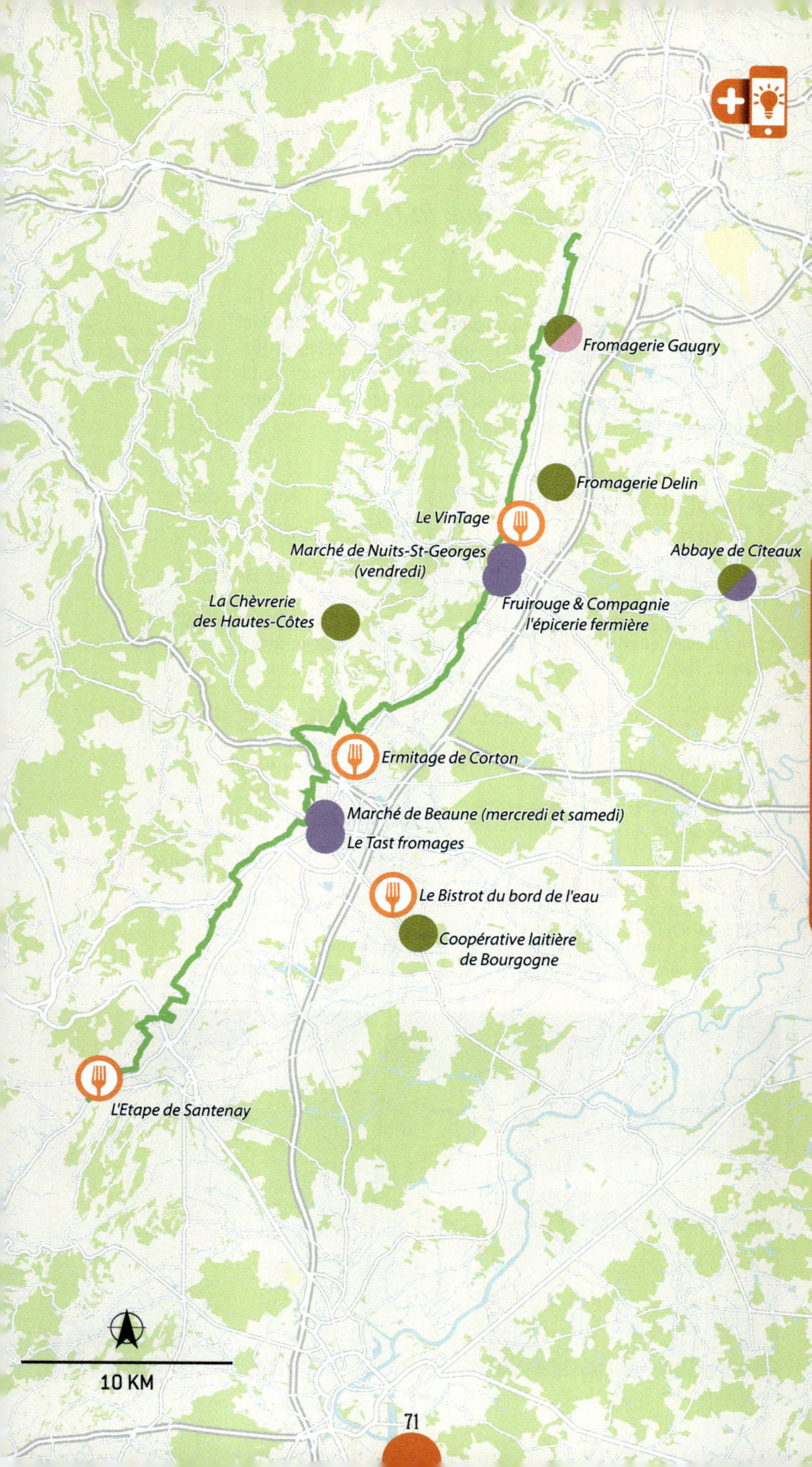
Fromagerie Gaugry
Fromagerie Delin
Le VinTage
Marché de Nuits-St-Georges (vendredi)
Abbaye de Cîteaux
Fruirouge & Compagnie l'épicerie fermière
La Chèvrerie des Hautes-Côtes
Ermitage de Corton
Marché de Beaune (mercredi et samedi)
Le Tast fromages
Le Bistrot du bord de l'eau
Coopérative laitière de Bourgogne
L'Etape de Santenay
10 KM

LE TOUR DE LA CREUSE À VÉLO

Un itinéraire affiné dans la Creuse

Cette véloroute permet de faire le tour de la Creuse à vélo ! De vallée en vallée, faites étape dans les villages de caractère et, tel un pélerin découvrez les petites chapelles et les châteaux qui bordent l'itinéraire et de jolis parcours au fil de l'eau. Fromages de chèvres, de vaches et petits marchés agrémenteront votre traversée du Département.

DISTANCE *380 km*
DURÉE ESTIMÉE *6 jours*
NIVEAU ▲▲△△△

CREUSE

MARCHÉ DE PRODUCTEURS LE PANIER DU COIN
7 rue de la Font aux Moines
23300 LA SOUTERRAINE
✆ 05 87 57 15 75
Ouvert du mercredi au vendredi de 9h-12h30 et 15h-19h30 et le samedi de 9h-12h30
Distance : 150 m

MARCHÉ DE PRODUCTEURS
Place d'Armes
23300 LA SOUTERRAINE
✆ 03 80 62 87 20
Horaires d'ouverture : jeudi et samedi matin
Distance : 500 m

LOUBAT SANDRINE
Moulin de Châtelus
23300 SAINT-PRIEST-LA-FEUILLE
✆ 09 67 25 47 38 / 06 71 60 32 55
Horaires d'ouverture : sur RDV
Fromages : Fromage de chèvres
Distance : 4,2 km

GENETON NICOLAS
Le Cros
23300 SAINT-PIERRE-DE-FURSAC
Ouvert tous les soirs à partir de 17h jusqu'à 20h
Distance : 4,6 km

MARCHÉ DE PRODUCTEURS
Place des Tilleuls
23240 LE GRAND BOURG
Ouvert mercredi matin
Distance : sur le parcours

MARCHÉ DE PRODUCTEURS
Place de la République
23210 BÉNÉVENT-L'ABBAYE
Ouvert mardi matin
Distance : sur le parcours

Fromages Poutard.

Aubusson.

LAMY JEAN-CLAUDE

Route de Bénévent
23210 MOURIOUX-VIEILLEVILLE
✆ 06 99 16 52 06
Horaires d'ouverture : sur RDV
Distance : 2,8 km

MARTEL MARIA

Védrénas
23400 MONTBOUCHER
✆ 05 55 54 91 78
Horaires d'ouverture : sur RDV
Distance : 6,9 km

MARCHÉ DE PRODUCTEURS

23400 BOURGANEUF
Ouvert mercredi matin
Distance : sur le parcours

MARCHÉ DE PRODUCTEURS

Place Pierre Ferrand
23460 ROYÈRE-DE-VASSIVIÈRE
Ouvert mardi matin
Distance : sur le parcours

BERGERIE DE LA PRADE

Lavaud - 23500 LA NOUAILLE
✆ 05 55 66 06 84
Horaires d'ouverture : sur RDV
Fromages : Tomme de brebis « Le Nouaille »
Distance : 1,7 km

MARCHÉ DE PRODUCTEURS

Centre-ville
23500 FELLETIN
Ouvert vendredi matin
Distance : 400 m

MARCHÉ DE PRODUCTEURS

Parking « La Passerelle »
23200 AUBUSSON
Ouvert samedi matin
Distance : 30 m

MARCHÉ DE PRODUCTEURS

Place de l'Église
23190 CHAPAGNAT
Ouvert mercredi matin
Distance : 1,8 km

EARL POUTARD

Les Vergnauds
23130 PUY-MALSIGNAT
✆ 05 55 66 48 62
Horaires d'ouverture : lundi, mardi, jeudi et vendredi de 8h-12h et 13h30-16h. Mercredi et samedi de 8h-11h30.
Distance : 6,5 km

MARCHÉ DE PRODUCTEURS

Place Aubergier
23170 CHAMBON-SUR-VOUEIZE
Ouvert mercredi matin
Distance : sur le parcours

MARCHÉ DE PRODUCTEURS

Place Serge Cléret
23110 EVAUX-LES-BAINS
Ouvert lundi matin
Distance : 5,5 km

LE TOUR DE LA CREUSE À VÉLO

Un itinéraire affiné dans la Creuse

MARCHÉ DE PRODUCTEURS

Place de l'Hôtel de Ville
23110 EVAUX-LES-BAINS
Ouvert samedi matin
Distance : 5,6 km

ZUFFERLI CAROLE

Le Puyaule
23230 BORD-SAINT-GEORGES
✆ 05 55 65 78 41
Horaires d'ouverture : mardi, jeudi et vendredi de 17h30-19h
Distance : 1,5 km
Ferme bio

MARCHÉ DE PRODUCTEURS

Place de l'Hôtel de Ville
23600 BOUSSAC
Ouvert jeudi matin
Distance : 700 m

GAEC DE CHAUVEIX

Chauveix
23600 BOUSAC-BOURG
✆ 05 55 65 17 11
Ouvert tous les jours, en dehors des heures de repas
Distance : 1,5 km
Fromage : Réseau « Bienvenue à la Ferme », fromage de vache

MARCHÉ DE PRODUCTEURS

Le Bourg
23270 BETETE
Horaires d'ouverture : dimanche matin
Distance : 8,1 km

MARCHÉ DE PRODUCTEURS

Le Bourg
23270 CHATELUS-MALVALEIX
Ouvert vendredi matin
Distance : 100 m

MARCHÉ DE PRODUCTEURS

Le Bourg - 23220 BONNAT
Ouvert samedi matin
Distance : 50 m

GAEC DOMAINE DU TUMULUS

4 Le Pouyoux - 23220 BONNAT
✆ 06 89 85 49 77
Horaires d'ouverture : sur RDV
Distance : 2 km

MARCHÉ DE PRODUCTEURS

Centre-ville
23160 CROZANT
Ouvert mardi matin
Distance : sur le parcours

Crozant, au coeur des gorges de la Creuse.

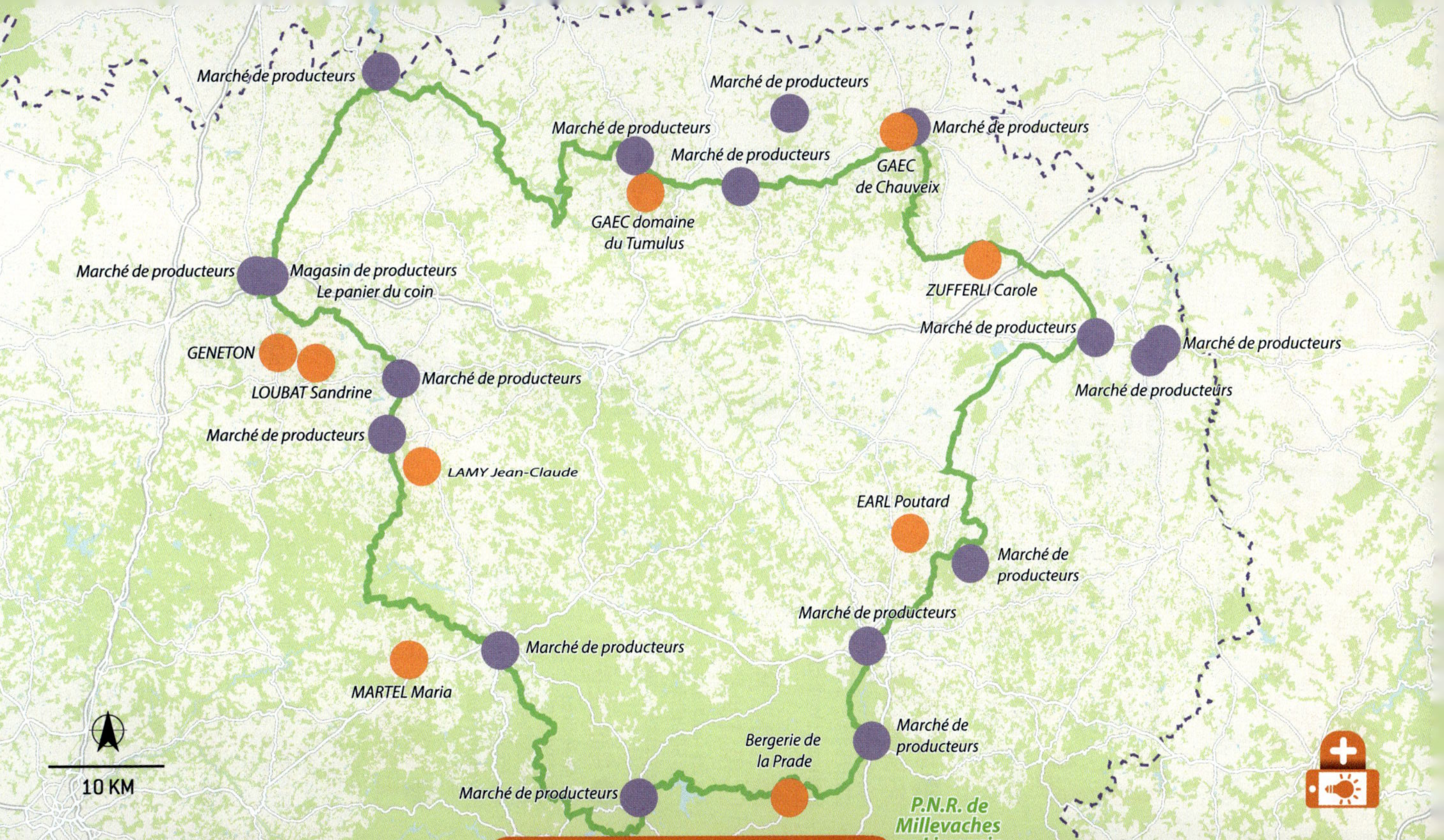
Marché de producteurs
Marché de producteurs
Marché de producteurs
Marché de producteurs
Marché de producteurs
GAEC
de Chauveix
GAEC domaine
du Tumulus
Marché de producteurs
Magasin de producteurs
Le panier du coin
ZUFFERLI Carole
Marché de producteurs
Marché de producteurs
Marché de producteurs
GENETON
LOUBAT Sandrine
Marché de producteurs
Marché de producteurs
LAMY Jean-Claude
EARL Poutard
Marché de
producteurs
Marché de producteurs
Marché de producteurs
MARTEL Maria
Marché de
producteurs
Bergerie de
la Prade
Marché de producteurs
P.N.R. de
Millevaches
en Limousin
10 KM

LIAISONS DOUCES VÉLO & FROMAGES

Un itinéraire affiné dans le Doubs

Cet itinéraire au départ de Vaux-et-Chantegrue définit une boucle empruntant les liaisons vertes du Plateau de Frasne et du Val du Drugeon. Elle vous permet de partir à la découverte d'un tissu unique de « fruitières », ces coopératives de fabrication qui constituent l'élément emblématique de la production fromagère locale. Comté, Mont d'Or, Morbier, vous allez vous régaler...

DISTANCE *74 km*
DÉNIVELÉ POSITIF *1011m*
NIVEAU ▲▲▲▲△

DÉCOUVERTE DU MÉTIER DE SANGLIER

Rue Chargebin
25160 VAUX ET CHANTEGRUE
Fromages : Mont d'Or

FERME MUSÉE LA PASTORALE

Rue des Tourbières
25560 BONNEVAUX
Ouvert tous les jours 15h30-16h30 sauf sam.

FRUITIÈRE DE FRASNE

Rue de Bellevue
25560 FRASNE
Visite tous les jeu. de juillet et d'août
Vente tous les jours 9h-12h et 16h-19h
Fromages : Comté, Morbier, raclette

DISTILLERIE LA FRAIGNAUDE

Rue de la Vieille Eglise
25560 FRASNE
06 70 90 18 59
Horaires d'ouverture : le sam. 10h-12h et 17h-19h ou sur rdv

FRUITIÈRE DE COURVIÈRES

Rue de Curvier
25560 COURVIÈRES
Vente lun. mar. jeu. ven. 18h-19h et le mer. 10h30-11h30 et 18h-19h - Pas de visite
Fromages : Comté, Morbier, Bleu de Gex, Mont d'Or

FRUITIÈRE DE BOUJAILLES

Rue du Crêt
25560 BOUJAILLES
Visite tous les jours dès 9h sur rdv
Vente tous les jours 11H-12h sauf le lun., jour de Noël et Jour de l'An

FRUITIÈRE LES MONTS DE JOUX

Rue Laurent Troutet
25560 BANNANS
Vente du lun. au sam. 9h-12h15 et 16h-18h
Fermé le mer. après midi - Pas de visite
Fromages : Mont d'Or, Morbier, Comté, raclette, Bleu de Gex, Tomme de Montagne

FRUITIÈRE DE LA RIVIÈRE DRUGEON

Rue du Bourg
25560 LA RIVIERE DRUGEON
Vente du lun. au sam. 7h30-12h et 17h30-19h15, le dim. 7h30-12h
Pas de visite
Fromages : Comté, Morbier, Mont d'Or, raclette

FRUITIÈRE DE BOUVERAINS

Rue du Chalet
25560 BOUVERANS
Vente du lun. au sam. 9h-12h et 18h-19h30, le dim 9h-11h30 et 18h-19h30 - Visite sur rdv
Fromages : Comté

LA FRUITIÈRE DES LACS

Rue derrière chez Saget
25160 LABERGEMENT SAINTE MARIE
Horaires d'ouverture : tous les matins 9h-12h
Fromages : Comté, Morbier

Fruitière de Boujailles
Fruitière de Courvières
Distillerie - La Fraignaude
Fruitière de Frasne
Fruitière Les Monts de Joux
Fruitière de La Rivière Drugeon
Fruitière de Bouverains
Réserve Naturelle des Tourbières de Frasne-Bouverans
Forêt Domaniale de la-Joux
Réserve Biologique Dirigée de la Glacière
Ferme Musée La Pastorale
Réserve Naturelle de la Seigne des Barbouillllons
Découverte du métier de sanglier
Réserve Biologique Dirigée de la Grand' Côte
Fruitière des Lacs
Réserve Naturelle Nationale du Lac de Remoray
P.N.R. du Haut-Jura
5 KM
DOUBS

LA COULÉE GOURMANDE

Un itinéraire affiné dans le Doubs

Cet itinéraire entre Besançon et Montbéliard emprunte l'EuroVelo 6 et sillonne la Vallée du Doubs. L'un des plus célèbres fromages comtois y est fabriqué, la fameuse cancoillotte, un vrai pot de colle des plateaux ! Sur un tracé accessible à tous, vous pourrez admirer la Citadelle de Besançon, l'un des fleurons Unesco du Doubs signé Vauban, profiter du cadre paisible des rives du Doubs et découvrir les charmes du Pays de Montbéliard.

DISTANCE
102,55 km
DÉNIVELÉ POSITIF
627 m
NIVEAU ▲▲△△△

LA CRÈMERIE DU MARCHÉ
Marché des Beaux-Arts
25000 BESANÇON
✆ 03 81 83 41 65
Horaires d'ouverture : du mardi au dimanche matin
Distance : 1 km
Fromages : cancoillotte artisanale, metton et autres fromages régionaux au lait cru

DOUBS DIRECT
6 rue Pasteur
25000 BESANÇON
✆ 03 81 50 55 91
Horaires d'ouverture : du mardi au vendredi 9h-19h, samedi et lundi 10h-19h
Distance : 1 km
Fromages : fromages en circuit-court

LA CAVE AUX FROMAGES
2 rue Gustave Courbet
25000 BESANÇON
✆ 03 63 18 33 81
Horaires d'ouverture : du lundi au jeudi 8h30-12h20 et 14h30-19h, vendredi et samedi 8h15-19h, dimanche 9h30-12h30
Distance : 1 km
Fromages : fromages locaux

LA FRUITIÈRE
7 rue des Boucheries
25000 BESANÇON
✆ 03 81 50 71 12
Horaires d'ouverture : du mardi au samedi 9h30-12h et 15h-19h, dimanche 9h30-12h
Distance : 1 km
Fromages : Comté, Morbier, raclettes et tome des sapins

LA RIGOTTE
18 rue de Belfort
25000 BESANÇON
✆ 03 81 60 12 07
Horaires d'ouverture : du mardi au samedi 9h15-12h30 et 15h-19h et dimanche 9h15-12h30
Distance : 2 km

LA FROMAGERIE DROGREY
Passage Pierre-Adrien Paris
25000 BESANÇON
✆ 03 81 83 20 30
Horaires d'ouverture : non renseignés
Distance : 1 km

AU VIEUX COMTOIS
103 Grande Rue
25000 BESANÇON
✆ 03 81 81 14 74
Horaires d'ouverture : du mardi au dimanche 12h-14h et 19h-22h, le lundi 19h-22h
Distance : 800 m
Fromages : spécialités franc-comtoises et fromagères

LA PETITE ADRESSE
28 rue Claude Pouillet
25000 BESANÇON
✆ 03 81 82 35 09
Ouvert du lundi au mercredi 19h-23h, du jeudi au samedi 12h-14h et 19h-23h
Distance : 1 km
Fromages : spécialités franc-comtoises et fromagères

LA GRANGE
17 avenue Elisée Cusenier
25000 BESANÇON
✆ 03 81 50 82 97

Horaires d'ouverture : du dimanche au jeudi 12h-14h et 19h-22h30, samedi et dimanche 12h-14h et 19h-23h30

Distance : 1 km

Fromages : spécialités fromagères et savoyardes

L'AFFINEUR COMTOIS

82 rue Battant
25000 BESANÇON
✆ 03 81 61 47 29
Horaires d'ouverture : du mardi au vendredi 8h-13h et 15h-19h, samedi 8h-19h et dimanche 9h-13h

Distance : 2 km

Fromages : spécialités régionales

LA COOPÉRATIVE FROMAGÈRE DU PLATEAU DE BOUCLANS

35 rue nationale
25220 ROCHE-LES-BEAUPRÉ
✆ 03 81 51 71 86
Horaires d'ouverture : le lundi 16h30-19h30, du mardi au samedi 10h-12h30 et 16h30 – 19h30, le dimanche 10h-12h30

Distance : 500 m

Fromages : fromages régionaux

LA FROMAGERIE-CRÈMERIE CORNEILLE ALAIN

15 rue des Terreaux
25110 BAUME-LES-DAMES
✆ 03 81 84 16 75
Horaires d'ouverture : du mardi au samedi 8h-20h et le dimanche 7h-12h

Distance : 1 km

Fromages : fromages régionaux

LA FERME-AUBERGE DE SAINT-LIGIER

Lieu-dit Saint-Ligier
25110 BAUME-LES-DAMES
✆ 03 81 84 09 13
Réseau « Bienvenue à la ferme »
Horaires d'ouverture : du 1er février au 20 décembre

Distance : 2 km

Fromages : spécialités régionales et produits de la ferme

FROMAGERIE DU PAYS DE CLERVAL

1 rue de Clerval
25340 SANTOCHE
✆ 03 81 99 48 00
Horaires d'ouverture : du mardi au jeudi 9h30-17h, le vendredi 9h30-18h, le samedi 8h30-12h

Distance : 1 km

Fromages : fromages à raclette

FERME BIO DE LA GARENNE

La Garenne
25250 SOYE
✆ 06 88 07 48 52
Horaires d'ouverture : mercredi 10h-12h, vendredi 10h-12h et 16h-18h et samedi 10h-12h

Distance : 5 km

Fromages : fromages, yaourts, crème et beurre au lait de vache, réseau « Bienvenue à la ferme »

LA FERME DU CHARMONT

16 rue de Soye
25340 POMPIERRE-SUR-DOUBS
✆ 03 81 97 80 39
Horaires d'ouverture : les vendredis 17h-19h et samedis 15h-18h ou sur rendez-vous

Distance : 800 m

Fromages : Réseau « Bienvenue à la ferme »

LA FROMAGERIE DE MONTBÉLIARD

60 rue Jacques Foillet
25200 MONTBÉLIARD
✆ 03 81 91 37 85
Horaires d'ouverture : du lundi au samedi 9h-12h30 et 14h-18h30, le dimanche 10h-12h

Distance : 1 km

Fromages : Produits laitiers locaux dont Morbier AOP

FROMAGERIE LEHMANN

390 avenue René Jacot
25460 ÉTUPES
✆ 03 81 30 96 72
Horaires d'ouverture : jeudi et vendredi 9h30-18h30, samedi 9h-18h

Distance : 300 m

Fromages : cancoillotte traditionnelle

LA TABLE COMTOISE

14 rue Charles de Gaulle
25460 ÉTUPES
✆ 03 81 31 07 58
Horaires d'ouverture : du vendredi au lundi 11h45-13h30 et 18h45-21h30, le mardi 11h45-13h30

Distance : 600 m

Fromages : spécialités comtoises

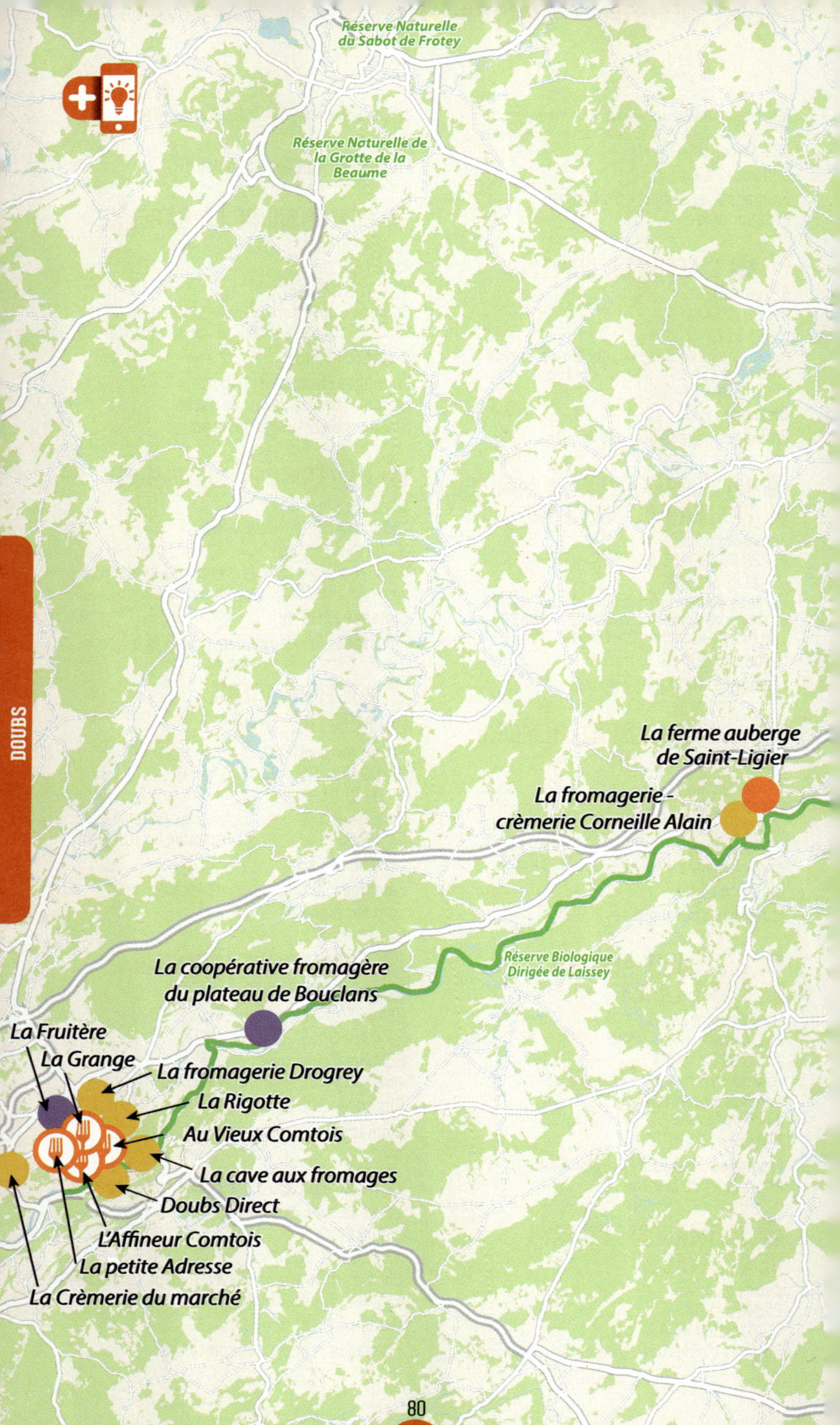
Réserve Naturelle du Sabot de Frotey
Réserve Naturelle de la Grotte de la Beaume
La ferme auberge de Saint-Ligier
La fromagerie - crèmerie Corneille Alain
Réserve Biologique Dirigée de Laissey
La coopérative fromagère du plateau de Bouclans
La Fruitère
La Grange
La fromagerie Drogrey
La Rigotte
Au Vieux Comtois
La cave aux fromages
Doubs Direct
L'Affineur Comtois
La petite Adresse
La Crèmerie du marché

10 KM
La Table Comtoise
La Fromagerie de Montbéliard
Lehmann
Ferme bio de
la Garenne
La Ferme du Charmont
Fromagerie du Pays de Clerval
Réserve Naturelle
du Crêt des Roches
DOUBS

LA MONTAGNE DE FROMAGES

Un itinéraire affiné dans le Doubs

Ce parcours arpente les routes de la Grande Traversée du Jura et fera le bonheur d'un public à la fois sportif et avide de fromages de caractère bien connus : le Comté, fine fleur des fromages, le Mont d'Or, fromage royal, ou encore le Morbier, autre fromage identitaire des Montagnes du Jura. L'itinéraire vous guidera à travers le Pays berceau de l'horlogerie française et le Haut-Doubs montagnard et gourmand.

DISTANCE *197,64 km*
DÉNIVELÉ POSITIF *3 726 m*
NIVEAU ▲▲▲▲▲

LE PANIER LEHMANN
7 rue Combottes, ZA Nord - 25700 VALENTIGNEY
✆ 03 81 30 96 72
Ouvert du mardi au vendredi 9h-19h, le samedi 9h-18h
Distance : 1,5 km
Fromages : cancoillottes traditionnelles

LES FRUITIÈRES DU LOMONT
21 rue des Herbiers - 25190 NOIREFONTAINE
✆ 03 81 96 94 33
Ouvert du lundi au samedi 9h-19h, le dimanche et jours fériés 9h-12h et 15h-19h
Distance : 6 km
Fromages : Comté et AOP comtoises

CRÈMERIE AU BON MARCHÉ
3 rue Jacques Curtois - 25190 SAINT-HYPPOLYTE
✆ 03 81 96 51 34
Ouvert du mardi au samedi 8h30-12h et 14h30-19h
Distance : 100 m

© CIGC - JEAN-PIERRE VAN DER ELST

Caves d'affinage du Fort Saint-Antoine.

FRUITIÈRE MONT ET VALLÉE
2 rue des Jonquilles
25470 LES PLAINS-ET-GRANDS-ESSARTS
✆ 03 81 44 43 83
Ouvert tous les jours sauf le dimanche 8h-12h et le mardi & vendredi 16h-18h30
Distance : 50 m
Fromages : Gruyère, Comté, fromages locaux

FRUITIÈRES RÉUNIES TRÉVILLERS
11 rue des Fruitières - 25470 TRÉVILLERS
✆ 03 81 44 40 27
Ouvert du lundi au samedi 9h-12h et de 15h-18h30 les lundi, jeudi, vendredi et samedi
Distance : 1 km
Fromages : fromages régionaux

FRUITIÈRE DE CHARMAUVILLERS
Grande rue - 25470 CHARMAUVILLERS
✆ 03 81 44 26 10
Horaires d'ouverture : du lundi au samedi 8h-12h et le dimanche 8h-11h
Distance : : sur le parcours
Fromages : Comté, crème, beurre

FROMAGERIE DES MONTS DE JOUX
29 Grande Rue
25140 CHARQUEMONT
✆ 03 81 44 01 38
Ouvert du lundi au samedi 9h-12h et 16h30-18h30 (sauf mercredi et samedi après-midi), fermé le dimanche et les jours fériés
Distance : 2 km
Fromages : Comté, Morbier, crème, beurre

LA FERME DES SAVEURS

1 route de Blancheroche
25140 FOURNET-BLANCHEROCHE
✆ 06 26 19 63 60
Horaires d'ouverture : vendredi 10h-12h et 14h-17h, samedi 10h-12h
Distance : sur le parcours

FROMAGERIE CERNEUX-MONNOT

Les Cerneux-Monnot - 25000 BONNETAGE
✆ 03 81 43 76 18
Ouvert du lundi au samedi 8h-12h et les dimanche et jours fériés 8h-11h
Distance : 6 km

FRUITIÈRE DES CRÊTES DU HAUT-DOUBS

3 rue des Peux - 25210 GRAND'COMBE-DES-BOIS
✆ 03 81 43 73 64
Ouvert du lundi au samedi 9h-12h, fermé les dimanche et jours fériés
Distance : 100 m
Fromages : Comté, crème, beurre, Morbier et Mont d'Or

FRUITIÈRE LES MAJORS

15 route des Fins - 25130 VILLERS-LE-LAC
✆ 03 81 68 00 43
Visite gratuite et sur réservation à 8h30. Vente du lundi au vendredi 8h30-12h et 16h-19h, le samedi 8h30-12h et 16h-18h30, les dimanche et jours fériés 9h-12h
Distance : sur le parcours

FRUITIÈRE DE MONTLEBON

6 rue de la Fruitière - 25550 MONTLEBON
✆ 03 81 67 36 61
Ouvert du lundi au vendredi 9h-12h et 16h-19h, le samedi 9h-12h et 15h-18h30 (fermé les dimanche et jours fériés)
Distance : 100 m
Fromages : Comté, yaourts, crème, beurre

FROMAGERIE DE GRAND'COMBE CHÂTELEU

20 le Beugnon - 25570 GRAND'COMBE CHÂTELEU
✆ 03 81 89 81 00
Horaires d'ouverture : 9h-12h et 16h-19h (de 9h-12h les dimanches de vacances scolaires)
Distance : 200 m

AU CHALET TERROIR PASSION

9 rue du Val Saugeais - 25650 MONTBENOÎT
✆ 03 81 38 11 37

© SYNDICAT MORBIER

Fabrication du Morbier.

Ouvert du lundi au samedi 9h-12h et 15h-19h (fermé le mercredi), le dimanche 10h-12h
Distance : 500 m
Fromages : Comté de montagne et fromages AOC au lait cru

FROMAGERIE DU DOUBS

1 rue de la Fruitière - 25300 DOUBS
✆ 03 81 39 05 21
Ouvert du lundi au samedi 9h-12h et 15h30-19h, les dimanche et jours fériés 17h-19h
Distance : 1 km
Fromages : Comté et Mont d'Or

FROMAGERIE BADOZ

4 rue Eiffel - 25300 PONTARLIER
✆ 03 81 39 80 20
Ouvert du lundi au vendredi 9h-12h et 15h30-19h
Distance : 1 km
Fromages : Mont d'Or, Comté, Morbier

MAGASIN FROMAGERIE BADOZ

1 rue Denis Papin - 25300 PONTARLIER
✆ 03 63 60 01 53 / 03 81 39 80 20
Ouvert du lundi au vendredi 9h30-12h30 et 14h30-19h, le samedi 9h30-12h30 et 14h-18h
Distance : 1 km
Fromages : Mont d'Or, Comté, Morbier

CHALET DE PONTARLIER

13 rue Parguez - 25300 PONTARLIER
✆ 03 81 39 71 34
Ouvert du lundi au vendredi 8h30-12h et 17h-19h, le samedi 8h30-12h et 14h-19h, les dimanche et jours fériés 9h-12h
Distance : 400 m
Fromages : Mont d'Or, Arlier, Noyou, Serra et fromages locaux

LA MONTAGNE DE FROMAGES

Un itinéraire affiné dans le Doubs

CRÈMERIE DES HAUTS-JURA

5 rue de la Gare - 25300 PONTARLIER
✆ 03 81 39 33 36
Horaires d'ouverture : du mardi au samedi 9h-12h et 15h-19h
Distance : 100 m

CRÈMERIE MARCEL PETITE

1 rue Sainte-Anne - 25300 PONTARLIER
✆ 03 81 39 09 50
Horaires d'ouverture : du mardi au vendredi 9h-12h30 et 14h-19h, le samedi 8h30-19h
Distance : 300 m
Fromages : fromages traditionnels au lait cru

DÉCOUVERTE DU MÉTIER DE SANGLIER

14 rue Chargebin - 25160 VAUX-ET-CHANTEGRUE
Visite de l'atelier de fabrication de boîtes de fromages de Mont d'Or en bois d'épicéa du Jura
Distance : 4 km

LA FRUITIÈRE DES LACS

1 rue derrière chez Saget
25160 LABERGEMENT-SAINTE-MARIE
Visites de 9h-12h avec dégustation en juillet-août
Distance : 1 km
Fromages : Comté, Morbier, Tomme, Raclette, Fleur de Saint Théodule

LES CAVES D'AFFINAGE DU FORT SAINT-ANTOINE

Fort de Saint-Antoine
25370 SAINT-ANTOINE
✆ 03 81 49 14 34
Visites guidées sur réservation
Distance : 5 km
Fromages : Comté

FROMAGERIE DU MONT D'OR

2 rue du Moulin - 25370 MÉTABIEF
✆ 03 81 49 02 36
Horaires d'ouverture : du lundi au samedi 9h-12 h15 et 15h-19h, le dimanche 9h-12h
Distance : 7 km
Fromages : Comté, Morbier, Mont d'Or, raclette

LA FERME FLEURETTE

14 rue des Agettes - 25370 LES HÔPITAUX VIEUX
✆ 06 33 25 34 01
Horaires d'ouverture : à l'année
Distance : 9 km
Fromages : Comté, Réseau « Bienvenue à la ferme »

FERME DE LA BATAILLEUSE

16 rue de la Fontaine - 25370 ROCHEJEAN
✆ 03 81 49 91 84
Horaires d'ouverture : en période scolaire, de mars à octobre les merc., vend. et samedi 16h30-19h, de nov. à février les mercredi 16h30-19h
Distance : 7 km

FROMAGERIE DE GELLIN

2 route de Maisons du Bois - 25240 GELLIN
Horaires d'ouverture : du lundi au vendredi 9h-12h et 16h-19h, samedi 9h-12h et 15h-19h, dimanche 9h30-12h
Distance : 4 km
Fromages : spécialités comtoises

FRUITIÈRE DES PONTETS

5 Grande Rue - 25240 LES PONTETS
✆ 03 81 69 26 06
Horaires d'ouverture : tous les jours 9h-12h et 16h-19h (les dimanche et jours fériés 9h30-12h)
Distance : 800 m
Fromages : Comté et autres fromages locaux

FROMAGERIE LES MONTS DE JOUX

2 rue de la Varée - 25240 MOUTHE
✆ 03 81 69 26 23
Horaires d'ouverture : du lundi au samedi 9h-12h et 16h30-19h, le dimanche pendant les vacances scolaires 9h-12h
Distance : sur le parcours
Fromages : Comté

FROMAGERIE DE CHAPELLE-DES-BOIS

2 Place de la Fruitière - 25400 CHAPELLE-DES-BOIS
✆ 03 81 69 20 91
Horaires d'ouverture : hors saison du lundi au samedi 10h-12h et 16h-19h, dimanche et jours fériés 9h-12h.
Distance : 10 km
Fromages : fromages comtois

Le Panier Lehmann
Les Fruitières du Lomont
Fruitière Mont et Vallée
Crèmerie au Bon Marché
Fruitières Réunies Trévilliers
Fruitière de Charmauvillers
Magasin Fromagerie Badoz
Fromagerie des Monts de Joux
Fromagerie Cerneux-Monnot
La Ferme des Saveurs
Fruitière des Crêtes du Haut-Doubs
Fruitière Les Majors
Fromagerie de Grand'Combe Châteleu
Fruitière de Montlebon
Au Châlet Terroir Passion
Fromagerie du Doubs
Fromagerie Badoz
Crèmerie des Hauts-Jura
Châlet de Pontarlier
Crèmerie Marcel Petite
Découverte du Métier de sanglier
Les Caves d'affinage du Fort Saint-Antoine
La Ferme Fleurette
La Fruitière des Lacs
Fromagerie du Mont d'Or
Ferme de la Batailleuse
Fruitière des Pontets
Fromagerie De Gellin
Fromagerie Les Monts de Joux
Parc Jura Vaudois
Fromagerie de Chapelle-des-Bois
Parc Jura Vaudois
Lac Léman
20 KM
Geopark Chablais

LE CIRCUIT DES CHÂTEAUX

Un itinéraire affiné dans la Drôme

Ce circuit au départ de Montbrun-les-Bains vous emmènera à la découverte de trois vallées du berceau historique des Baronnies provençales. Allez à la rencontre des élevages (et des éleveurs!), visitez les fermes, goûtez les fromages fermiers de chèvres et autres préparations fromagères à base de lait de vache. Les fermes de ce parcours sont toutes certifiées Bio, garantissant une alimentation saine en harmonie avec le paysage.

DISTANCE *37 km*
DURÉE ESTIMÉE *2h30*
DÉNIVELÉ POSITIF *667m*
NIVEAU ▲▲▲△△

MARCHÉ DES PRODUCTEURS

Place de la mairie
26570 MONTBRUN-LES-BAINS
✆ 04 75 28 87 34
Horaires d'ouverture : du 15/04 au 30/09, tous les lun. 16h30-19h30
Distance : 600 m
Fromages : chèvre

LA FERME DE MARGOLIVE

Route de Savoillans
26570 REILHANETTE
✆ 04 75 28 84 02
Horaires d'ouverture : tous les jours 16h30, téléphoner la veille
Fromages : vaches

GAEC LE REGAIN

Ubac de courge
26570 MONTBRUN-LES-BAINS
✆ 04 75 28 87 34
Horaires d'ouverture : du 01/02 au 31/10, les lun. mer. jeu. ven. sam. et dim. Tous les jours sauf sam. matin, lun. après midi et mar. toute la journée.
Fromages : chèvre du Rove

MARCHÉ DE SÉDERON

26560 SÉDERON
✆ 04 75 28 54 90
Ouvert tous les dim. 8h-13h
Fromages : locaux

FERME DE GRANDCHAINE

La Grandchane
26560 SÉDERON
✆ 04 75 28 51 15
Ouvert tous les jours 9h-10h30 et sur le marché de Séderon le dim. matin
Fromages : chèvre

DRÔME

Montbrun-les-Bains.

TAPEZ PF.APP
DANS LE NAVIGATEUR DE VOTRE SMARTPHONE, PRENEZ UNE PHOTO ET OBTENEZ
LE TRACÉ GPX
DE LA CARTE
PLUS D'INFOS
SUR LE DÉPARTEMENT
87
Marché de Séderon
Ferme de Grandchaine
GAEC Le Regain
P.N.R. des Baronnies Provençales
La Ferme de Margolive
Marché de producteurs de Montbrun-les-Bains
3 KM
DRÔME

LES CHARBONNIERS DU VERCORS

Un itinéraire affiné dans la Drôme

Ce parcours familial et vallonné prend sa source au départ du cirque verdoyant de Saint-Martin-en-Vercors. Il permet une immersion dans l'ambiance bucolique et l'environnement du massif du Vercors en passant de ferme en ferme, de pâturages aux forêts pour ressentir au plus proche ce qui fait l'authenticité du Vercors !

DISTANCE *17 km*
DURÉE ESTIMÉE *1h30*
DÉNIVELÉ POSITIF *446m*
NIVEAU ▲▲△△△

AYMERIC ARNAUD

Les Domarières
26420 SAINT-JULIEN-EN-VERCORS
✆ 09 64 48 12 92
Horaires d'ouverture : du 01/01 au 31/12 tous les jours, 9h-12h et 13h30-18h. sauf dim.
Fromages : Bleu du Vercors Sassenage AOC, Tomme du Vercors

BOUCLETTE ET COMPAGNIE

Le Bard
26420 SAINT-MARTIN-EN-VERCORS
✆ 04 75 45 54 81
Horaires d'ouverture : du 01/04 au 30/09, tous les jours 17h-19h sauf le lun.
Fromages : brebis

FERME DE ROCHE ROUSSE

1190 route de Roche Rousse
26420 SAINT-MARTIN-EN-VERCORS
✆ 04 75 02 26 55
Horaires d'ouverture : lun. mer. ven. et sam. 8h-12h et présent sur le marché de la Chapelle en Vercors.
Fromages : bleu du Vercors-Sassenage AOC, le Roche Rousse, Saint-Martin

FERME DES GRANDS GOULETS

La Jarjatte
26420 LA CHAPELLE-EN-VERCORS
✆ 04 75 48 18 99
Horaires d'ouverture : du 20/11 au 20/09 lun.mar jeu.ven. et sam. 9h-12h et 16h30-19h mer. 18h-19h dim. 9h-12h et 18h-19h

Le circuit du Vercors.

rêt Communale de
Saint-Julien-en-
Vercors
Ferme des Domarières
(Aymeric Arnaud)
rêt Communale de
Saint-Martin-en-
Vercors
P.N.R. du
Vercors
Ferme de Roche Rousse
Bouclette et Compagnie
Ferme des Grands Goulets
1 KM

ROUTE DE LA GERVANNE

Un itinéraire affiné dans la Drôme

Cette boucle par les deux rives de la Gervanne permet une balade tranquille sur le versant sud du Vercors au départ de Mirabel-et-Blacons. Elle traverse plusieurs villages chargés d'histoire et offre un panorama sur les grandes falaises du Vercors : plateau du Vellan et gorges d'Omblèze. Un point de vue incomparable à admirer en dégustant quelques picodons !

DISTANCE *20 km*
DURÉE ESTIMÉE *2h*
DÉNIVELÉ POSITIF *219m*
NIVEAU ▲△△△△

GAEC DES PERRIERS

Les Brus
26400 SUZE
✆ 04 75 42 53 23
Ouvert tous les jours sur rdv
Fromages : Picodons AOP

FERME DE SAINT PANCRACE

Les Davins
26400 SUZE
✆ 07 60 17 26 27
Vente : 9h-12h et 18h-19h,
Visite de la traite tous les soirs à 18h sur rdv
Fromages : Picodon AOP, tommes pressés, cendrées, fromages aux épices

ÉPICERIE ASSOCIATIVE DE GERVANNE-SYE

Grande Rue
26400 BEAUFORT-SUR-GERVANNE
✆ 09 72 57 38 08
Ouvert tous les jours 8h30-12h30 et 15h30-19h30 sauf jeu. et le dim. 9h-13h

FERME REYNARD

Quartier Nichon
26400 MIRABEL-ET-BLACONS
Ouvert tous les jours 18h-19h
Fromages : chèvre

DRÔME

Picodons.

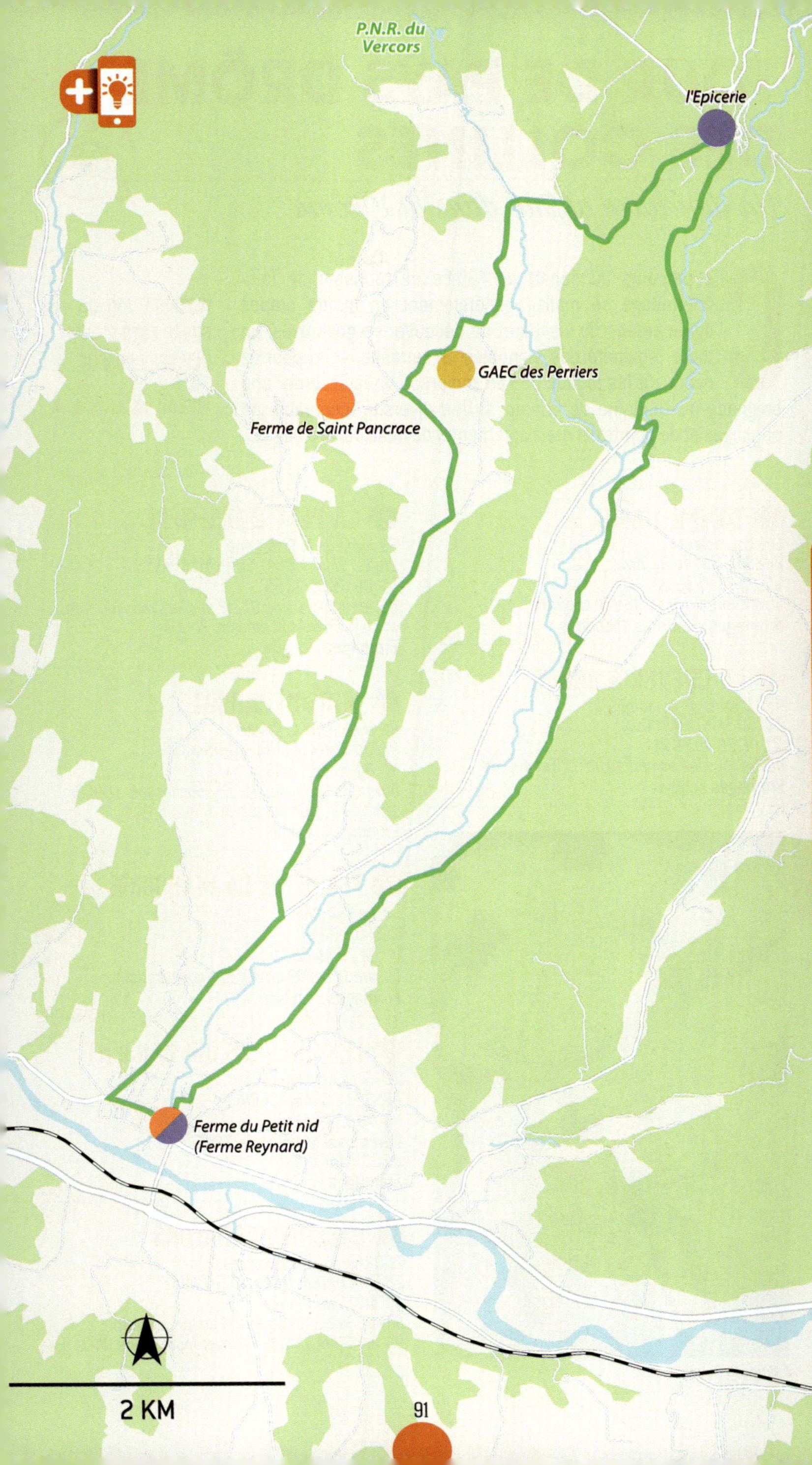
P.N.R. du
Vercors
l'Epicerie
GAEC des Perriers
Ferme de Saint Pancrace
Ferme du Petit nid
(Ferme Reynard)
2 KM

TOUR DE PAYS DRÔME DES COLLINES

Un itinéraire affiné dans la Drôme

Ce parcours au départ de l'Office de tourisme de Tain-l'Hermitage se réalise généralement en quatre étapes agrémentées de visites et de découvertes gustatives. En toute proximité des vignobles en terrasse, vous pourrez découvrir les joyaux de l'art roman ou vous accorder une baignade au Domaine de Champos. Une diversité incroyable de paysages et de points de vue à agrémenter de délicieux fromages...

DISTANCE *150 km*
DURÉE ESTIMÉE *7h*
DÉNIVELÉ POSITIF *2011m*
NIVEAU ▲▲▲▲▲

TOMME CAPRA

Les Voyrasiers
26260 SAINT-BARDOUX
✆ 04 75 71 55 38
Ouvert tous les jours 9h-12h sauf dim.
Fromages : Tommes, Picodons

LA CHÈVRE À DOREY

470 B route de la plaine
26260 SAINT-BARDOUX
✆ 06 26 49 35 76
Ouvert tous les samedis 10h-12h et sur rdv
Fromages : chèvre

© LIONEL PASCALE

Fromages fleuris.

LA PETITE FERMIÈRE

33 route de la Sizeranne
26260 SAINT DONAT-SUR-L'HERBASSE
✆ 06 65 35 33 66
Ouvert du 01/01 au 31/12, les lun. mar. jeu. ven. et sam. En saison estivale 9h-19h
Fromages : locaux

MAISON CARDOT

85 Chemin de la Sainte
26750 SAINT-MICHEL-SUR-SAVASSE
✆ 04 75 48 38 68
Ouvert du 01/01 au 31/12, tous les jeu. 10h30-12h et ven. 10h30-12h et 17h-18h45
Fromages : vache

FERME DE LA MARQUISE

La Vieille église
26350 CRÉPOL
✆ 04 75 45 72 11
Ouvert du 01/03 au 30/11, tous les matins
Fromages : chèvre

LES CHÈVRES QUI DANSENT

2255, route de la Vallée
26530 LE GRAND-SERRE
✆ 06 13 14 64 73
Ouvert tous les jours du 01/03 au 30/11 à 18h30
Fromages : chèvre

GAEC DES BARATONS

200 chemin des Baratons
26330 CHÂTEAUNEUF-DE-GALAURE
✆ 04 75 68 69 66
Ouvert du 01/04 au 30/09 du lun. au sam. 9h-11h30 et 15h-19h dim. et jours fériés 9h-11h.

Vue depuis la tour d'Albon.

Du 01/10 au 30/11 du lun. au sam. 9h-11h30 et 15h-18h dim. et jours fériés 9h-11h
Fromages : chèvre

AUBERGE DE LA VALLOIRE

330 chemin du Trémolet
26240 LA MOTTE-DE-GALAURE
✆ 04 75 03 20 69
Horaires d'ouverture : 9h-12h sauf sam. et dim. Le reste de la journée sur RDV.

LUL'ANE

65 impasse du château
26140 ALBON
✆ 06 24 06 08 73
Ouvert du 01/01 au 31/12 le mer. 9h-12h et 14h-18h, le sam. 9h-12h.

BERGERIE DU TRÉMOLET

330 chemin du Trémolet
26240 LA MOTTE-DE-GALAURE
✆ 04 75 03 20 69
Fromages : tommes de brebis, mottillons, pavés de brebis, faisselles

MARCHÉ DE PRODUCTEURS

Place de l'école, Ecole
26240 LA MOTTE-DE-GALAURE
✆ 04 75 68 40 27
Ouvert du 01/01 au 31/12, le 1er dim. du mois 8h-12h
Fromages : locaux

LA FERME PERRET

1245 route des Bois
26600 CHANTEMERLE-LES-BLÉS
✆ 04 75 23 36 07
Vente du 01/03 au 31/10 les mar. mer. et ven. 17h-19h.
Visite sur rdv
Fromages : chèvre

MARCHÉ HEBDOMADAIRE

26300 CHÂTEAUNEUF-SUR-ISÈRE
Ouvert du 07/10 au 30/12, dim. 8h30-13h

FROMAGES ET TERROIRS

16 allée de Provence
26300 BOURG-DE-PÉAGE
✆ 04 75 70 93 79
Ouvert du mar. au jeu. 8h30-12h et 15h-19h et ven. sam. 8h30-12h et 14h30-19h
Fromages : fromages locaux

VERCORS LAIT

Centre Commercial Parc St Paul
26750 SAINT-PAUL-LÈS-ROMANS
✆ 04 75 48 36 27
Ouvert tous les jours 9h-19h sauf dim.
Fromages : fromages, lait, faisselles de Villard de Lans et fromages, Saint Bardoux, Montmiral, Rochefort Samson.

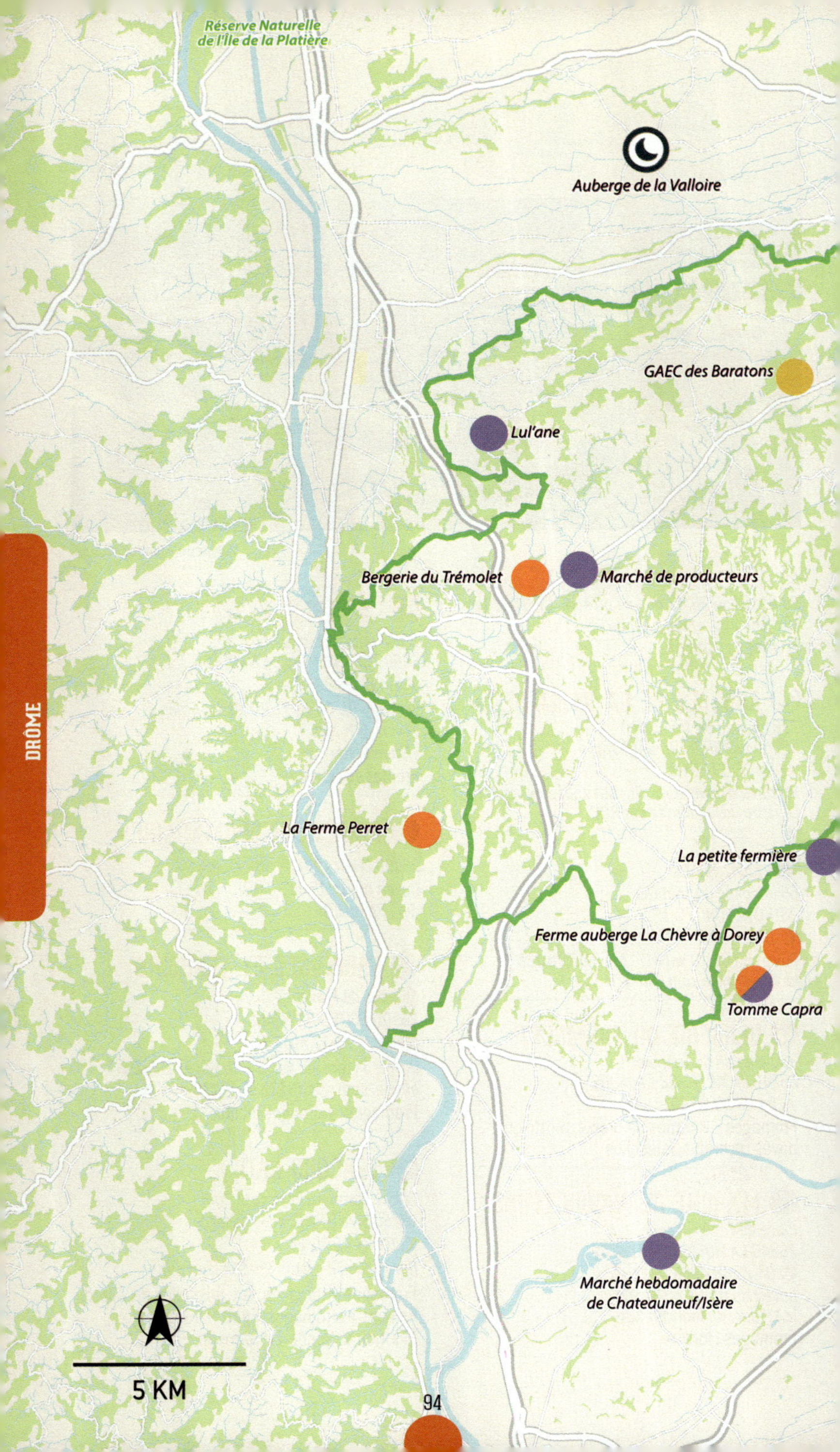
Réserve Naturelle
de l'Île de la Platière
Auberge de la Valloire
GAEC des Baratons
Lul'ane
Bergerie du Trémolet
Marché de producteurs
La Ferme Perret
La petite fermière
Ferme auberge La Chèvre à Dorey
Tomme Capra
Marché hebdomadaire
de Chateauneuf/Isère
5 KM

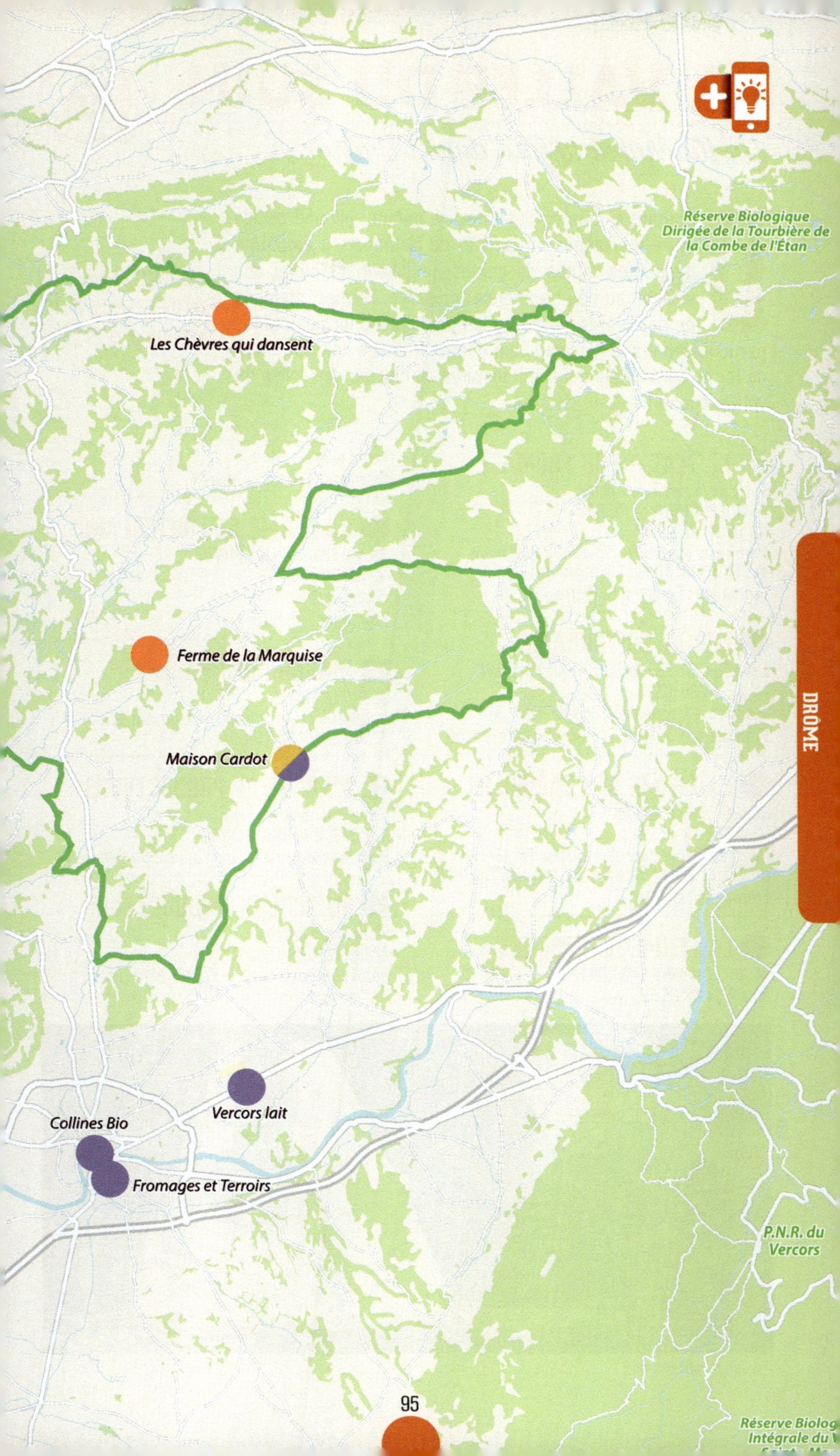
Réserve Biologique Dirigée de la Tourbière de la Combe de l'Étan
Les Chèvres qui dansent
Ferme de la Marquise
Maison Cardot
Vercors lait
Collines Bio
Fromages et Terroirs
P.N.R. du Vercors
Réserve Biolog
Intégrale du

LA VALLÉE DU SUIN

Un itinéraire affiné dans l'Indre

Débutant à Tournon-St-Martin, ce circuit vallonné oscille entre les vallées du Suin et de la Creuse. Il emprunte de petites routes de campagne sillonnant parmi des villages au bâti traditionnel préservé. Fermes, marchés et restaurants valorisent les productions locales et plus particulièrement le Pouligny-Saint-Pierre, fromage de chèvre AOP de forme pyramidale qui serait inspirée du clocher de l'église du village éponyme.

DISTANCE 36 km
DURÉE ESTIMÉE 2h45
NIVEAU ▲▲△△△

LA MAISON DU FROMAGE

5 rue de la fossé Bourdeau
36300 POULIGNY ST PIERRE
✆ 02 54 28 09 67
Horaires d'ouverture : 9h-12h30 sauf lun. et 15h30-18h30 sauf dim. matin
Fromages : Pouligny St Pierre

EURIAL-POITOURAINE

Les Pués - 36220 TOURNON SAINT MARTIN
✆ 02 54 28 30 13
Ouvert tous les jours 9h-12h sauf dim.
Fromages : Pouligny St Pierre, chèvre, vache

LA FERME DES CABRIOLES

36220 FONTGOMBAULT
✆ 09 61 53 30 91
Horaires d'ouverture : lun. au jeu. 8h-12h, ven. 8h-12h et 17-18h30, sam. 8h-11h et 17h-18h30
Fromages : chèvre

LA FERME DE VESCHE

36300 POULIGNY SAINT PIERRE
✆ 02 54 37 25 62
Vente tous les jours
Fromages : brebis, chèvre

LA FERME DE FONTERLAND

36220 TOURNON ST MARTIN
✆ 02 54 28 70 66
Ouvert tous les jours
Fromages : chèvre

MARCHÉ DES HALLES

36300 LE BLANC
Horaires d'ouverture : du mar. au dim. 8h30-12h30 et 14h30-19h

MARCHÉ DE PRODUCTEURS

Place du Champ de Foire
36220 TOURNON ST MARTIN
Horaires d'ouverture : mar. et ven. 8h-13h

MARCHÉ DE PRODUCTEURS

Place Mado Robin
37290 YZEURS/CREUSE
Horaires d'ouverture : le 31/07 - 18h-22h

INDRE

Pouligny-Saint-Pierre.

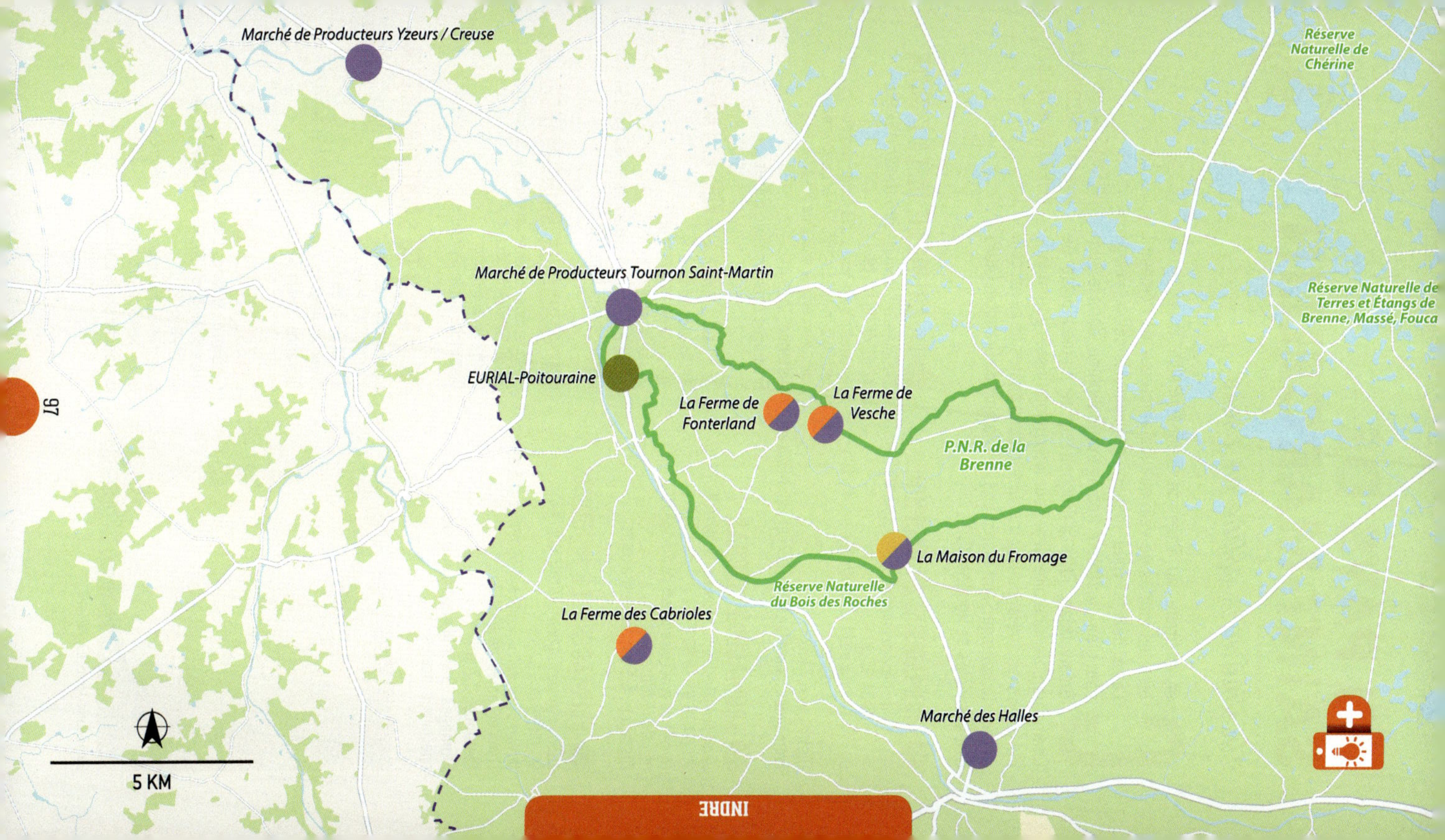
Marché de Producteurs Yzeurs / Creuse
Marché de Producteurs Tournon Saint-Martin
EURIAL-Poitouraine
La Ferme de Fonterland
La Ferme de Vesche
P.N.R. de la Brenne
La Maison du Fromage
Réserve Naturelle du Bois des Roches
La Ferme des Cabrioles
Marché des Halles
Réserve Naturelle de Chérine
Réserve Naturelle de Terres et Étangs de Brenne, Massé, Fouca
5 KM
INDRE

AU PAYS DE SAINT-MARCELLIN

Un itinéraire affiné en Isère

Cet itinéraire au Pays de Saint-Marcellin ravira aussi bien les fondus de vélo que les amoureux de fromage ! Cette balade vous mènera de Saint-Marcellin, village éponyme du célèbre fromage du Dauphiné, dans le Sud-Grésivaudan, jusqu'à Roybon sur le plateau boisé de Chambaran. Un itinéraire idéal pour les cyclotouristes gourmands qui pourront s'arrêter pour goûter les produits phares de ce joli coin d'Isère : le fromage Saint-Marcellin (IGP), la noix de Grenoble (AOP) et les Ravioles de Royans (IGP).

DISTANCE *51 km*
DÉNIVELÉ POSITIF *667 m*
NIVEAU ▲▲▲△△

FROMAGERIE DU DAUPHINÉ

19[illegible]ute départementale 1092 - 38470 TÊCHE
✆ [illegible]76 36 95 00
Ou[illegible] lundi au jeudi de 8h-12h et 14h-18h.
Ven[illegible]8h-18h.
Distance : 4,7 km
Fromages : Saint-Marcellin (IGP) et Saint-Félicien

FROMAGERIE ROCHAS

Jean-Noël Rochas, La Combe - 38470 QUINCIEU
✆ 04 76 93 53 60
Ouvert du lundi au samedi de 8h-12h30 et 14h30-19h.
Distance : 5,5 km par petite route

FROMAGERIE LE MURINOIS

155a route de Roybon - 38160 MURINAIS
✆ 04 76 64 25 85
Ouvert du mardi au vendredi 9h-12h et 16h-19h. Lundi et samedi de 16h-19h.
Distance : 3,7 km
Fromages : Saint-Marcellin et autres spécialités locales

© DIGIMIAM CISM LNGUYEN

Saint-Saint-Marcellin IGP sec.

LA CHÈVRERIE DE LA GABOTE

231 Route d'Essemat - 38160 SAINT-VÉRAND
✆ 06 45 05 04 19
Horaires d'ouverture : à la ferme samedi de 10h-12h et 15h-18h. Sur le marché de Saint-Marcellin le mardi de 8h-12h.
Distance : 2,2 km
Fromages : fromages de chèvres

LES CARMES - VINS ET FROMAGES

3 Place des Carmes
38160 SAINT-MARCELLIN
✆ 04 76 36 37 52
Ouvert du mardi au samedi de 9h-13h et 15h-19h
Distance : sur le parcours

MARCHÉ DE SAINT-MARCELLIN

Kiosque, place d'Armes et avenue du collège
38160 SAINT-MARCELLIN
Ouvert samedi matin
Distance : sur le parcours

MAISON DU SAINT-MARCELLIN

6 avenue du collège
38160 SAINT-MARCELLIN
✆ 04 76 38 89 82
Ouvert du lundi au vendredi 9h-12h et 14h-17h
Distance : sur le parcours

LA TIVOLLIÈRE

Château du Mollard - Christine Serve,
1 Rue du Mollard - 38160 SAINT-MARCELLIN
✆ 04 76 38 21 17
Ouvert le midi du mardi au dimanche, le soir vendredi et samedi
Distance : sur le parcours

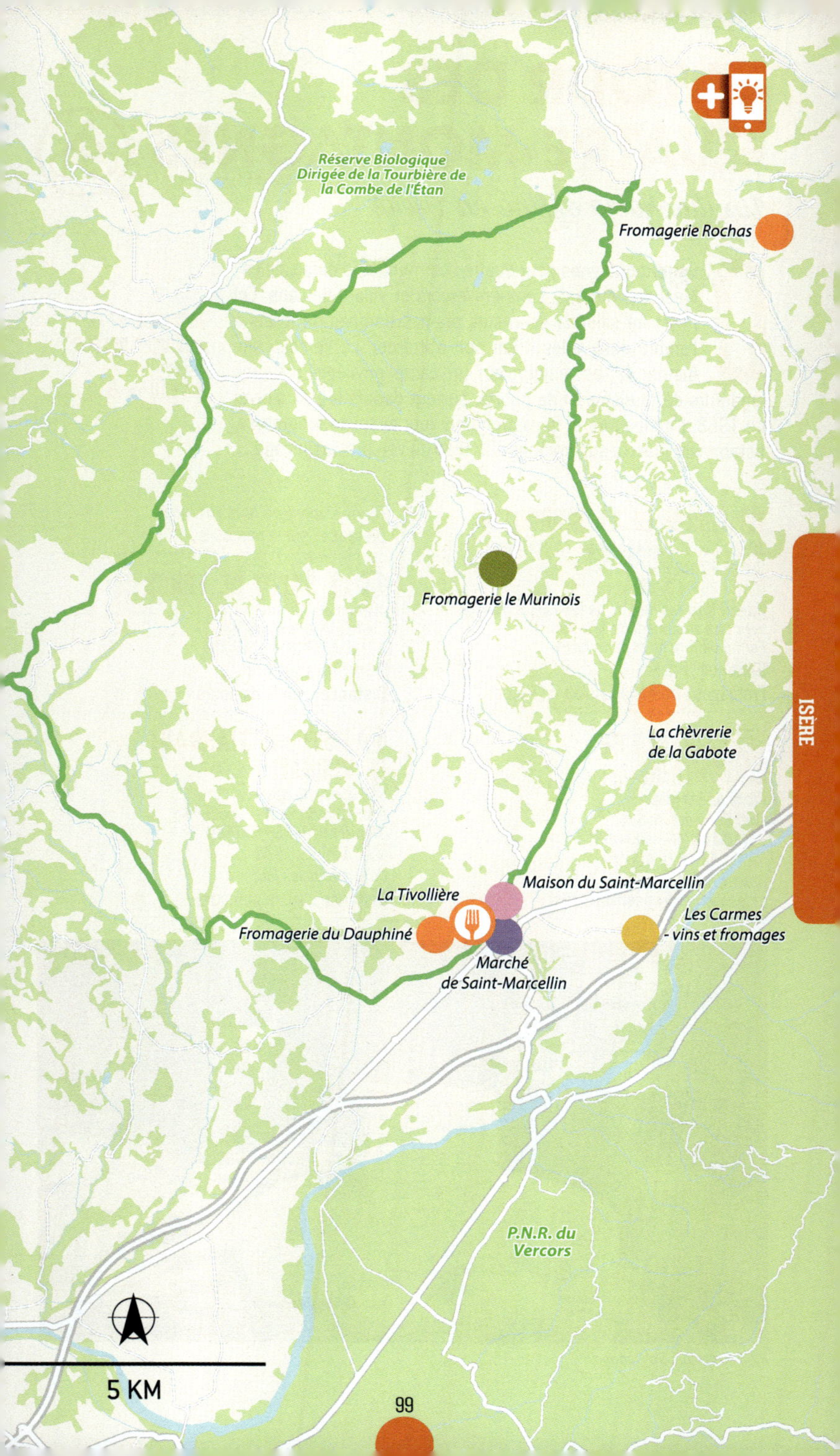
Réserve Biologique Dirigée de la Tourbière de la Combe de l'Étan
Fromagerie Rochas
Fromagerie le Murinois
La chèvrerie de la Gabote
Maison du Saint-Marcellin
La Tivollière
Fromagerie du Dauphiné
Les Carmes - vins et fromages
Marché de Saint-Marcellin
P.N.R. du Vercors
5 KM
ISÈRE

LE TOUR DES QUATRE-MONTAGNES

Un itinéraire affiné en Isère

Quatre montagnes pour quatre communautés paroissiales : Méaudre, Autrans, Lans-en-Vercors et Villard-de-Lans. Cet itinéraire sillonne de vastes prairies bordées de forêts à l'ombre desquelles il fait bon s'attarder. Le Vercors, site historique, est aujourd'hui un cadre privilégié pour les amateurs de tourisme et de sports, surtout depuis les JO d'hiver de 1968. L'agriculture et la gastronomie font aussi sa renommée, notamment grâce à son fromage AOP Bleu du Vercors-Sassenage...

DISTANCE *42 km*
DÉNIVELÉ POSITIF *564m*
NIVEAU ▲▲△△△

ISÈRE

FERME DE LA BOURRIÈRE

1972 chemin des Aguiards - La Bourrière
38112 AUTRANS-MÉAUDRE
✆ 04 76 94 27 02
Ouvert tous les matins de 9h-11h, le mercredi, vendredi et samedi de 17h-19h.
Fermé dimanche et jours feriés.
Distance : 2,5 km
Fromages : fromages au lait de vache

LA TABLE DE LA FONTAINE

Place de la Mairie
Chef Bertrand Rivoal,
38112 AUTRANS-MÉAUDRE
✆ 04 56 17 79 40
Ouvert tous les jours de 7h-19h, et les vendredi et samedi soirs.
Fermé le mercredi hors vacances.
Distance : sur le parcours

LE SABOT DE VÉNUS

Avenue du Vercors
Chef Stéphane Duchêne
38112 AUTRANS-MÉAUDRE
Ouvert tous les jours
Distance : sur le parcours

HÔTEL RESTAURANT LE VERNAY

355 Route de Nave
Chefs Sandrine et Bruno Delille
38880 AUTRANS-MÉAUDRE
✆ 04 76 95 31 24
Ouvert tous les jours
Distance : sur le parcours

Bleu du Vercors-Sassenage.

COOPÉRATIVE VERCORS-LAIT

Les Jarrands
38250 VILLARD-DE-LANS
✆ 04 76 95 33 21
Horaires d'ouverture : du lundi au samedi de 9h-19h sans interruption
Distance : sur le parcours
Fromages : Bleu du Vercors Sassenage AOP

L'AUBERGE DES MONTAUDS

Quartier du Bois Barbu
Chef Jean-Pierre Magnat
38250 VILLARD-DE-LANS
✆ 04 76 95 17 25
Fermé le dimanche soir, lundi midi et soir (sauf périodes de vacances scolaires).
Distance : sur le parcours

GRAND HÔTEL DE PARIS

124 place Pierre Chabert
38250 VILLARD-DE-LANS
✆ 04 76 95 10 06
Ouvert tous les jours
Distance : sur le parcours

HÔTEL RESTAURANT LE CHRISTIANIA

220 avenue Professeur Nobecourt-
Chef Pierre Bernard-Granger
38250 VILLARD-DE-LANS
✆ 04 76 95 12 51
Ouvert tous les jours sauf le midi, du lundi au vendredi, en hiver
Distance : sur le parcours

HÔTEL LA ROSERAIE - RESTAURANT LA DOLINE

309 avenue Professeur Nobecourt
Chef Michel Bouvier
38250 VILLARD-DE-LANS
✆ 04 76 95 11 99
Horaires d'ouverture : le soir tous les jours de la semaine
Distance : sur le parcours

LA CHÈVRERIE DES CABRIOLES

Les Ravix - 38250 CORRENÇON-EN-VERCORS
✆ 04 76 95 86 50
Ouvert de février à juin de 17h30-18h30. Juillet-août de 17h-19h. De sept à novembre de 17h-18h30. Fermé le dimanche.
Distance : *5,6 km*
Fromages : fromages de chèvres

LA FERME DES PERCE-NEIGE

Le village les ravauds
38250 CORRENÇON-EN-VERCORS
✆ 04 76 95 84 72
Horaires d'ouverture : juillet-août de 10h30-12h et 17h30-19h tous les jours sauf le mardi matin. Le reste de l'année : 17h30-18h30 tous les jours.
Distance : 5,4 km
Fromages : bleu du vercors sassenage AOC, fromages frais ou affiné, yaourts, faisselles, Réseau « Bienvenue à la ferme »

FERME DE LA GRAND MÈCHE

Les Françons
38250 LANS-EN-VERCORS
✆ 04 76 26 23 94
Horaires d'ouverture : du lundi au samedi de 17h-19h, le dimanche de 18h-19h, mercredi et samedi de 11h-12h
Distance : sur le parcours
Fromages : fromages de vaches, Réseau « Bienvenue à la ferme »

LA FERME DU PIC SAINT-MICHEL

Vieille route - 38250 LANS-EN-VERCORS
✆ 06 77 78 48 26
Horaires d'ouverture : du 15 février au 15 novembre du lundi au samedi de 17h-19h
Distance : 2,5 km
Fromages : fromages de chèvres, Réseau « Bienvenue à la ferme »

HÔTEL RESTAURANT LE COL DE L'ARC

14 route de Saint-Donas
Chef Vincent Mayousse
38250 LANS-EN-VERCORS
✆ 04 76 95 40 08
Ouvert tous les jours toute l'année
Distance : sur le parcours

LA FERME DES RAPILLES

97 chemin de Rivet - 38360 ENGINS
✆ 04 76 94 45 02
Horaires d'ouverture : nov-mars : tous les jours de 16h-19h / avr-oct : tous les jours de 17h-19h
Distance : *6 km*
Fromages : fromages de vaches, Réseau « Bienvenue à la ferme », agriculture biologique

TAPEZ PF.APP
DANS LE NAVIGATEUR DE VOTRE SMARTPHONE, PRENEZ UNE PHOTO ET OBTENEZ
LE TRACÉ GPX
DE LA CARTE
PLUS D'INFOS
SUR LE DÉPARTEMENT
Communale d'Autrans
Hôtel Restaurant Le Vernay
Ferme de la Bourrière
Le Sabot de Vénus
P.N.R. du Vercors
Forêt Domaniale des Coulmes
Coopérative Vercors Lait
Grand Hôtel de Paris
Hôtel Restaurant Le Christiania
La Roseraie - La Doline
L'Auberge des Montauds
Forêt Communale de Villard-de-Lans
La chèvrerie des Cabrioles
La Ferme des Perce-Neige
3 KM

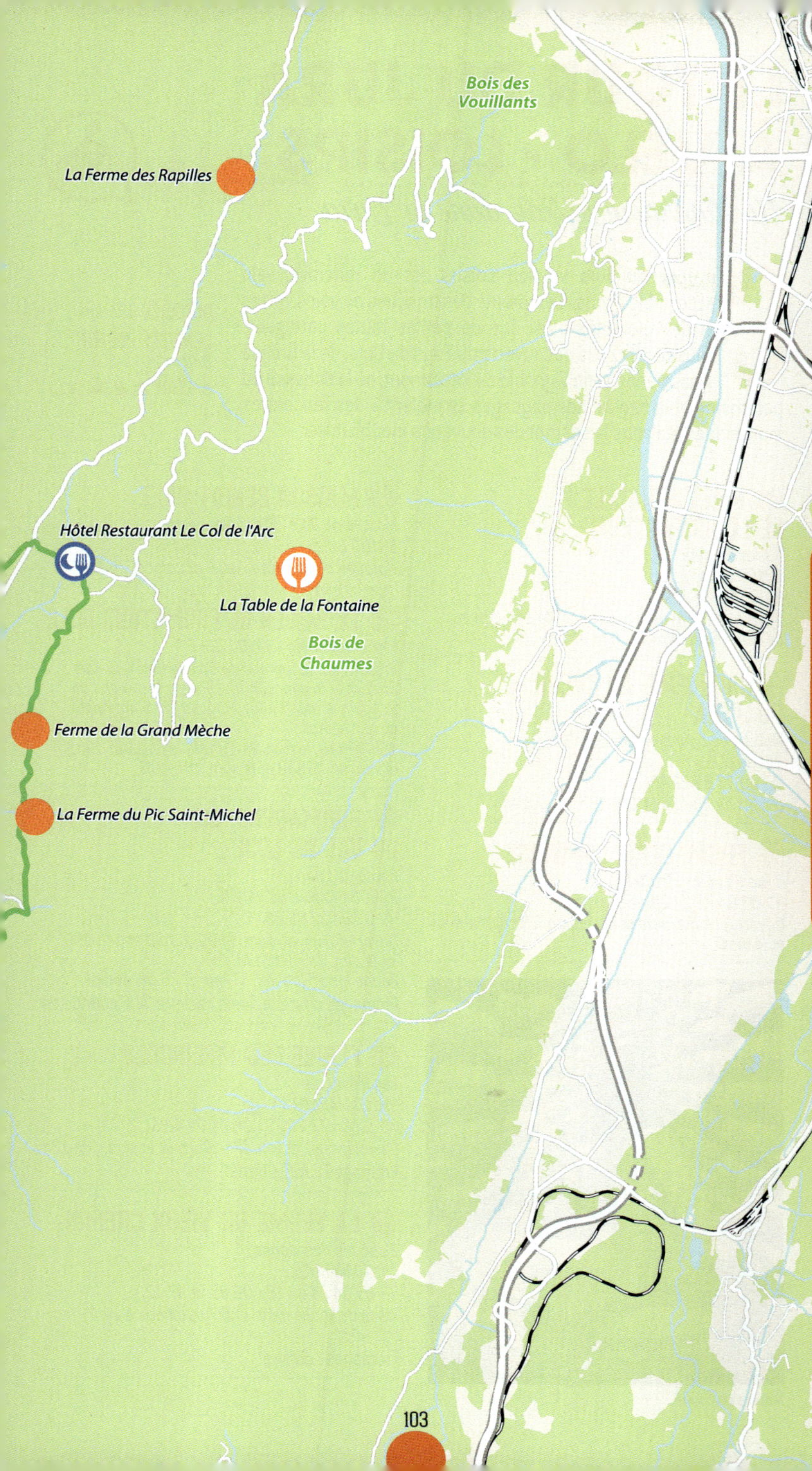
Bois des Vouillants
La Ferme des Rapilles
Hôtel Restaurant Le Col de l'Arc
La Table de la Fontaine
Bois de Chaumes
Ferme de la Grand Mèche
La Ferme du Pic Saint-Michel

LE TOUR DU JURA À VÉLO - LOISIRS

Un itinéraire affiné dans le Jura

Ce Tour du Jura version Loisirs est un itinéraire vélo accessible à tous. Il emprunte des tronçons de voies vertes et de véloroutes ainsi que de petites routes partagées. Vous partirez à la découverte du Pays de Dole, de la Bresse Jurassienne et du Vignoble du Revermont, où la richesse du patrimoine et la beauté des paysages se mêlent à des rencontres inattendues qui vous laisseront des souvenirs inoubliables...

DISTANCE *155 km*

DÉNIVELÉ POSITIF *870 m*

NIVEAU ▲▲▲△△

MAISON NATALE DE LOUIS PASTEUR

43 rue Pasteur
39100 DOLE
✆ 03 84 72 20 61
Ouvert de Fév. à avril et oct-nov. de 14h-18h et de Mai à Sept. 9h30-12h30 et 14h-18h.

CRÈMERIE AU COEUR DU JURA

Marché de Dole Place Nationale
39100 DOLE
✆ 06 33 89 21 50
Ouvert de 7h-13h et 14h-19h le vendredi

FROMAGERIE COMTOISE

3 rue d'Enfer - 39100 DOLE
✆ 03 84 72 24 29
Ouvert tous les jours sauf le dimanche après-midi et le lundi

Meules de comté.

MAISON BENOIT DOLE

Marché de Dole - Place Nationale
39100 DOLE
Horaires d'ouverture : jeudi et samedi 7h-14h30

LE PANIER DE FROMETONS DOLE

Place Nationale - 39100 DOLE
Présent sur le marché de Dole le mar. jeu. sam. 7h-13h et le ven. 13h30-19h; sur le marché de St Aubin le mer. matin. Magasin de Saint-Aubin ouvert le mar.
15h-19h30, le mer. 9h-19h30, le jeu. 14h-19h30, le ven. 9h-19h30 et le sam. 14h-19h

FROMAGERIE BIO DU VAL DE LOUE

Route de Lyon
39600 GRANGE DE VAIVRE
✆ 03 84 37 85 28
Ouvert du lun. au sam. 9h30-12h30 et 14h-19h et le dim. 9h30-12h30.
Fermé les 1er janvier, 1er mai et 25 décembre
Fromages : Morbier, Tome, raclette, AOP comtoises

FERME DES MÉLINCOLS

Les Mélincols
39110 MARNOZ
✆ 03 84 73 29 78 / 06 01 59 42 51
Ouvert les lun. et ven. 17h-19h, mer. et sam. 10h-12h
Fromages : AOC Comté

LA FERME DU VIEUX CHEMIN

2 chemin des vignes
39110 MARNOZ
✆ 03 84 73 03 16 / 06 85 81 47 12
Visite de la chèvrerie et dégustations d'avril à octobre
Fromages : chèvre

GÎTE DE LA FERME DE L'AMOURETTE

5 Route de Salins - 39110 MARNOZ
© 03 84 73 08 99 / 06 37 80 21 00
Gîte accueil paysan

FRUITIÈRE DE SALINS LES BAINS

Route de Champagnole
39110 SALINS LES BAINS
© 03 84 73 18 52
Ouvert du mar. au ven. 9h-12h15 et 16h-19h, le sam. 9h-12h15 et 14h30-19h, le dim et jours fériés 9h-12h (ouvert le lun. en juillet et août)
Fromages : AOP comtois

FRUITIÈRE DU PLATEAU ARBOISIEN -ATELIER D'IVORY

300 Rue de la Fruitière - 39110 IVORY
© 03 84 66 09 71
Ouvert tous les jours 8h-12h
Fromages : Comté

FRUITIÈRE DU PLATEAU ARBOISIEN - ATELIER DE CHILLY

Lieu dit Village Haut
39110 CHILLY SUR SALINS
© 03 84 73 06 00
Ouvert tous les jours 8h-12h
Fromages : Comté

MAISON DE LOUIS PASTEUR

83 rue de Courcelles - 39600 ARBOIS
© 03 84 66 11 72
Ouvert de Fév. à avril et oct-nov. de 14h-18h et de Mai à Sept. 9h30-12h30 et 14h-18h.

LA CAVE DE COMTÉ

44 Grande Rue - 39600 ARBOIS
© 03 84 66 09 53
Ouvert du lundi au vendredi 9h-12h30 et 14h-19h, le samedi 9h-19h

FERME DES NOUVELLES

35 rue des Nouvelles - 39600 ARBOIS
© 03 84 66 21 53 / 06 76 15 98 07
Gîte et camping Accueil paysan (à l'année)

FRUITIÈRE FROMAGÈRE DU PLATEAU ARBOISIEN - ATELIER D'ARBOIS

1 rue des Fossés - 39600 ARBOIS
© 03 84 66 09 71 / 06 79 01 85 30
Vente tous les jours 8h-12h et 16h30-19h, le dim. et jours fériés 8h-12h.
Visite les mer. en juillet-août à partie de 8h30 sur inscription
Fromages : Comté, Morbier, fromages blancs

FERME DE LA TUILERIE

39800 AUMONT
© 03 84 37 67 53 / 06 70 53 49 10
Gîte et chambres Accueil paysan

MAISON DU COMTÉ

Avenue de la Résistance
39800 POLIGNY
© 03 84 37 78 40
Horaires d'ouverture : Juillet-aôut tous les jours 10h-17h. Avril-juin et vacances scolaires du mar. au dim. 14h-15h15 et 16h30. Sept-oct. du mar. au dim. 14h15 et 15h45.

HALLE TECHNOLOGIQUE DE L'ENILBIO

Rue de Versailles - 39800 POLIGNY
© 03 84 73 76 76
Vente en période scolaire le mer. et le ven. 10h-12h30
Fromages : Comté, Morbier, Raclette

BENOIT BADOZ VINS ET FROMAGES

19 Place des Déportés - 39800 POLIGNY
© 03 84 37 11 18
Ouvert du lun. au jeu. 8h30-12h30 et 14h-19h, ven. et sam. 8h30-19h, dim. 9h-12h30

CRÈMERIE ESSENCIA

24 Place Notre Dame - 39800 POLIGNY
© 03 84 37 08 46
Ouvert le lundi et du jeudi au vend. 9h-12h15 et 14h-19h

CRÈMERIE GUY JURAMONTS

21 place des Déportés - 39800 POLIGNY
© 03 84 37 12 22
Ouvert du lun. au sam. 8h-12h30 et 13h30-19h, le dim. et jours fériés 8h30-12h (sauf vacances de février : réouverture 15h30-18h30)

CRÈMERIE JURAFLORE

15 place des Déportés - 39800 POLIGNY
© 03 84 37 13 50
Ouvert tous les jours 8h-12h30 et 13h30-19h, dim. et jours fériés 9h-12h

LE TOUR DU JURA À VÉLO - LOISIRS

Un itinéraire affiné dans le Jura

EPICURÉA

5 place des Déportés - 39800 POLIGNY
✆ 03 84 37 16 05
Ouvert du lun. au sam. 8h15-12h30 et 13h30-19h30, le dim. 9h30-12h30

FRUITIÈRE À COMTÉ DE POLIGNY

Tourmont, Rue de l'Orain
39800 POLIGNY
✆ 03 84 37 20 94
Ouvert du lun. au jeu. 9h-12h et 15h-19h, ven. et sam. 9h-19h et dim. 10h-12h30 et 17h-19h
Fromages : Comté

FRUITIÈRE LES DÉLICES DU PLATEAU

1 route de Le Fied
39800 PLASNE
✆ 03 84 37 16 67
Horaires d'ouverture : magasin/bar du lun. au sam. 9h-12h15 et 14h-19h, le dim 9h-12h30
Fromages : les 4 Comtés AOP, le Morbier AOP, la Tomme et la Raclette

FROMAGERIES VAGNE

Rue St Jean
39210 CHATEAU CHALON
✆ 03 84 44 92 25
Ouvert de sept. à juin : du mer. au sam. 10h-12h15 et 14h-18h.
Juillet-sept. : du mer. au sam. 10h-12h15 et 14h-19h et le dim. 10h-12h15 et 14h-18h30

FRUITIÈRE DES COTEAUX DE SEILLE

Chemin du Sorbier
39210 LAVIGNY
✆ 03 84 25 31 89
Ouvert du lun. au sam. 8h45-12h15 et 16h30-19h, le dim. et jours fériés 8h45-12h
Fromages : les 3 Comtés AOP, le Morbier AOP, la Tomme du Jura et la Raclette

FROMAGERIE LA RONDENNE

Place de la Mairie - 39140 DESNES
✆ 03 84 48 19 64
Ouvert tous les matins 9h-12h et du mar. au sam. 16h-18h30, les jours fériés 9h-12h
Fromages : Comté, fromages blancs

TOUT UN FROMAGE

29 Rue Louis-le-Grand
39140 BLETTERANS
✆ 03 84 47 66 65
Horaires d'ouverture : mar. 8h-12h30 et 16h-19h, mer. ven. sam. 9h-12h30 et 15h-19h, jeu. 9h-12h30, dim. 9h-12h et 17h-19h en juillet août

GÎTE DU BAS DE L'ETANG

Rue du bas de l'Etang - 39140 COSGES
✆ 03 84 85 04 52 / 06 81 00 67 07
Gîte à la ferme - Accueil paysan
Fromages : vache

FRUITIÈRE DE PLEURE

2 route de la Reppe - 39120 PLEURE
✆ 03 84 81 40 92
Ouvert du lun. au jeu. 8h-12h, le ven. 8h-12h et 15h-18h, dim. et jours fériés 8h-12h
Fromages : Comté, Morbier, Bleu de Gex, chèvre

CAMPING À LA FERME DE SAINTE-MARIE

39120 BALAISEAUX
✆ 03 84 81 85 45 / 06 49 59 45 22
Chambres d'hôtes et camping à la ferme
Accueil paysan

ASINERIE DE LA CHARRETTE BLEUE

6 Chemin du Château
39120 LE DESCHAUX
✆ 03 84 71 55 32
Hébergements insolites

LE PANIER DE FROMETONS

40 grande rue - 39410 ST AUBIN
✆ 03 84 79 23 04
Horaires d'ouverture : mar. 15h-19h30, mer. 9h-19h30, jeu. 14h-19h30, ven. 9h-19h30, sam. 14h-19h. Présent sur marché St Aubin le mer. matin et sur le marché de Dole le mar. jeu. ven. après-midi et sam. matin

MAISON BENOIT PARCEY

38 rue de la Plassotte
39100 PARCEY
✆ 03 84 71 01 74
Ouvert du mar. au sam. 9h-12h et 14h-19h

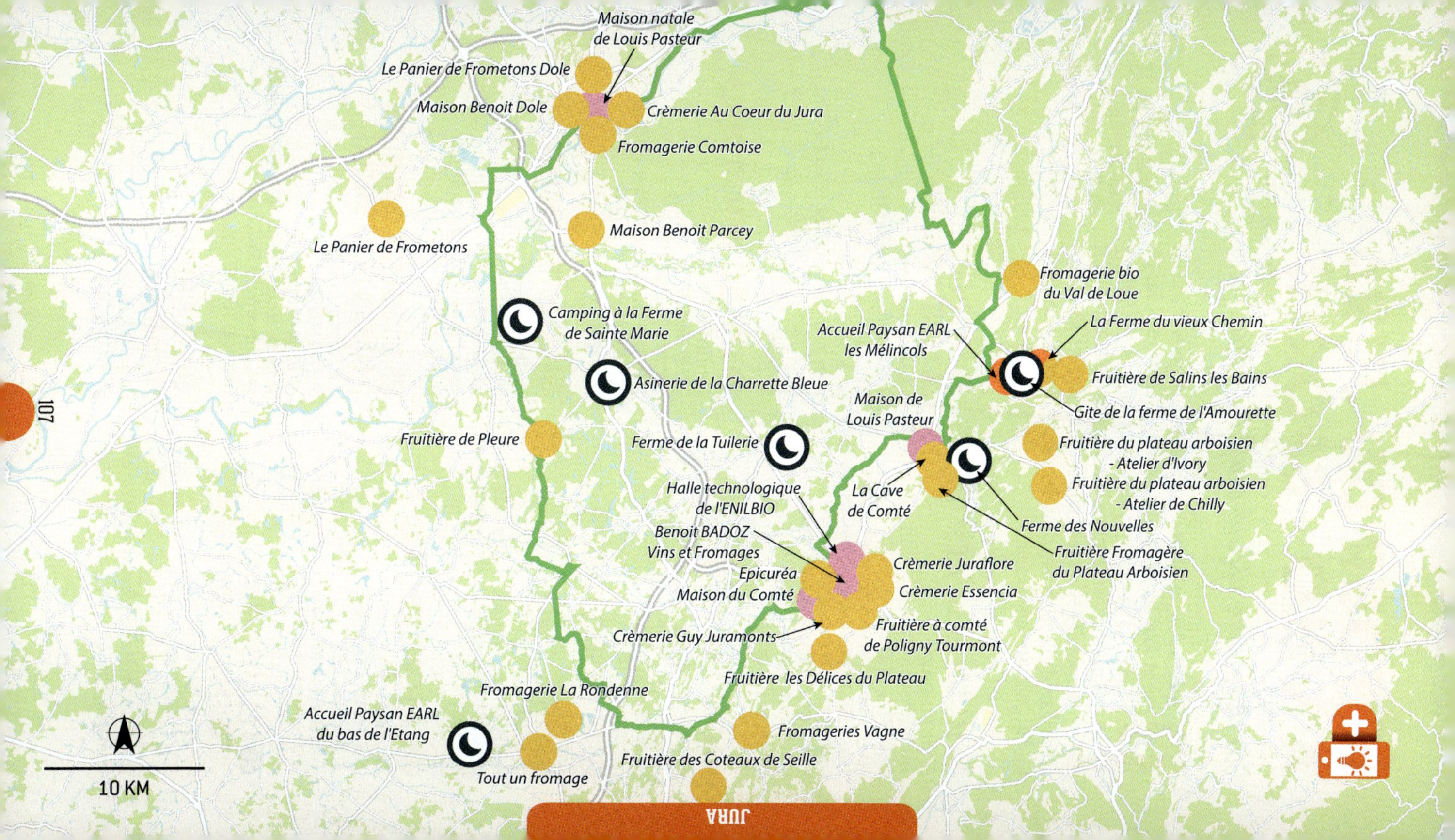
Maison natale
de Louis Pasteur
Le Panier de Frometons Dole
Maison Benoit Dole
Crèmerie Au Coeur du Jura
Fromagerie Comtoise
Le Panier de Frometons
Maison Benoit Parcey
Camping à la Ferme
de Sainte Marie
Asinerie de la Charrette Bleue
Fruitière de Pleure
Ferme de la Tuilerie
Fromagerie bio
du Val de Loue
Accueil Paysan EARL
les Mélincols
La Ferme du vieux Chemin
Fruitière de Salins les Bains
Gite de la ferme de l'Amourette
Maison de
Louis Pasteur
Fruitière du plateau arboisien
- Atelier d'Ivory
Fruitière du plateau arboisien
- Atelier de Chilly
La Cave
de Comté
Ferme des Nouvelles
Fruitière Fromagère
du Plateau Arboisien
Halle technologique
de l'ENILBIO
Benoit BADOZ
Vins et Fromages
Epicuréa
Maison du Comté
Crèmerie Juraflore
Crèmerie Essencia
Fruitière à comté
de Poligny Tourmont
Crèmerie Guy Juramonts
Fruitière les Délices du Plateau
Fromagerie La Rondenne
Accueil Paysan EARL
du bas de l'Etang
Tout un fromage
Fromageries Vagne
Fruitière des Coteaux de Seille
10 KM

LE TOUR DU JURA À VÉLO - SPORTIF

Un itinéraire affiné dans le Jura

Partez explorer le Jura et ses multiples paysages enchanteurs sur le Tour du Jura à vélo Sportif au départ de Lons-Le-Saunier. La version « sport » de ce circuit emblématique est destinée aux cyclistes chevronnés. Cette aventure, à l'assaut des Montagnes du Jura, emprunte les plus belles ascensions du Département dans des décors naturels à couper le souffle. Dépaysement garanti !

DISTANCE *252 km*
DÉNIVELÉ POSITIF *3900 m*
NIVEAU ▲▲▲▲▲

JURA

MAISON DE LA VACHE QUI RIT

25 rue Richebourg
39000 LONS LE SAUNIER
✆ 03 84 43 54 10
Ouvert pendant les vacances tous les jours 10h30-18h, hors vacances tous les jours 14h-18h sauf lun. En juillet et août tous les jours 10h-19h, en novembre et décembre (hors vacances) ouvert les week-ends 14h-18h
Fromages : Vache qui rit

CHEZ L'ARTISAN FROMAGER

39 rue du commerce
39000 LONS LE SAUNIER
✆ 06 75 24 53 97

FROMAGERIE PIANET

7 rue St Désiré
39000 LONS LE SAUNIER
✆ 03 84 24 04 98
Horaires d'ouverture : tous les jours 7h30-12h15 et 14h30-19h15 sauf dim. après-midi et non-stop le ven. et sam.

LA FERME COMTOISE

23 rue st Désiré
39000 LONS LE SAUNIER
✆ 03 84 24 06 16
Horaires d'ouverture : tous les jours 19h30 sauf le dim. après-midi

LES CAVES RIVOIRE-JACQUEMIN DE MONTMOROT

4 place des Salines BP 1
39570 MONTMOROT
✆ 03 84 87 12 00
Visite toute l'année pour des groupes et sur rdv
Fromages : Comté

FRUITIÈRE DE LA SAINT-CHRISTOPHE

1 Route des carrières
39130 LARGILLAY MARSONNAY
✆ 03 84 48 30 62
Visite : matin sur rdv
Vente du lun. au sam. 8h30-12h et 15h-19h, dim. et jours fériés 9h-12h
Fromages : Comté

FRUITIÈRE DU MONT ORGIER

Place du Colonel Varrot
39270 ORGELET
✆ 03 84 25 43 28
Vente tous les jours 8h30-12h et 15h30-19h, dim. et jours fériés 9h-11h30
Fromages : Comté

LES OUTILS D'AUTREFOIS

Rue de la chapelle
39240 ARINTHOD
✆ 03 84 48 01 17
Visite d'avril à octobre le mar. 9h-12h et sur rdv toute l'année

FROMAGERIE D'ARINTHOD (MAGASIN DE CHISSÉRIA)

Rue Fontaine du Fossard
39240 CHISSERIA
✆ 03 84 48 01 00
Vente du mar. au sam. 9h-12h et 14h30-18h30, dim. et jours fériés 9h-12h
Fromages : Comté

LES BIQUETTES DU BARRAGE

14 rue de la Chapelle
39240 CERNON

Horaires d'ouverture : week-end et jours fériés 10h-12h et 15h-17h ; mar. et jeu. 17h-18h30

CRÈMERIE CLÉMENT

5-7 rue du Pré
39200 ST CLAUDE
© 03 84 45 09 70
Vente du lun. au sam. 8h-19h30, dim. et jours fériés 8h-12h30

LA BESACE DU COMTOIS

2 rue du marché
39200 ST CLAUDE
© 03 84 60 82 68
Fermé le dim. après-midi uniquement

FROMAGERIE DE MONTBRILLANT

L'Essard
39200 VILLARD ST SAUVEUR
© 03 84 45 59 30
Vente du lun. au sam. 9h-12h et 14h30-19h, le dim. et jours fériés 9h-12h et 15h-18h. Fermé à Noël, le 01/01 et le dim. de Pâques
Fromages : Comté, Morbier, Bleu de Gex, Mont d'Or

FROMAGERIE DU HAUT JURA/ MAISON DES FROMAGES

Rue Principale
39310 LES MOUSSIERES
© 03 84 41 60 96
Visite sur rdv 9h-11h30 et 14h30-17h
Vente : 9h-12h15 et 14h30-18h, fermé le mardi
Fromages : Comté, Morbier, Bleu de Gex

FERME DE LAISIA

La Combe de Laisia
39310 LES MOLUNES
© 03 84 41 65 18
Vente tous les jours 9h-12h et 18h30
Fromages : Vache

FROMAGERIE MARCEL PETITE/ ATELIER DE LAJOUX

La Fromagerie - 39310 LAJOUX
© 03 84 41 20 38
Ouvert tous les jours Juillet-Août et du 15/12 au 15/03 8h30-12h et 16h-19h (fermé le 25/12 et 01/01)
Autres périodes : lun. et mar. 8h30-12h et 17h-19h, jeu. ven. sam. 8h30-12h
Fromages : Comté

MAISON DU PARC

Maison du Parc - 29 le Village
39310 LAJOUX
© 03 84 34 12 30
Ouvert du 02/01 au 10/03 et du 06/07 au 01/09 du mar. au dim. et jours fériés 9h-13h et 14h-18h, du 12/03 au 15/07 et du 03/09 au 27/12 du mar. au ven. 14h-18h

LES CAVES À COMTÉ JURAFLORE DU FORT DES ROUSSES

Fort des Rousses
39220 LES ROUSSES
© 03 84 60 02 24
Horaires d'ouverture : Pas de visite le sam. Jours et horaires variables selon périodes. Se renseigner auprès du Fort des Rousses
Fromages : Juraflore

FROMAGERIE TRADITIONNELLE DES ROUSSES

137 rue Pasteur
39220 LES ROUSSES
© 03 84 60 02 62
Vente : lun. au sam. 9h-12h et 15h-18h45, dim. et jours fériés 9h30-12h
Fromages : Comté

HISTOIRE DE GOÛT

22 route de Noirmont
39220 LES ROUSSES
© 03 63 68 40 16
Horaires d'ouverture : tous les jours 9h-19h

SAVEURS DU JURA

783 route blanche
39220 LES ROUSSES
© 03 84 42 67 44

FROMAGERIE DE MORBIER

80 route Royale - 39400 MORBIER
© 03 84 33 59 39
Horaires d'ouverture : du lun. au sam. 9h-12h et 16h-19h, dim. et jours fériés 9h-12h
Fromages : Morbier

FRUITIÈRE DE GRANDE RIVIÈRE

Hameau les Chauvins
39150 GRANDE RIVIERE
© 03 84 60 10 86
Vente tous les jours
Visite : 9h-12h et 16h30-19h, le dim. et jours fériés 9h-12h
Fromages : Comté

LE TOUR DU JURA À VÉLO - SPORTIF

Un itinéraire affiné dans le Jura

FRUITIÈRE BIO DE SAINT-MAURICE-EN-MONTAGNE

16 rue du mont fleuri
39130 ST MAURICE CRILLAT
✆ 07 72 01 14 00
Ouvert du mar. au ven. 9h-12h, le mer. 9h-11h30 et le sam. 9h-12h30
Fromages : Comté, Morbier bleu de Gex

FRUITIÈRE DU PAYS GRANDVALLIER

36 rue de Genève
39150 ST LAURENT EN GRANDVAUX
✆ 03 84 34 15 65
Ouvert du lun. au ven. 8h30-12h30 et 15h-19h, le sam. 8h30-12h30 et 14h-19h, le dim. 8h30-12h30 et 16h-19h
Fromages : Comté, Morbier, Raclette, Tomme de Grandvaux

FERME LOUISE MIGNOT

37 rue du Coin d'Amont
39150 ST LAURENT EN GRANDVAUX
Ouvert tous les jours de fin juillet à mi-août 15h-19h

CHALET À COMTÉ DU COIN D'AVAL

39150 FORT DU PLASNE
✆ 03 84 60 40 16
Ouvert du 14/07 au 15/08, les mer. dim. et jours fériés 15h-19h ou sur rdv
Fromages : Comté

FERME DE LA TANNE

Route de la Tanne
39150 LA CHAUMUSSE
✆ 06 81 29 26 53
Ouvert tous les jours sur rdv
Fromages : Comté

FERME DE L'HÉRIA

Val dessous
39130 MENETRUX-EN-JOUX
✆ 03 84 25 72 95 / 06 30 08 51 69
Horaires d'ouverture : Vacances de Pâques toutes zones, vacances d'été et vacances de la Toussaint : tous les jours 10h-18h. Vacances de Noël et vacances de février toutes zones : tous les jours 13h30-16h30. D'avril à nov. : week-ends, jours fériés et merc. 10h-18h. De déc. à mars : week-ends, jours fériés et merc. 13h30-16h30

FRUITIÈRE DE LA VALLÉE DU HÉRISSON

1590 rue des 3 lacs
39130 DOUCIER
✆ 03 84 25 79 22
Ouvert du 15/06 au 15/09 tous les jours 8h30-12h et 15h-19h, hors saison tous les jours 8h30-12h et 15h-19h et le dim. 8h30-12h
Fromages : Comté

FROMAGERIE DE CHAUX-DES-CROTENAY

10 grande rue
39150 CHAUX-DES-CROTENAY
✆ 03 84 51 53 86
Vente du lun. au sam. 8h30-12h et 14h30-19h et dim. 14h30-19h

FROMAGERIE DES REBELLES

55 grande rue
39460 FONCINE LE HAUT
✆ 03 84 51 92 46
Ouvert tous les jours 8h30-12h et 16h-19h et pendant les vacances scolaires 8h30-12h30 et 15h-19h
Fromages : Comté

CHALET DU MONT RIVEL

Place Camille-Prost
39300 CHAMPAGNOLE
✆ 03 84 52 12 42
Horaires d'ouverture : lun. 14h30-19h, du mar. au ven. 8h30-12h30 et 14h30-19h, le sam. non-stop 8h30-19h, le dim. 9h-12h

FROMAGERIE MARC JANIN [MOF]

21 avenue de la République
39300 CHAMPAGNOLE
✆ 03 84 52 00 97
Vente du mar. au sam. 7h-12h15 et 14h-19h et dim. 9h-12h
Fromages : Comté

LES CHALETS À LA FERME
13 rue de la Jette - 39300 LENT
✆ 03 84 51 83 56
Ouvert tous les jours
Fromages : Vache

FRUITIÈRE DE VALEMPOULIÈRES
2 rue de l'Eglise
39300 VALEMPOULIERES
✆ 03 84 51 73 92
Visite sur rdv 9h-10h (10 personnes maximum)
Vente du lun. au ven. 10h-12h et sam. 9h-12h
Fromages : Comté, Serrac, Morbier, Bleu de Gex, Mont d'Or

FRUITIÈRE DES MONTS DE BALERNE
3 rue de la Liberté
39300 LOULLE
✆ 03 84 51 60 44
Vente du mar. au sam. 9h-12h et 17h-19h, et dim. et jours fériés 9h-11h30. Pendant les vacances d'été du mar. au sam. 9h-12h et 16h-19h
Fromages : Comté

FRUITIÈRE DU TEMPS COMTÉ
Route de Chalain
39300 PONT DU NAVOY
✆ 03 84 51 22 09
Vente tous les jours 9h30-12h15 et 16h-19h sauf dim. soirs entre octobre et avril
Fromages : Comté

LE CHALET DU COMTÉ
3bis rue du vieux Pont
39300 PONT DU NAVOY
✆ 03 84 51 24 00
Vente : lun. 9h-12h, du mar. au ven. 9h-12h et 14h30-18h30 et le sam. 8h30-12h
Fromages : Comté, Morbier, Bleu de Gex, Mont d'Or

FRUITIÈRE DE LA MARRE
6 route du Chaumois - 39210 LA MARRE
✆ 03 84 85 32 99
Ouvert tous les jours 10h-12h
Fromages : Comté

FROMAGERIES VAGNE
Rue St Jean - 39210 CHATEAU CHALON
✆ 03 84 44 92 25
Vente de septembre à juin du mer. au sam. 10h-12h15 et 14h-18h, de juillet à septembre du mer. au sam. 10h-12h15 et 14h-19h et le dim. 10h-12h15 et 14h-18h30

FROMAGERIE POULET ET FILS
10 place de l'église
39210 GRANGES SUR BAUME
✆ 03 84 48 28 32
Vente du lun. au sam. 9h-12h et 15h-19h, le dim. 9h-11h30
Fromages : Morbier

FRUITIÈRE DES COTEAUX DE SEILLE
Chemin du Sorbier - 39210 LAVIGNY
✆ 03 84 25 31 89
Visite sur rdv
Vente du lun. au sam. 8h45-12h15 et 16h30-19h, dim. et jours fériés 8h45-12h, fermé le 01/01, 25/12 et le 01/05
Fromages : Comté, Morbier, tomme du Jura, raclette

© JURA TOURISME

Cave à comté, Fort des Rousses, JuraFlore.

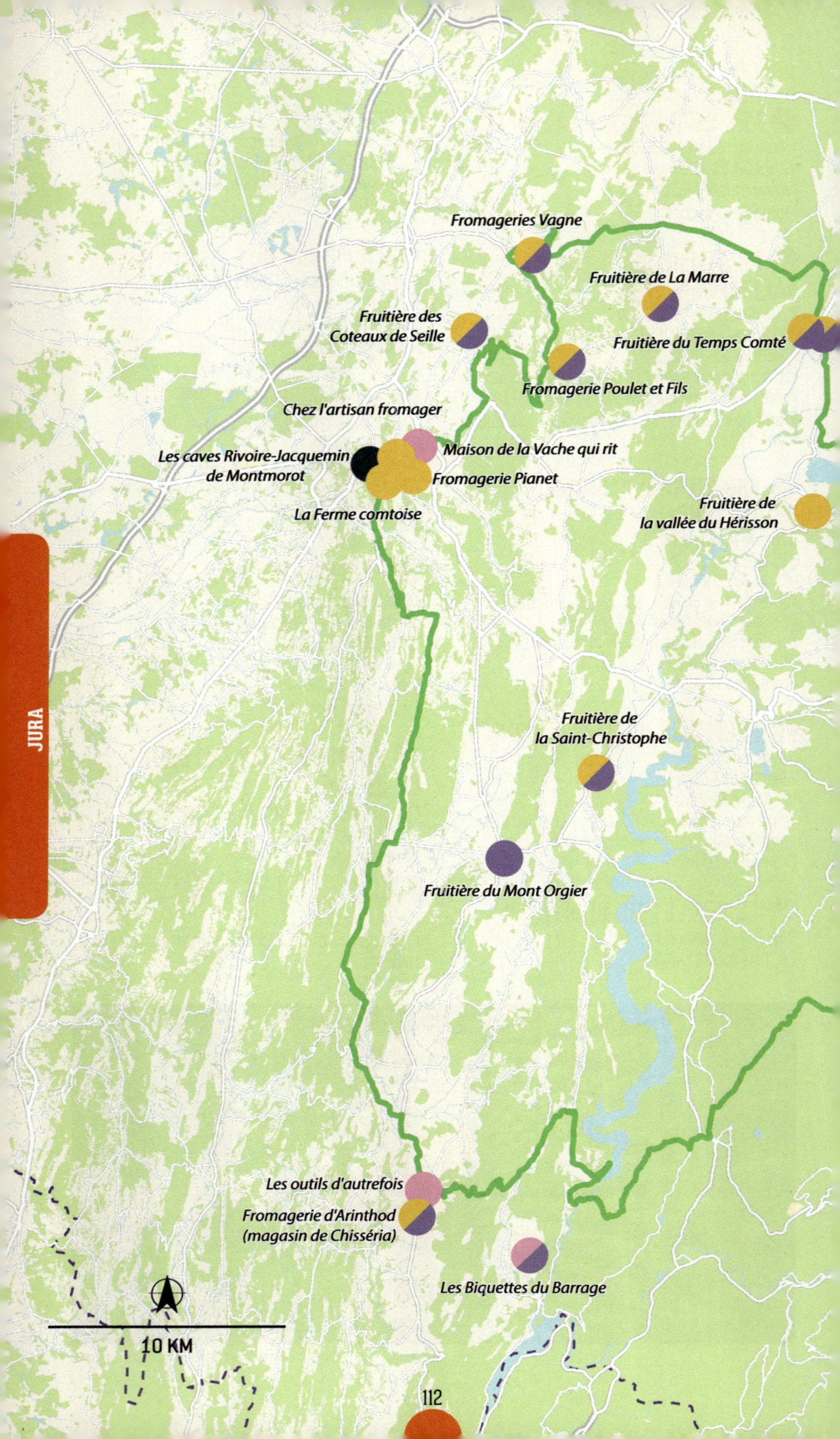
Fromageries Vagne
Fruitière de La Marre
Fruitière des
Coteaux de Seille
Fruitière du Temps Comté
Fromagerie Poulet et Fils
Chez l'artisan fromager
Les caves Rivoire-Jacquemin
de Montmorot
Maison de la Vache qui rit
Fromagerie Pianet
La Ferme comtoise
Fruitière de
la vallée du Hérisson
Fruitière de
la Saint-Christophe
Fruitière du Mont Orgier
Les outils d'autrefois
Fromagerie d'Arinthod
(magasin de Chisséria)
Les Biquettes du Barrage
10 KM

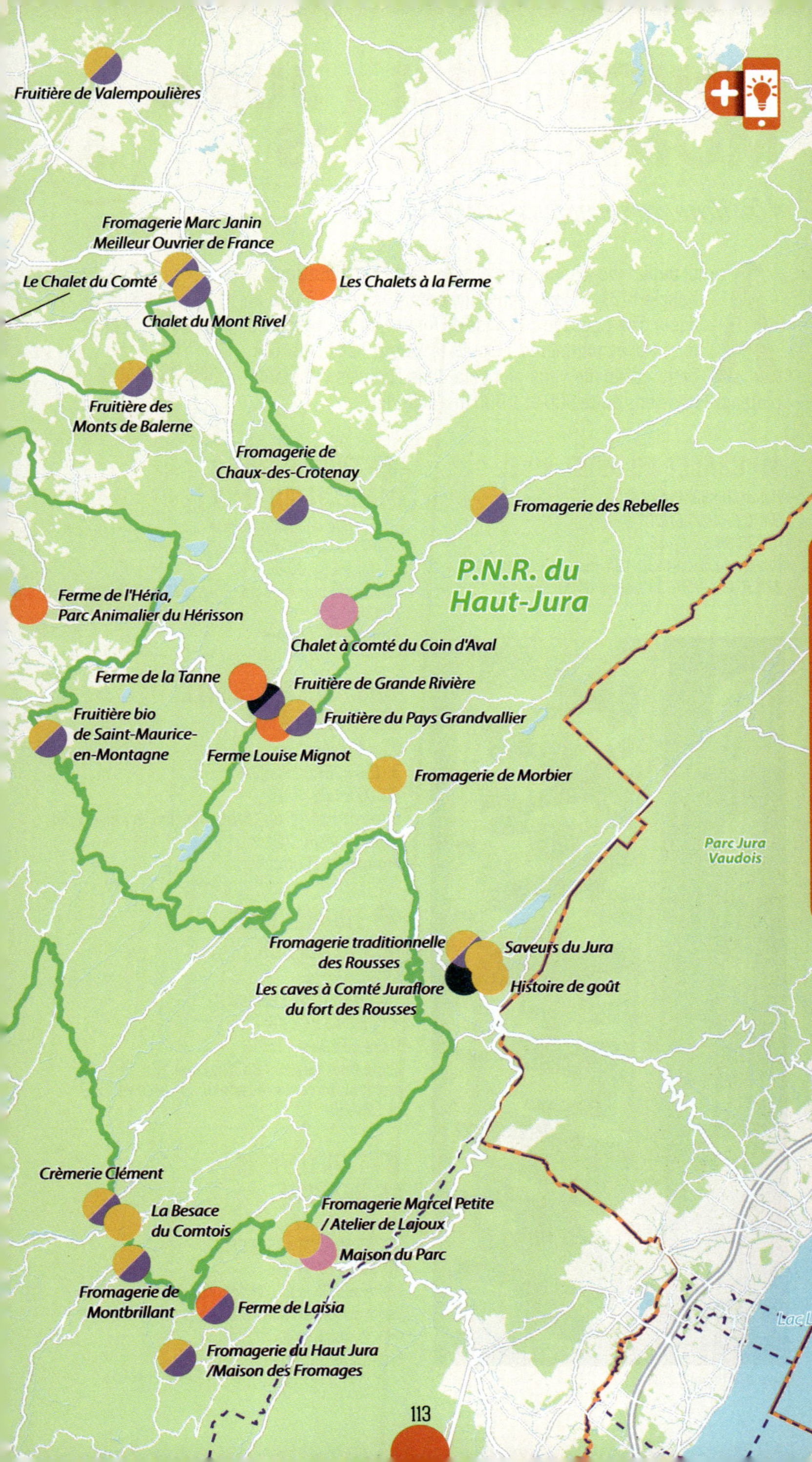
Fruitière de Valempoulières
Fromagerie Marc Janin
Meilleur Ouvrier de France
Le Chalet du Comté
Les Chalets à la Ferme
Chalet du Mont Rivel
Fruitière des
Monts de Balerne
Fromagerie de
Chaux-des-Crotenay
Fromagerie des Rebelles
P.N.R. du
Haut-Jura
Ferme de l'Héria,
Parc Animalier du Hérisson
Chalet à comté du Coin d'Aval
Ferme de la Tanne
Fruitière de Grande Rivière
Fruitière bio
de Saint-Maurice-
en-Montagne
Fruitière du Pays Grandvallier
Ferme Louise Mignot
Fromagerie de Morbier
Parc Jura
Vaudois
Fromagerie traditionnelle
des Rousses
Saveurs du Jura
Les caves à Comté Juraflore
du fort des Rousses
Histoire de goût
Crèmerie Clément
La Besace
du Comtois
Fromagerie Marcel Petite
/ Atelier de Lajoux
Maison du Parc
Fromagerie de
Montbrillant
Ferme de Laisia
Fromagerie du Haut Jura
/Maison des Fromages
Lac Léma

BOUCLE N°21 : JURA MONTS RIVIÈRES

Un itinéraire affiné dans le Jura

Au départ de Champagnole, ville porte du Haut-Jura, la boucle n°21 « Jura Monts Rivières » vous amènera au coeur d'un paysage composé de forêts, gorges, cascades, torrents et tourbières jusqu'à la Haute Vallée de l'Ain. Cette escapade vous plongera dans l'univers des hauts-plateaux jurassiens entre 800 et 1 000 m d'altitude.

DISTANCE 69,1 km
DÉNIVELÉ POSITIF 998 m
NIVEAU ▲▲▲△△

CHALET DU MONT RIVEL

Place Camille-Prost
9300 CHAMPAGNOLE
✆ 03 84 52 12 42
Ouvert du lun. 14h30-19h, mar. au ven. 8h30-12h30 et 14h30-19h, sam. 8h30-19h, dim. 9h-12h

© G.BLANCHON

Cave d'affinage Comté.

FROMAGERIE MARC JANIN (MOF)

21 avenue de la République
39300 CHAMPAGNOLE
✆ 03 84 52 00 97
Ouvert du mar. au sam. 7h-12h15 et 14h-19h ; dim. 9h-12h
Fromages : Comté

CHALET À COMTÉ DU COIN D'AVAL

25 rue Richebourg
39150 FORT DU PLASNE
✆ 03 84 60 40 16
Ouvert du 14/07 au 15/08 mer. dim. et jours fériés 15h-19h ou sur rdv
Fromages : Comté

FROMAGERIE DES REBELLES

55 grande rue
39460 FONCINE LE HAUT
✆ 03 84 51 92 46
Visite dès 9h sur rdv
Vente tous les jours 8h30-12h et 16h-19h ; pendant les vacances scolaires : 8h30-12h30 et 15h-19h

FRUITIÈRE DE LA BAROCHE

Route de Fraroz
39250 ARSURE ARSURETTE
✆ 03 84 51 14 14
Visite dès 9h le jeu. et ven. sur rdv
Vente du lun. au sam. 9h-12h et 17h-19h ; dim. et jours fériés 9h-12h
Fromages : Comté

Cascade du Moulin du Saut.

FRUITIÈRE DE FROIDEFONTAINE-ESSAVILLY

12 rue Xavier Joliclerc
39250 FROIDEFONTAINE
✆ 06 45 65 49 98
Visite sur rdv le jeu. dès 9h30
Vente : mar. jeu. sam. dim. et jours fériés 10h-12h et ven. 17h-19h (sauf Noël et Pâques)
Fromages : Comté

FRUITIÈRE DU PLATEAU DE NOZEROY

1 Route de Bief du Fourg
39250 MIGNOVILLARD
✆ 03 84 51 37 66
Visite : jeu. 10h, pendant les vacances, sur rdv
Fromages : Comté, Morbier et Raclette

FRUITIÈRE DES PÂTURAGES DE NOZEROY

Chemin du chalet
39250 RIX
✆ 03 84 51 10 40
Ouvert tous les jours 9h-12h
Fromages : Comté

GIE LES FRUITIÈRES DU PLATEAU DE NOZEROY

Maison des Annonciades
39250 NOZEROY
✆ 03 84 51 14 21
Vente le mar. et ven. 9h-12h et 14h-18h, le mer. 9h-12h, le sam. 10h-12h (sauf jours fériés).
Vacances d'été : du mar. au dim. 10h-12h et 15h-19h.

FRUITIÈRE DE MIÈGES

10 rue de la Fromagerie
39250 MIEGES
✆ 03 84 52 21 95
Ouvert tous les jours 11h-11H30
Fromages : Comté, Morbier, Serra

FRUITIÈRE DE LA SOURCE DE L'AIN

Grande Rue
39250 GILLOIS
✆ 03 84 51 26 57
Vente tous les jours 9h30-11h45 et le ven. et sam. 18h-19h15 (sauf jours fériés)
Fromages : Comté

LES CHALETS À LA FERME

13 rue de la Jette
39300 LENT
✆ 03 84 51 83 56
Ouvert toute l'année

Forêt Domaniale
de la-Joux
Chalet du Mont Rivel
Fromagerie Marc Janin -
Meilleur Ouvrier de France
Les Chalets à la Ferme
Chalet à comté
du Coin d'Aval
5 KM

Fruitière du Plateau de Nozeroy
Réserve Naturelle de la Seigne des Barbouilllons
Fruitière de Mièges
Fruitière de Froidefontaine-Essavilly
GIE Les Fruitières du Plateau de Nozeroy
Fruitière des Pâturages de Nozeroy
Fruitière de la Source de l'Ain
JURA
Fruitière de la Baroche
Forêt Domaniale du Noirmont
P.N.R. du Haut-Jura
Fromagerie des Rebelles
Parc Jura Vaudois

BOUCLE N°8 : SAINT-CLAUDE HAUTES COMBES

Un itinéraire affiné dans le Jura

Saint-Claude, la vallée du Tacon, l'ensemble des Hautes-Combes, Lajoux, Lamoura... cet itinéraire est l'un des plus beaux du Sud du Haut-Jura. La ville de départ, Saint-Claude, est une plaque tournante pour tous les itinéraires cyclistes. Il vous foudra fournir quelques efforts depuis le fond de cette vallée, pour franchir les creux et les bosses qui ondulent sous les Monts-Jura. Des efforts récompensés par les pauses fromagères !

DISTANCE *73,5 km*
DÉNIVELÉ POSITIF *1455 m*
NIVEAU ▲▲▲▲▲

JURA

CRÈMERIE CLÉMENT

5-7 rue du Pré
39200 ST CLAUDE
✆ 03 84 45 09 70
Horaires d'ouverture : du lun. au sam. 8h-19h30, dim. et jours fériés 8h-12h30

LA BESACE DU COMTOIS

2 rue du marché - 39200 ST CLAUDE
✆ 03 84 60 82 68
Ouvert tous les jours sauf dim. après-midi

FROMAGERIE DE MONTBRILLANT

L'Essard
39200 VILLARD ST SAUVEUR
✆ 03 84 45 59 30
Vente du lun. au sam. 9h-12h et 14h30-19h, le dim. et jours fériés 9h-12h et 15h-18h, fermé le 25/12, 01/01 et le dim. de Pâques
Fromages : 4 AOC (Comté, Morbier, Bleu de Gex et Mont d'Or)

FERME DE LA SABLIÈRE

Désertin - 39370 LES BOUCHOUX
✆ 09 63 47 77 77
Visite sur rdv

LA FERME AU CHAPEAU VERT

Les Crêts Bouvard - 39370 LES BOUCHOUX
✆ 03 84 42 79 59
Visite toute l'année
Fromages : brebis

FROMAGERIE DU HAUT JURA/ MAISON DES FROMAGES

Rue Principale
39310 LES MOUSSIERES
✆ 03 84 41 60 96
Visite sur rdv 9h-11h30 et 14h30-17h
Vente : 9h-12h15 et 14h30-18h, fermé le mardi
Fromages : Comté, Morbier, Bleu de Gex

FERME DE LAISIA

La Combe de Laisia
39310 LES MOLUNES
✆ 03 84 41 65 18
Vente tous les jours 9h-12h et 18h30
Fromages : Vache

MAISON DU PARC

Maison du Parc 29 le Village
39310 LAJOUX
✆ 03 84 34 12 30
Ouvert du mardi au dimanche 9h-13h et 14h-18h, fermé le samedi matin et le lundi toute la journée. Horaires évolutifs.

FROMAGERIE MARCEL PETITE/ ATELIER DE LAJOUX

La Fromagerie - 39310 LAJOUX
✆ 03 84 41 20 38
Horaires d'ouverture : Juillet-Août et du 15/12 au 15/03 tous les jours 8h30-12h et 16h-19h (fermé le 25/12 et 01/01).
Autres périodes : lun. et mar. 8h30-12h et 17h-19h, jeu. ven. sam. 8h30-12h
Fromages : Bleu de Gex, Morbier et raclette

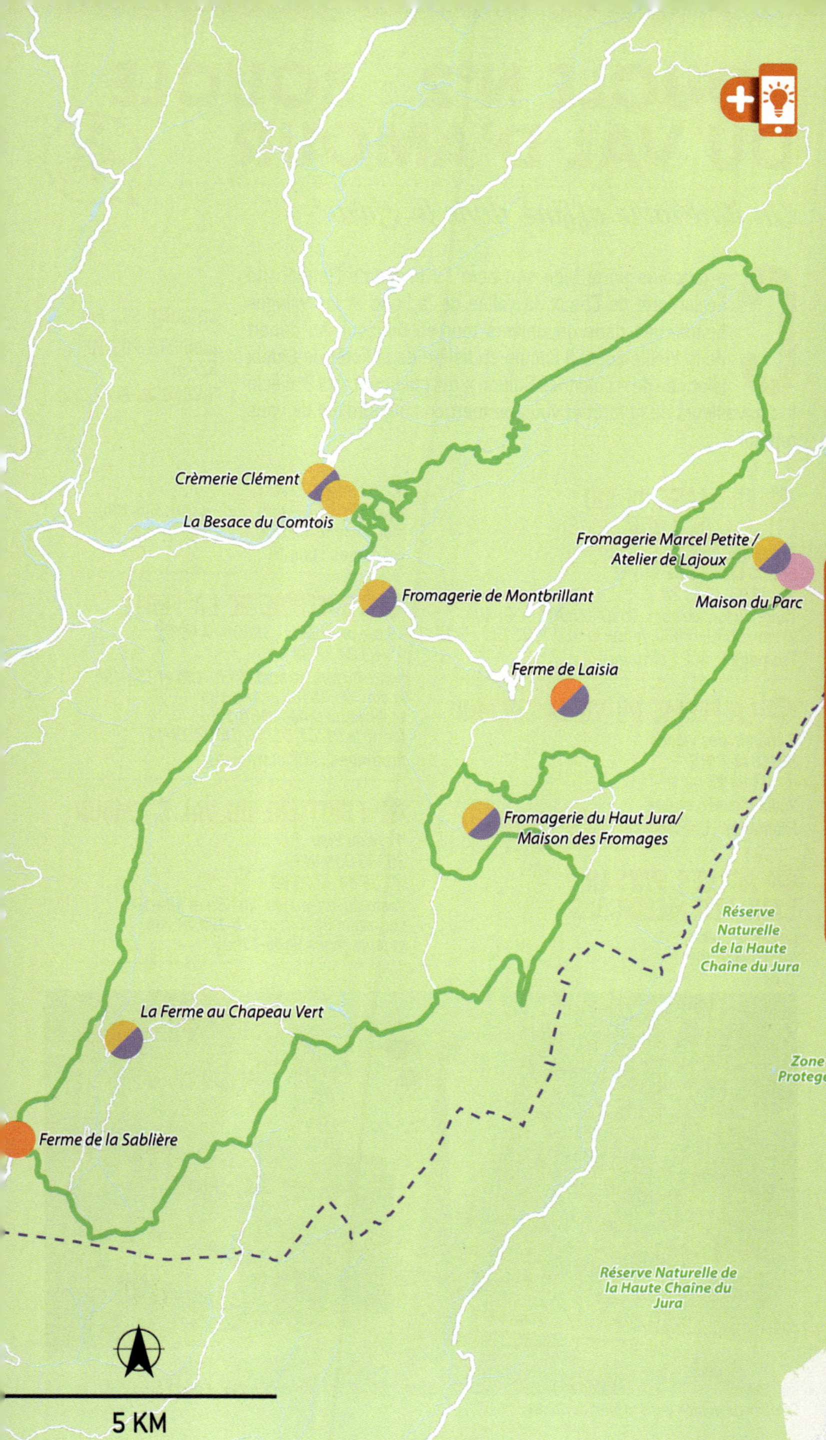
Crèmerie Clément
La Besace du Comtois
Fromagerie Marcel Petite /
Atelier de Lajoux
Fromagerie de Montbrillant
Maison du Parc
Ferme de Laisia
Fromagerie du Haut Jura/
Maison des Fromages
Réserve
Naturelle
de la Haute
Chaîne du Jura
Zone
Protegee
La Ferme au Chapeau Vert
Ferme de la Sablière
Réserve Naturelle de
la Haute Chaîne du
Jura
5 KM

BOUCLE N°2 : BOUCLE DU VAL D'AMOUR

Un itinéraire affiné dans le Jura

Ce parcours porte bien son nom : il enchaine l'immensité de la Forêt de Chaux, la Vallée de la Loue et les villages historiques dans un univers tout en douceur. Au départ de la Vieille-Loye, il circule en lisière de la Forêt de Chaux jalonnée de « colonnes Guidon » qui guidaient au 19e siècle les travailleurs de la forêt et vous permettrons aujourd'hui de vous repérer !

DISTANCE *59,1 km*

DÉNIVELÉ POSITIF *527 m*

NIVEAU ▲▲△△△

FROMAGERIE BIO DU VAL DE LOUE

Route de Lyon
39600 GRANGE DE VAIVRE
✆ 03 84 37 85 28
Vente du lun. au sam. 9h30-12h30 et 14h-19h, le dim. 9h30-12h30, fermé le 01/01, 01/05, 25/12
Fromages : AOP Comtoises

LA FERME DU VIEUX CHEMIN

2 chemin des vignes
39110 MARNOZ
✆ 03 84 73 03 16
Visite d'avril à otobre
Fromages : Chèvre

ACCUEIL PAYSAN EARL LES MÉLINCOLS

Les Mélincols
39110 MARNOZ
✆ 03 84 73 29 78
Horaires d'ouverture : lun. et ven. 17h-19h, mer. et sam. 10-12h.
Fromages : Comté

FRUITIÈRE DE LA FERTÉ

19 rue principale - 39600 LA FERTE
✆ 03 84 37 58 09
Vente du lun. au sam. 8h30-12h et 15h-19h, le dim. 8h30-12h et 17h-19h et les jours fériés 8h30-12h, fermé le 01/01, 01/05, 14/07, 25/12.
Fromages : AOP comtoises

FRUITIÈRE DU VAL D'AMOUR

4 rue du Bois
39380 OUNANS
✆ 03 84 37 73 69
Vente du lun. au jeu. 9h-12h et 18h-19h, ven. sam. 9h-12h et 17h-19h, et dim. et jours fériés 9h45-11h45.

Colonne de guidon dans la forêt de Chaux.

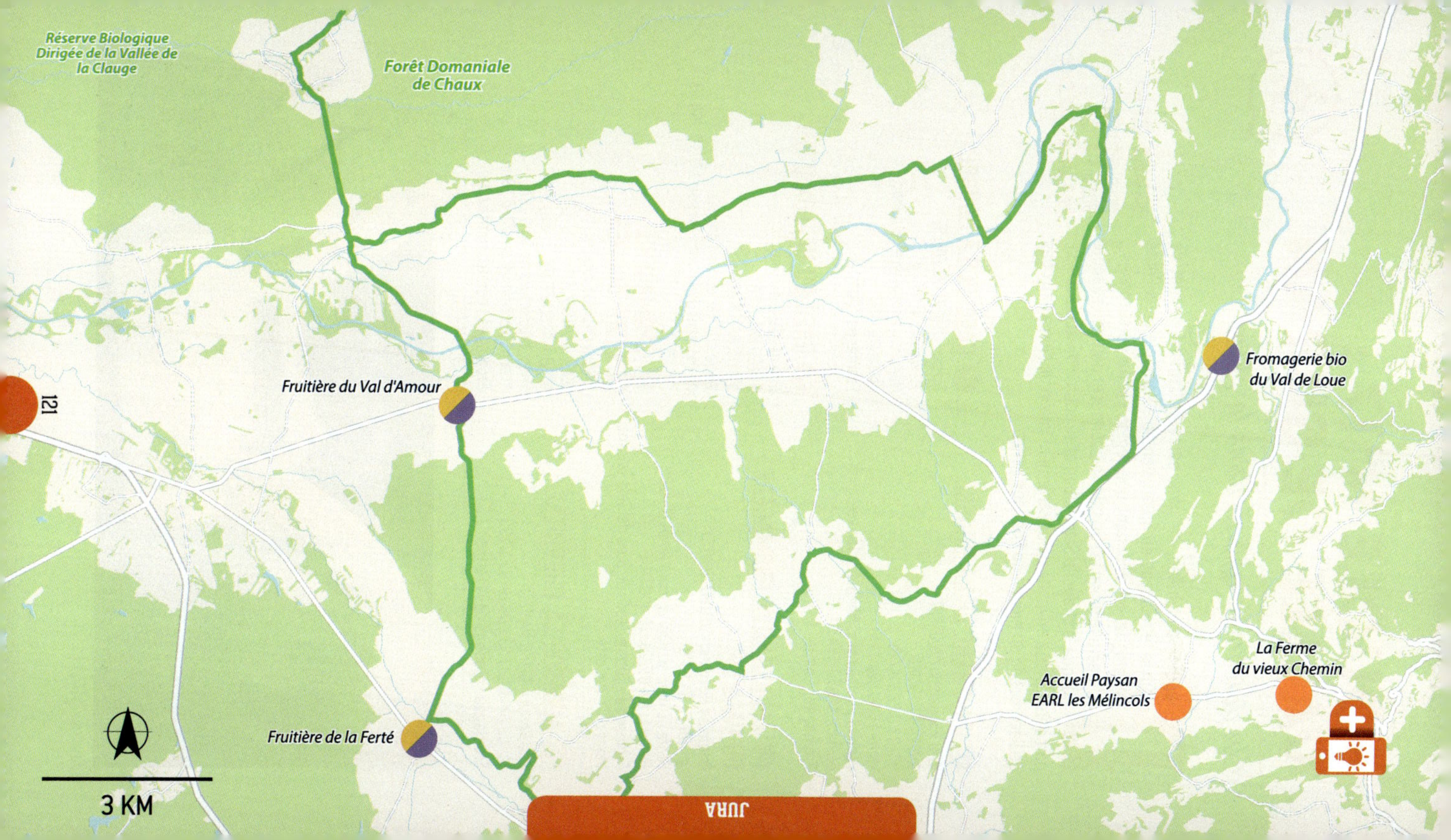
Réserve Biologique
Dirigée de la Vallée de
la Clauge
Forêt Domaniale
de Chaux
Fruitière du Val d'Amour
Fromagerie bio
du Val de Loue
Fruitière de la Ferté
Accueil Paysan
EARL les Mélincols
La Ferme
du vieux Chemin
3 KM

BOUCLE N°17 : VALLÉE DE SURAN

Un itinéraire affiné dans le Jura

Depuis Saint-Julien, ce petit parcours familial permet de suivre le ruisseau du Suran, véritable symbole de la Petite Montagne, en sillonnant une région pleine de surprises... L'itinéraire longe la Forêt de Coissonnet et poursuit sa route jusquà la chapelle Saint-Alban et sa source miraculeuse. Le parcours s'étend en limite du Département voisin de l'Ain à deux pas de l'écomusée du moulin de Pont des Vents.

DISTANCE *22,7 km*
DÉNIVELÉ POSITIF *301 m*
NIVEAU ▲△△△△

FRUITIÈRE DE LA RIVIÈRE

420 chemin du CHAUNET
39320 ST JULIEN
✆ 03 84 85 42 61
Visite : ven. dès 11h
Vente du lun. au dim. 8h45-12h15 ; ven. et sam. 14h30-18h30
Fromages : Comté

COOPÉRATIVE FROMAGÈRE DU VALD'EPY

Route de Florentia - 39160 NANTEY
✆ 09 75 54 58 87
Vente du mar. au dim. et jours fériés 9h-12h, fermé le 01/05, 25/12 et 01/01
Fromages : Comté, Morbier, Bleu de Gex, Tomme, Mont d'Or, raclette

AUBERGE LA CHEVRIÈRE

Rue Forge - 39160 NANTEY
✆ 03 84 48 73 08 / 06 64 63 17 33
Fromages : produits de la ferme

GAEC DE LA SOURCE

Tarcia - 39160 VAL D'EPY
✆ 06 61 06 03 26
Horaires d'ouverture au public
Visite sur rdv
Fromages : Comté

GAEC DU VALLON D'EPY

Rue de l'Eglise - Epy
39160 VAL D'EPY
✆ 06 87 35 30 46
Visite sur rdv, accueil gratuit au moment de la traite du soir 17h30-19h30

FROMAGERIE DES ÉRYTHRÔNES

ZA des Champs rouges
39240 AROMAS
✆ 04 74 50 70 08
Vente tous les jrs de 9h à 12h, le sam. après-midi de 15h à 18h.
Fromages : comté, comté rapé

Découpe de Comté.

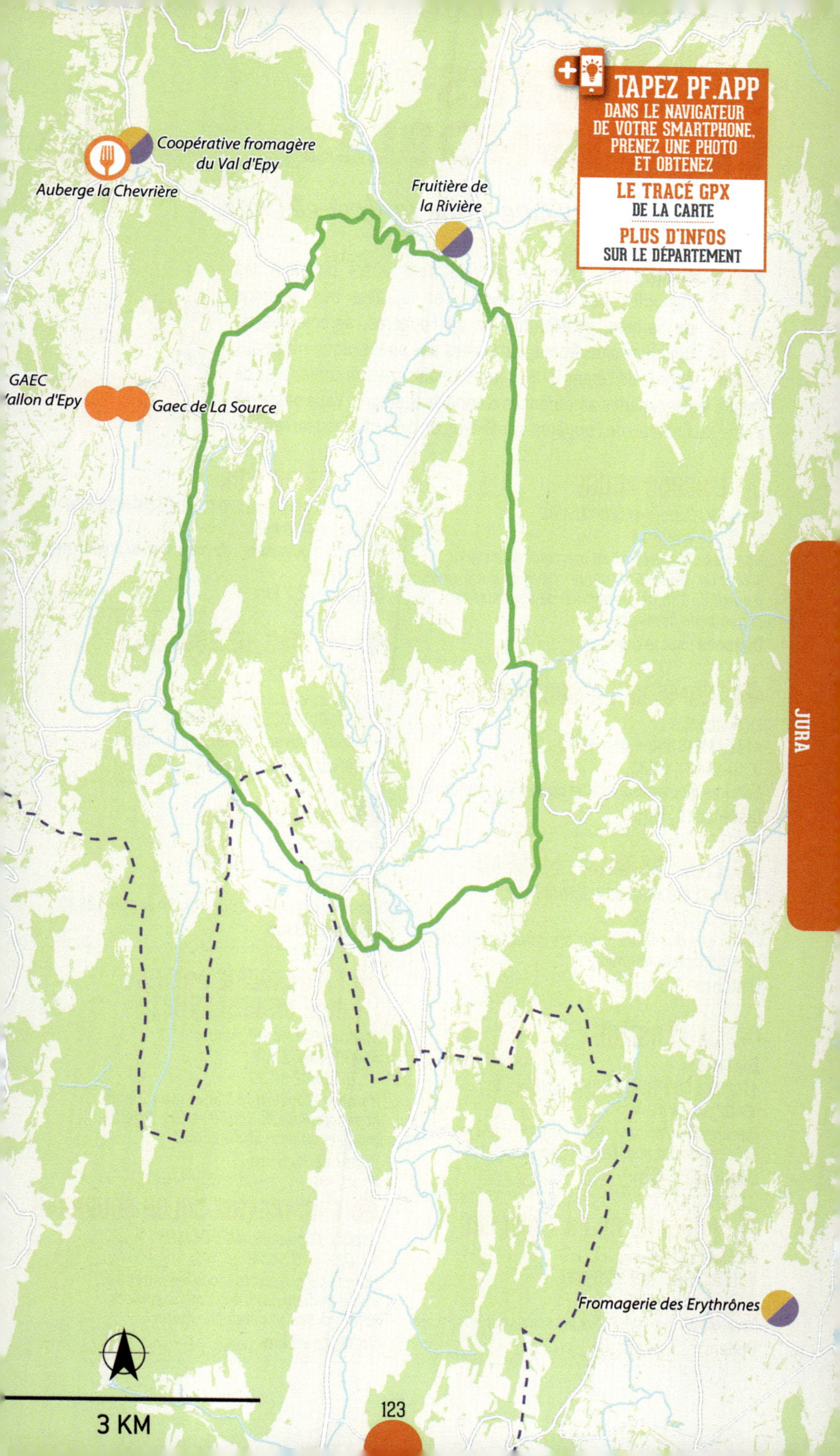
TAPEZ PF.APP
DANS LE NAVIGATEUR DE VOTRE SMARTPHONE, PRENEZ UNE PHOTO ET OBTENEZ
LE TRACÉ GPX
DE LA CARTE
PLUS D'INFOS
SUR LE DÉPARTEMENT
Coopérative fromagère du Val d'Epy
Auberge la Chevrière
Fruitière de la Rivière
GAEC Vallon d'Epy
Gaec de La Source
Fromagerie des Erythrônes
3 KM

A TRAVERS LES VIGNOBLES

Un itinéraire affiné dans le Loir-et-Cher

Découvrir les Châteaux à Vélo c'est aussi parcourir les vignobles des AOC Cheverny et Touraine aux environs de Sambin, de Monthou et de Fougères, agrémentés de quelques sites fromagers ! Faites une pause pique-nique aux abords de l'étang d'Ouchamps et laissez-vous conter près de Valaire les escapades amoureuses d'Anne de Bretagne. Vous passerez à côté du Château de Fougères-sur-Bièvre, un petit château fort édifié.

DISTANCE *25 km*

DÉNIVELÉ POSITIF *190 m*

NIVEAU ▲△△△△

L'HERBE ROUGE

3 rue de l'Octroi - 41120 VALAIRE
✆ 02 54 44 98 14
Horaires d'ouverture : du mercredi au samedi soir et du vendredi au dimanche midi. Bar à vins à partir de 18h30 (possibilité de déguster des plateaux de fromages)
Distance : sur le parcours

FERME DE LA GUILBARDIÈRE

La Guilbardière
41120 MONTHOU-SUR-BIÈVRE
✆ 02 54 44 01 70
Horaires d'ouverture : visite guidée sur demande
Distance : 1,4 km

EARL BORDAS - MOREAU

D764 - 41120 MONTHOU-SUR-BIÈVRE
✆ 02 54 33 20 02
Horaires d'ouverture : tous les jours sauf le jeudi et dimanche après-midi
Distance : 1,3 km

LA CLOSERIE

Les Landes
41120 LE CONTROIS-EN-SOLOGNE
✆ 02 54 44 40 40
Horaires d'ouverture : tous les jours pour le diner et le dimanche midi (réservation obligatoire)
Distance : 700 m

AUBERGE DE LA CAILLÈRE

36 route des Montils
41120 CANDÉ-SUR-BEUVRON
✆ 02 54 44 03 08
Horaires d'ouverture : tous les soirs sauf le mercredi
Distance : 3,4 km

LE LION D'OR

1 route de Blois - 41120 CANDÉ-SUR-BEUVRON
✆ 02 54 44 04 66
Horaires d'ouverture : du mercredi au dimanche, midi et soir
Distance : 2,7 km

MARCHÉ DE FOUGÈRES-SUR-BIÈVRE

Parking du château
41120 FOUGÈRES SUR BIÈVRE
Horaires d'ouverture : mercredi matin
Distance : sur le parcours

CAND'ÉPICERIE

Place des Cèdres
41120 CANDÉ-SUR-BEUVRON
✆ 02 54 45 01 51
Horaires d'ouverture : 8h30-13h et 16h-19h30
Distance : 3 km

FROMAGERIE MOREAU (FERME DE BELLEVUE)

80 Route de Montrichard
41400 PONTLEVOY
✆ 02 54 32 50 39
Horaires d'ouverture : lundi, merc., jeudi et vendredi 8h30-12h30 et 15h-19h30, mardi et samedi 8h30-12h30
Distance : 6,5 km

FROMAGERIE SOLON-FOURREAU

8 route d'Eguison - 41700 OISLY
✆ 02 54 79 54 78
Horaires d'ouverture : tous les matins et après-midi du lundi au jeudi, le samedi / vendredi soir et dimanche matin.
Distance : 8 km

Le Lion d'Or
Auberge de la Caillère
Cand'épicerie
EARL Bordas - Moreau
Ferme de la Guilbardière
La Closerie
L'Herbe Rouge
Marché de Fougères-sur-Bièvre
Fromagerie Solon-Fourreau
Fromagerie Moreau
(Ferme de Bellevue)
3 KM

TRÉSORS DES GORGES DE L'ALLIER

Un itinéraire affiné en Haute-Loire

Dans les reliefs souvent escarpés des Gorges de l'Allier, suivez le tracé de l'une des plus belles cyclo sportives de France, la Pierre Chany. Sur une journée ou en deux étapes, l'itinéraire parcours une section de la Via Allier (V70). Producteurs fermiers, marchés, restaurants auront à coeur de vous faire déguster l'Artisous de Haute-Loire, fromage emblématique produit sur les terres volcaniques.

DISTANCE *105 km*
DÉNIVELÉ POSITIF *1 997 m*
NIVEAU ▲▲▲▲▲

MARCHÉ DE LANGEAC

Place de la Favière
43300 LANGEAC
Horaires d'ouverture : mardi matin / jeudi matin (producteurs locaux)
Distance : sur l'itinéraire

© L. OLIVIER - MDDT 43

Fromages artisous.

MARCHÉ DE SIAUGUES-SAINTE-MARIE

Centre-bourg
43300 SIAUGUES-SAINTE-MARIE
Horaires d'ouverture : mardi matin
Distance : sur le parcours

LA FERME DU PETIT BERGER

Pouzols
43300 SAINT-BERAIN
✆ 04 71 74 20 02
Vente sur marché locaux
Distance : 3,7 km
Fromages : fromages de brebis

LA FERME DE DOUX CHÊNE

Douchanez
43580 MONISTROL D'ALLIER
✆ 06 65 63 82 81
Horaires d'ouverture : tous les jours de 17h-18h30 sauf le dimanche
Distance :5,1 km
Fromages : fromages de chèvres

HÔTEL RESTAURANT LE HAUT-ALLIER (1* MICHELIN)

Le Pont d'Alleyras
43580 ALLEYRAS
Chef Philippe Bru
✆ 04 71 57 57 63
Horaires d'ouverture : ouvert du 18/03 au 15/11
Distance : sur le parcours

EARL DU BIEF DE LA SEUGE

Le Moulin de Rodier
43170 SAUGUES
✆ 04 71 77 85 35 / 06 33 07 91 88

Saugues et la sculpture en bois de la bête du Gévaudan.

Horaires d'ouverture : ouvert à la demande
Distance : 900 m
Fromages : fromages de vaches

MARCHÉ DE SAUGUES
Centre-bourg
43170 SAUGUES
Horaires d'ouverture : vendredi matin
Distance : sur le parcours

LA FERME DE BRANCOUNY
380 route de Montaillet
43170 SAUGUES
✆ 06 65 43 83 85
Horaires d'ouverture : ouvert à la demande
Distance : sur le parcours

RESTAURANT DE LA BÊTE
17 Cours Gervais - 43170 SAUGUES
✆ 04 71 77 82 60 / 06 10 05 74 70 / 06 72 57 89 34
Horaires d'ouverture : ouvert toute l'année
Distance : sur le parcours

GAEC DU LACAUNAIS
La Vacheresse
43170 VENTEUGES
✆ 06 83 90 04 05
Vente sur place (accès à la demande)
Distance : 3,8 km
Fromages : Briquettes et Ronds de brebis, Tommes, Bleu de brebis

GAEC DE LA RÉVOLTE
La Jarousserie - 43170 VENTEUGES
✆ 04 71 74 69 93 / 06 38 35 89 66
Vente sur marché locaux
Distance : 5,2 km
Fromages : fromages de chèvres

GAEC DES ROCS
Le Mas
43300 CHARRAIX
Vente sur place, accès à la demande
Distance : 2 km
Fromages : Artisous

DURAND JEAN-MICHEL
Rognac
43300 SAINT-ARCONS D'ALLIER
✆ 04 71 74 25 88
Vente sur marché locaux
Distance : 4,1 km
Fromages : fromages de vaches et de chèvres

SCEA DE CROUZAT
Lieu-dit Chirac
43300 CHANTEUGES
Vente sur marché locaux
Distance : 5 km

RESTAURANT ENTRE NOUS
28 avenue de la Gare
43300 LANGEAC
✆ 04 71 77 08 88
Horaires d'ouverture : ouvert toute l'année
Distance : sur le parcours

LES HAUTS DE BELLEVUE
9 rue des Acacias
Route de Chadernac
43300 LANGEAC
✆ 06 87 31 90 46
Chambres d'Hotes - Label Respirando Vélo
Horaires d'ouverture : ouvert toute l'année
Distance : sur l'itinéraire

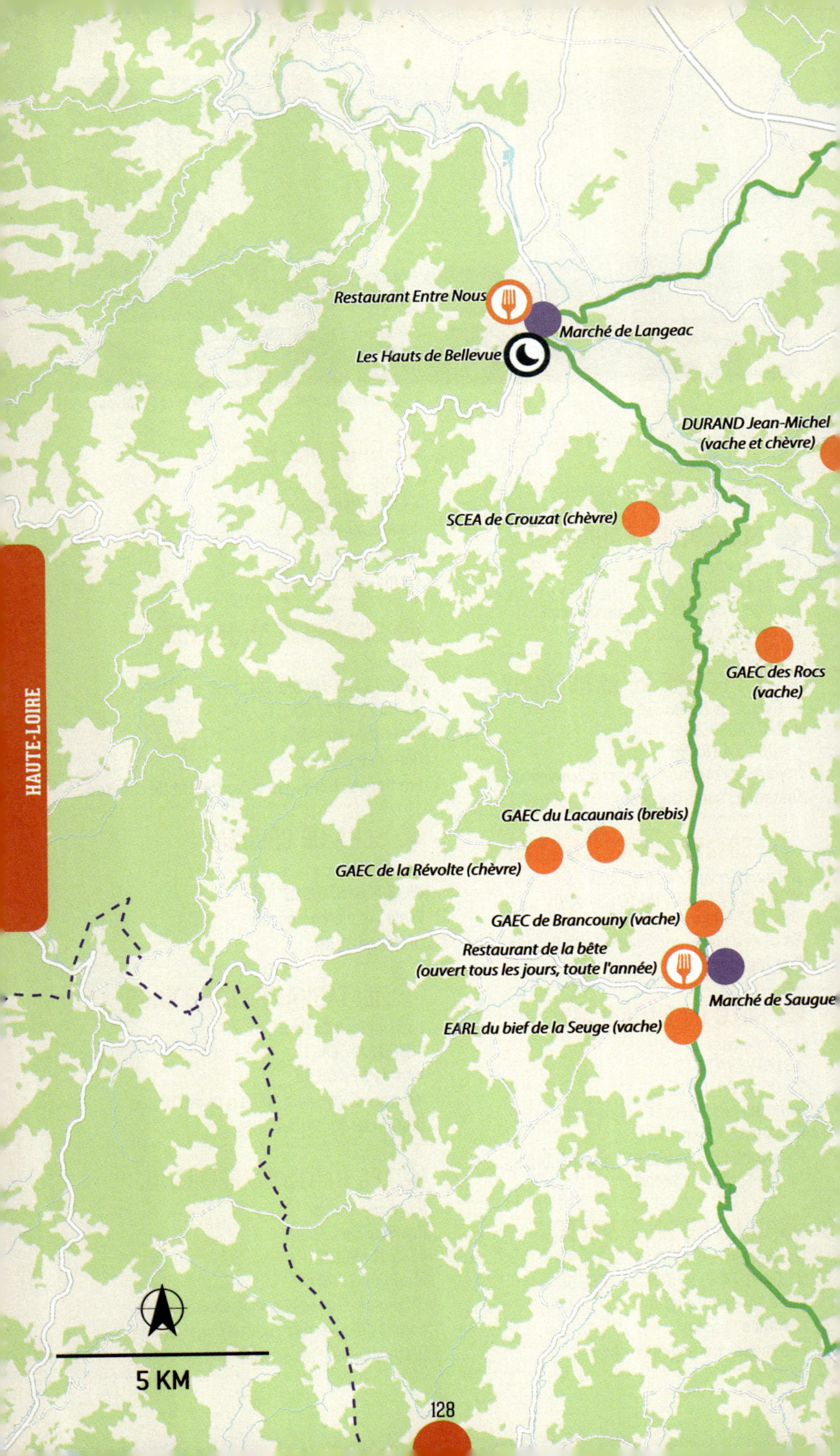
Restaurant Entre Nous
Marché de Langeac
Les Hauts de Bellevue
DURAND Jean-Michel
(vache et chèvre)
SCEA de Crouzat (chèvre)
GAEC des Rocs
(vache)
GAEC du Lacaunais (brebis)
GAEC de la Révolte (chèvre)
GAEC de Brancouny (vache)
Restaurant de la bête
(ouvert tous les jours, toute l'année)
Marché de Saugue
EARL du bief de la Seuge (vache)
5 KM

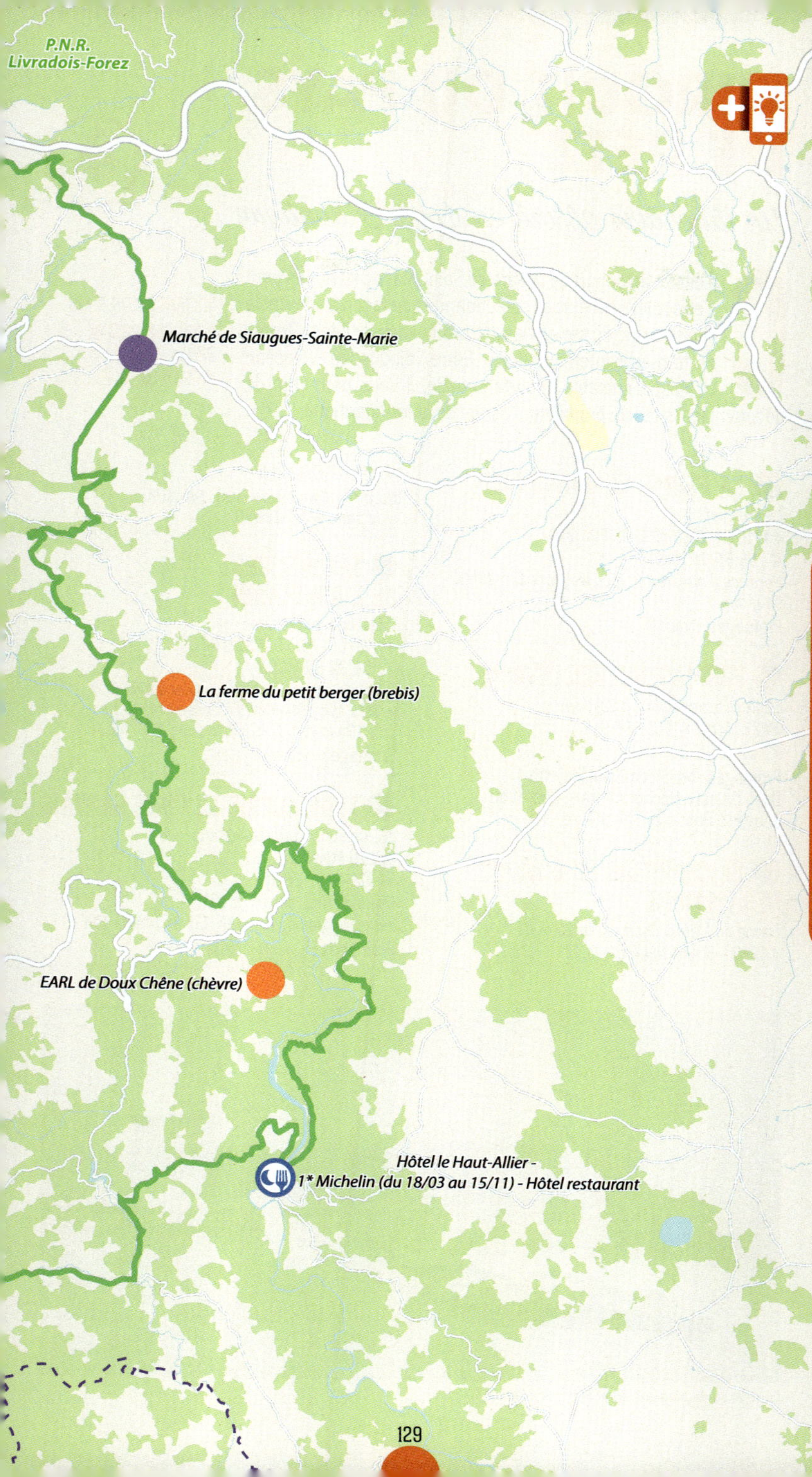
P.N.R.
Livradois-Forez
Marché de Siaugues-Sainte-Marie
La ferme du petit berger (brebis)
EARL de Doux Chêne (chèvre)
Hôtel le Haut-Allier -
1* Michelin (du 18/03 au 15/11) - Hôtel restaurant

HAUTE-LOIRE

CIRCUIT DU PAYS DE RETZ

Un itinéraire affiné en Loire-Atlantique

Ce circuit au départ de la Gare de Saint-Mars-de-Coutais peut s'effectuer en 5 étapes sélectionnées de façon à adapter le circuit au gré de ses envies et à profiter des facilités offertes en termes d'intermodalités. Entre Vélodyssée, Vélocéan et liaison cyclable départementale, il vous permettra de découvrir les sites de production laitiers de Loire-Atlantique.

DISTANCE 106,5 km
DÉNIVELÉ POSITIF 870 m
NIVEAU ▲▲△△△

LA FERME DE GRAND LIEU

Le Bas Fief
44310 SAINT-LUMINE-DE-COUTAIS
✆ 06.60.81.16.51
Horaires d'ouverture : tous les jours 17h-18h30 sauf dim.
Fromages : vache

FROMAGERIE BEILLEVAIRE

11 Rue Denis Papin, La Seiglerie
44270 MACHECOUL ST-MEME
✆ 02 40 02 33 98
Fromages : Machecoulais, Mojette, Brun de noix, Rocher nantais, Secret du couvent, Pont d'Yeu et chèvre

LE COMPTOIR DU MARAIS DES CHAMPS

Ferme du Marais Champs Nombreuil
44580 – BOURGNEUF-EN-RETZ
✆ 06 87 40 92 39
Horaires d'ouverture : ven. 14h-19h et le sam. 9h30-12h30

LES DÉLICES DE L'AIR MARIN

2 bis, La Fradouillère
44760 LES MOUTIERS EN RETZ
✆ 06.32.50.54.80
Horaires d'ouverture : de janvier à avril : le ven. 15h-19h, d'avril à décembre : le mer. 15h-19h le ven. 15h-19h le sam. 10h-12h30
Fromages : vache

FROMAGERIE LE CURÉ NANTAIS

16 rue du Dr Auguste Guilmin
44210 PORNIC
✆ 02 40 82 28 08
Visite du mar. au ven. à 10h
Vente du mar. au sam. 9h-13h et 14h30-19h
Fromages : Le Curé Nantais

LOIRE-ATLANTIQUE

Carrelet sur la plage de Saint Brévin les Pins.

© LAD PATRICK GERARD

Tandem à Préfailles.

LA FERME GINEAU

34, rue du haut village
44730 SAINT MICHEL CHEF-CHEF
✆ 02 44 06 11 91
Horaires d'ouverture : du lun. au ven. 17h-18h30

Fromages : vache

FERME DE SAINT-HUBERT

3 Saint-Hubert
44270 MACHECOUL
✆ 02 40 26 20 92
Visite sur rdv

Fromages : vache

LES JARDINS DE LA COCCINELLE

19 Le Branday
44680 SAINT-MARS-DE-COUTAIS
Horaires d'ouverture : mardi après-midi

MARCHÉ DE SAINT-MARS DE COUTAIS

SAINT-MARS DE COUTAIS

MARCHÉ DE MACHECOUL - SAINT-MÊME

Machecoul
SAINT-MÊME

MARCHÉ DE LES MOUTIERS-EN-RETZ

Place de l'église
LES MOUTIERS-EN-RETZ
Horaires d'ouverture : le sam. 8h-13h

MARCHÉ DE LA BERNERIE-EN-RETZ

LA BERNERIE-EN-RETZ
Horaires d'ouverture : de Juillet à Août le mar. et ven. 8h-13h

MARCHÉ DES HALLES DE PORNIC

Rue des Halles - 44210 PORNIC
Horaires d'ouverture : jeu. et dim. 8h-13h

MARCHÉ DE SAINT-MICHEL-CHEF-CHEF

Avenue de la Convention
SAINT-MICHEL-CHEF-CHEF
Horaires d'ouverture : Juillet et Août le mer. et sam. matin - Hors saison : le mer. matin

MARCHÉ DE SAINT-BREVIN-LES-PINS

Place Henri Baslé - 44250 ST BREVIN-LES-PINS
✆ 02 40 65 44 44
Horaires d'ouverture : tous les jeudis et dimanches matins.

Grande Brière
Mottière
P.N.R. de
Brière
Marché de Saint-Brévin-les-Pins
Ferme Gineau
Marché de Saint-Michel
-Chef-Chef
Réserve
Naturelle
de la Pointe
Saint-Gildas
Marché des
Halles de Pornic
Fromagerie « Le Curé Nantais »
Marché de
La Bernerie-en-Retz
Les délices
de l'air marin
Marché de
Les Moutiers-En-Retz
Baie de
Bourgneuf
Réserve Naturelle des
Marais de
Müllembourg
Réserve Naturelle du
Polder de Sébastopo

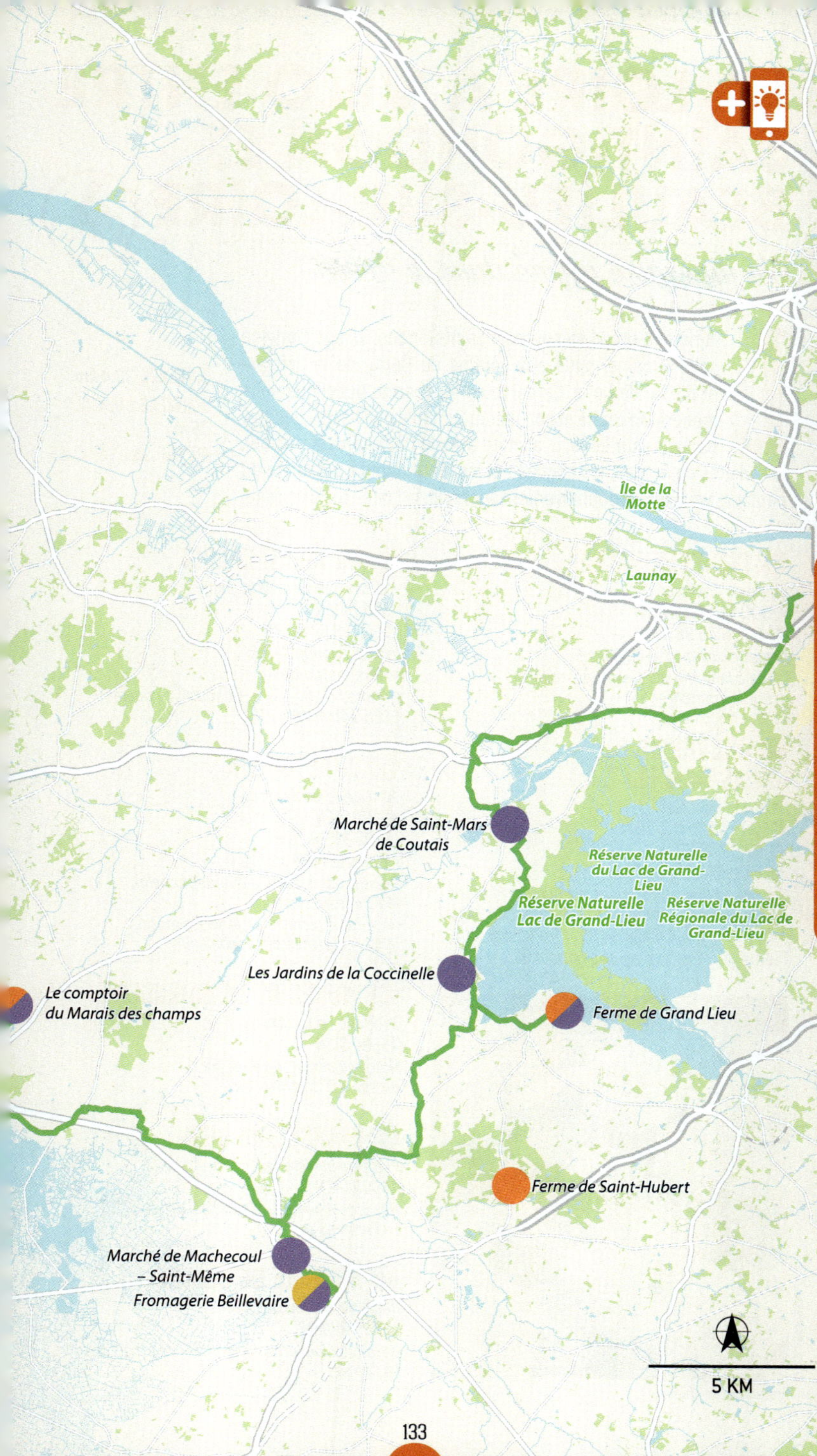
Île de la Motte
Launay
Marché de Saint-Mars de Coutais
Réserve Naturelle du Lac de Grand-Lieu
Réserve Naturelle Lac de Grand-Lieu
Réserve Naturelle Régionale du Lac de Grand-Lieu
Les Jardins de la Coccinelle
Le comptoir du Marais des champs
Ferme de Grand Lieu
Ferme de Saint-Hubert
Marché de Machecoul – Saint-Même
Fromagerie Beillevaire
5 KM

LA LOIRE À VÉLO ENTRE SAINT-GONDON ET BEAULIEU-SUR-LOIRE

Un itinéraire affiné dans le Loiret

L'itinéraire prend sa source à Saint-Gondon, village d'origine gallo-romaine, situé aux confins du Berry, de la Sologne et du Val de Loire. Ce parcours au charme bucolique vous mènera via Briare et son incontournable pont-canal, jusqu'à Beaulieu-sur-Loire, à la limite avec le Département du Cher. Les visites de fermes, les marchés et les restaurants à proximité du parcours vous feront définitivement apprécier le Loiret, au fil de l'eau.

DISTANCE *33,4 km*
DÉNIVELÉ POSITIF *36 m*
NIVEAU ▲△△△△

BIQUETTE VALLÉE

Route de Coullons
45500 SAINT-GONDON
✆ 02 38 36 96 67
biquette-vallee.loiseau@live.fr
Vente à la ferme tous les après-midi et sur les marchés

CHÈVRERIE DU GRAND BARDELET

Le Grand Bardelet
45500 POILLY-LEZ-GIEN
✆ 02 38 67 29 24
delestregilles@gmail.com
Horaires d'ouverture : visite gratuite de février à mi-novembre, de mercredi à dimanche, de 14h30 à 19h. Possibilité d'assister à la traite vers 18h.
Fromages : crottins de chavignol AOC

© G.BLANCHON CNIEL

Fromages de chèvres

LA BELLE ÉPOQUE

111 avenue de la République
45500 GIEN
✆ 02 38 67 00 71
labelle.epoque@sfr.fr
Maître restaurateur
Horaires d'ouverture : du mardi au samedi (12h-14h et 19h-21h)

CÔTÉ JARDIN

14 avenue de Bourges
45500 GIEN
✆ 02 38 38 24 67
cote-jardin45@orange.fr
Restaurant 1 étoile au Guide Michelin, Maître restaurateur
Horaires d'ouverture : fermé le mardi, le mercredi et le dimanche soir

MUSÉE DE LA FAÏENCERIE

78 Place de la Victoire
45500 GIEN
Horaires d'ouverture : du lundi au samedi de 10h à 18h

MARCHÉ DE GIEN

Place de la Victoire
45500 GIEN
Horaires d'ouverture : samedi de 8h à 13h (à l'année)

MARCHÉ DE BRIARE

Place du Champ de Foire
45250 BRIARE
Horaires d'ouverture : vendredi de 9h à 12h (à l'année)

Le pont-canal de Briare.

FERME DE MAILLEBOIS

Route de Bléneau
45420 DAMMARIE-EN-PUISAYE
✆ 02 38 29 68 09
anthonyparis@live.fr
Horaires d'ouverture : le lundi et du jeudi au samedi (12h15-13h et 19h45-20h30) et le dimanche midi

MARCHÉ DE CHATILLON-SUR-LOIRE

Grand Rue et Place Clémenceau
45360 CHATILLON-SUR-Loire
Horaires d'ouverture : jeudi de 8h à 13h (à l'année)

FERME DE M.BREUZE

La Chavanière - 45360 CHATILLON-SUR-LOIRE
✆ 06 75 22 42 50
Horaires d'ouverture : du lundi au dimanche (9h-12h30 et 17h30-19h30).

FERME DE MAISON NEUVE

Maison Neuve - route de Beaulieu - Chanoy
45360 CHATILLON-SUR-LOIRE
✆ 02 38 31 03 45
jean-marie.vecten@wanadoo.fr
Horaires d'ouverture : toute l'année samedi journée, dimanche jusqu'à 11h, autres jours sur RDV

DÉCOUVERTE DE LA LOIRE EN BATEAU

Les Mantelots
45360 CHATILLON-SUR-LOIRE
Horaires d'ouverture : sur réservation
✆ 02 38 31 42 88

RAVARD FRANCIS

Gros Bois
45360 PIERREFITTE-ES-BOIS
✆ 02 38 31 08 26
Horaires d'ouverture : du lundi au dimanche (8h-10h30 et 17h-19h) ou sur RDV

MARCHÉ DE BEAULIEU-SUR-LOIRE

Centre-ville - 45630 BEAULIEU-SUR-LOIRE
Horaires d'ouverture : mercredi de 8h à 13h (à l'année)

GAEC LES DOUCETS

Les Doucets
45630 BEAULIEU-SUR-LOIRE
✆ 02 38 35 86 07
gaec.doucets@wanadoo.fr
Horaires d'ouverture : du lundi au samedi (9h-12h et 14h30-19h), fermé les mercredis et dimanches. Du 1er avril au 31 octobre, ouvert le dimanche matin (10h-12h)

LE COMPTOIR DES VOYAGEURS

ZI La champagne - 45420 BONNY-SUR-LOIRE
✆ 02 38 27 01 45
contact@lecomptoirdesvoyageurs.fr
Maître restaurateur
Horaires d'ouverture : le midi du lundi au samedi, le soir vendredi et samedi

LE CLOS DU VIGNERON

106 Grande Rue - 45250 OUSSON-SUR-LOIRE
02 38 31 43 11 - leclosduvigneron@orange.fr
Maître restaurateur
Horaires d'ouverture : tous les jours sauf le mardi soir, mercredi et dimanche soir.

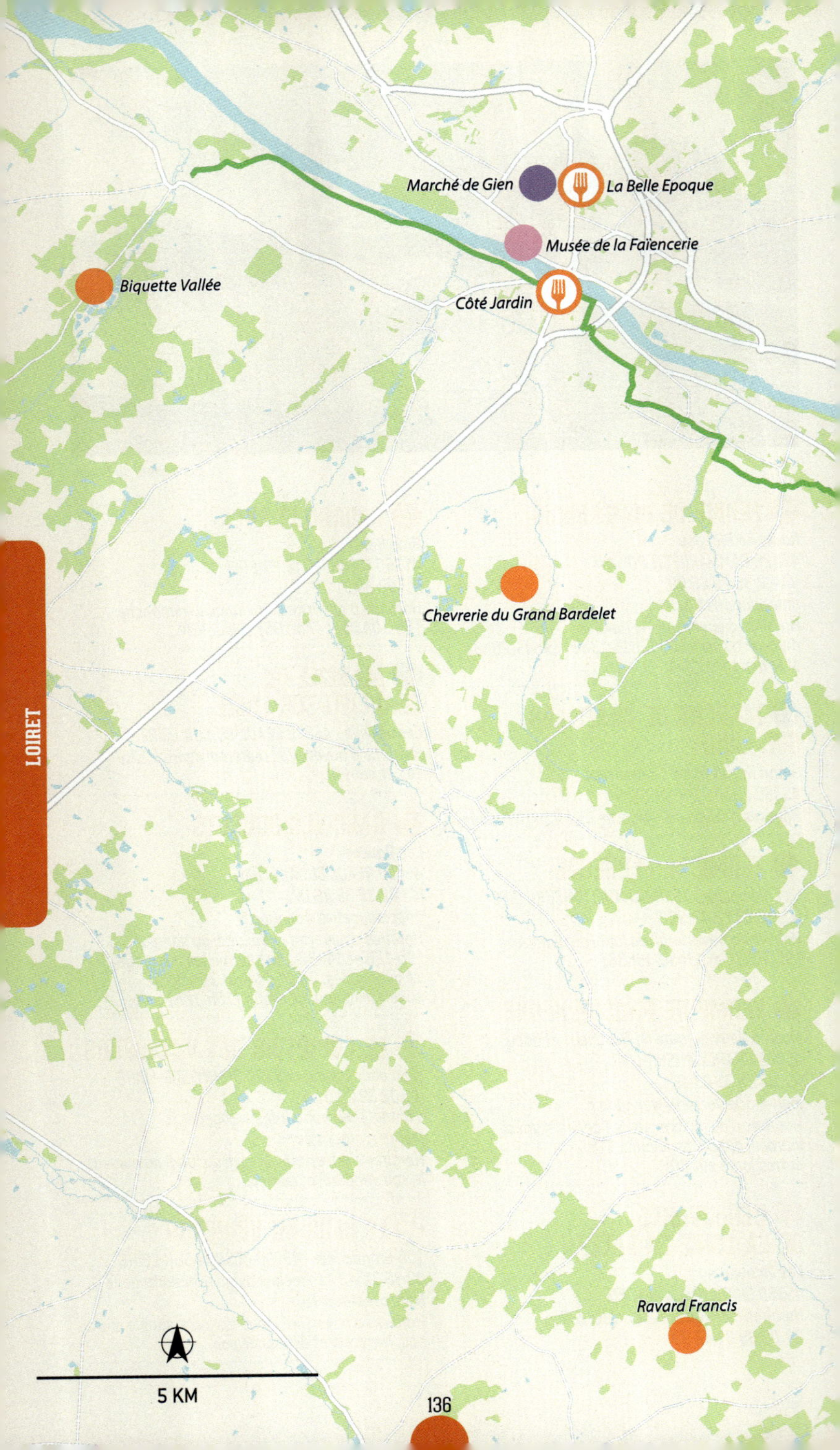
Marché de Gien
La Belle Epoque
Musée de la Faïencerie
Biquette Vallée
Côté Jardin
Chevrerie du Grand Bardelet
Ravard Francis
5 KM

Marché de Briare
Ferme de Maillebois
Marché de Chatillon-sur-Loire
Le Clos du Vigneron
Découverte de
la Loire en bateau
Ferme de Maison Neuve
Le Comptoir des voyageurs
Ferme de M. BREUZE
GAEC les Doucets
Marché de Beaulieu-sur-Loire

LA MEUSE À VÉLO

Un itinéraire affiné en Haute-Marne

De la source de la Meuse en Haute-Marne, à Pouilly en Bassigny, à son embouchure dans la Mer du Nord, venez découvrir la Meuse à Vélo ! Vous y rencontrerez des fromagers produisant le fameux Langres en AOP mais pourrez aussi visiter la Divine Fromagerie... et comprendre les secrets de fabrication du Caprice des Dieux. Un espace ludique, éducatif et gourmand à Illoud, en Haute-Marne en Champagne !

DISTANCE *78km*
DURÉE ESTIMÉE *5h*
NIVEAU ▲△△△△

HAUTE-MARNE

LANGRES GASTRONOMIQUE

Salle Jean Favre et ses extérieurs
52200 LANGRES
Foire gastronomique entre Champagne et Bourgogne organisée chaque année à l'occasion du week-end de la Pentecôte autour du fromage AOP de Langres

CHAPITRE DE LA CONFRÉRIE DES « TASTES-FROMAGES DE LANGRES »

Eric Masselier, Grand Maître
52200 LANGRES
✆ 03 25 87 19 84
Chapitre de la Confrérie organisé chaque année le deuxième dimanche de septembre.

MARCHÉ DE LANGRES

Boulevard de Lattre de Tassigny
52200 LANGRES
Horaires d'ouverture :
le vendredi de 7h à 12h (à l'année)

© COLLECTION MDT52 - PHILIPPE LEM

Salle des fromages, La Divine Fromagerie à Illoud.

FROMAGERIE MARCOUX

1 rue du Petit Paris
52360 ANDILLY-EN-BASSIGNY
✆ 03 25 90 64 81
Horaires d'ouverture : du mardi au samedi de 9h-12h et de 14h-18h
Distance : 100 m
Fromages : emmental au lait cru

FROMAGERIE SCHERTENLEIB

4 rue de la Laterie
52140 SAULXURES
✆ 03 25 90 33 20
Horaires d'ouverture : le lundi matin (8h-12h) et du mardi au samedi (8h-12h et 14h-17h)
Distance : 400 m
Fromages : Langres AOP

LA DIVINE FROMAGERIE

Grande Rue
52150 ILLOUD
✆03 25 30 81 00
accueil@ladivinefromagerie.fr
Ouvert du mardi au vendredi (10h-12h30 et 14h-18h) et le samedi (10h-12h30 et 14h-18h30).
Fermeture les jours fériés
Distance : 1,15 km
Fromages : Caprice des Dieux

FROMAGERIE LAISTELLE

27 B rue du Pâtis
52150 GRAFFIGNY-CHEMIN
Horaires d'ouverture : mercredi (17h30-19h30) et vendredi (15h30-19h30)
Distance : 5,3 km
Fromages : yaourts, faiselles, crèmes et fromages de vaches

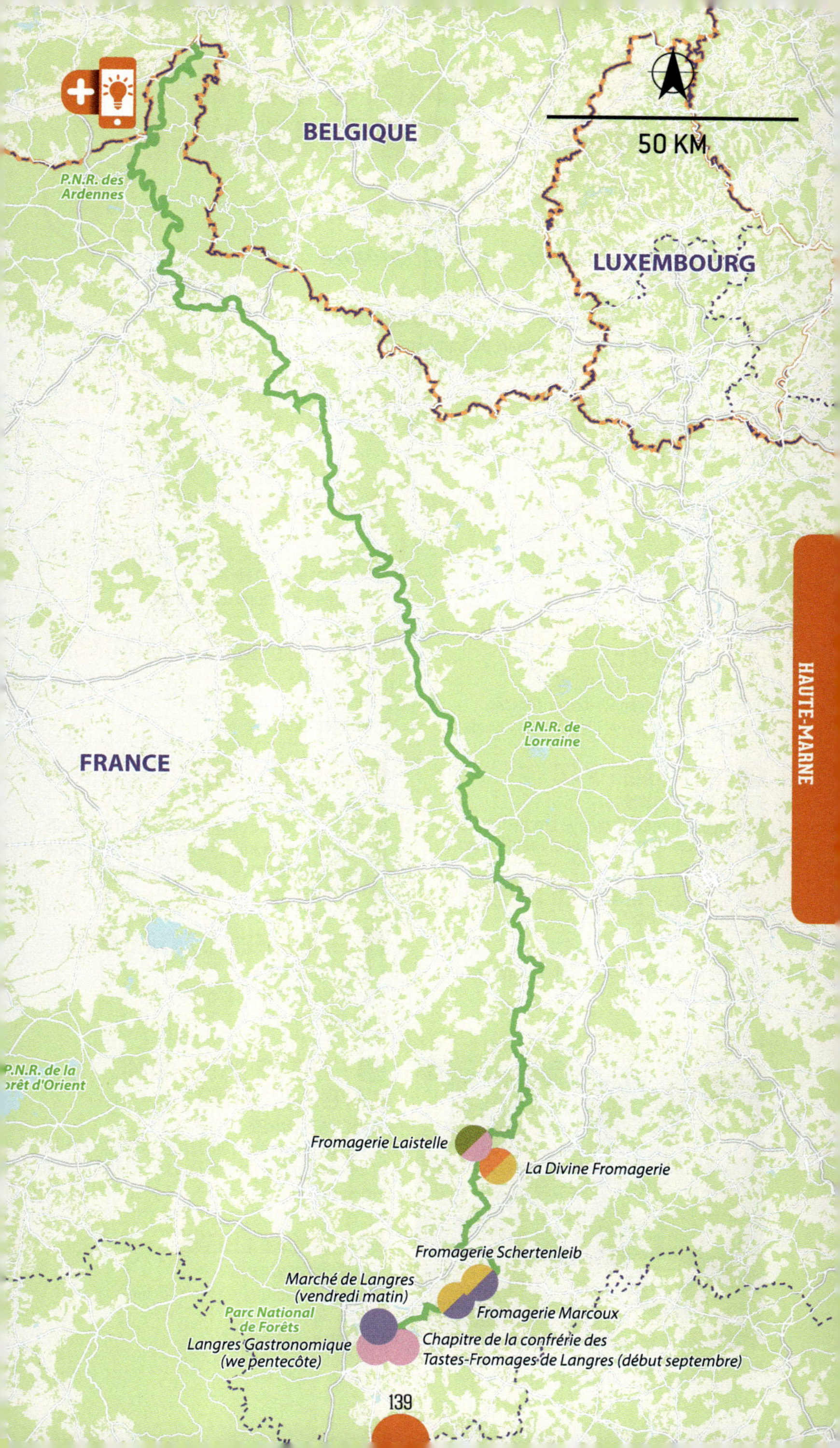
BELGIQUE
50 KM
P.N.R. des Ardennes
LUXEMBOURG
HAUTE-MARNE
P.N.R. de Lorraine
FRANCE
P.N.R. de la Forêt d'Orient
Fromagerie Laistelle
La Divine Fromagerie
Fromagerie Schertenleib
Marché de Langres (vendredi matin)
Fromagerie Marcoux
Parc National de Forêts
Langres Gastronomique (we pentecôte)
Chapitre de la confrérie des Tastes-Fromages de Langres (début septembre)

LA VÉLO FRANCETTE, LE CHEMIN DE HALAGE, LA VOIE VERTE

Un itinéraire affiné en Mayenne

Le parcours emprunte le chemin de halage et suit le tracé de la Vélo Francette au départ de Saint-Fraimbault : un parcours facile, à faible dénivelé, au coeur d'une nature préservée et sauvage. Vous apprécierez les jolis points de vue sur la Vallée de la Mayenne et le calme de ce parcours presque exclusivement constitué de voies vertes.

DISTANCE *96,62 km*
DURÉE ESTIMÉE *7h50*
NIVEAU ▲△△△△

GAEC DE L'HERBE AU FROMAGE
53300 SAINT-FRAIMBAULT-DE-PRIÈRES
Ouvert les ven.16h-19h ou sur rdv
Fromages : vache, Paturin

VAUBERNIER - FROMAGERIE DU BOIS BELLERAY
53470 MARTIGNÉ-SUR-MAYENNE
Ouvert du lun. au ven 9h-12h et 14h-18h
Fromages : Camembert le Bon Mayennais

GAEC RADIS & CO
53240 MONTFLOURS
Fromages : tomme, fromage croute fleurie, faisselle, fromage blanc, ail et fines herbes

LA FERME BIO DU CHÊNOT - EARL LEPAGE
53810 CHANGÉ
Horaires d'ouverture : ven. 15h-19h ou sur rdv
Fromages : lait cru

© FROMAGERIE D'ENTRAMMES

Gamme de fromages, Fromagerie d'Entrammes.

ABBAYE DE LA COUDRE
53000 LAVAL
Vente du mar au sam. 10h-12h et 14h-17h et le dim et le lun. 14h-17h
Fromages : le Trappe de la Coudre

LA CITÉ DU LAIT, LACTOPÔLE
53000 LAVAL
Ouvertdu lun. au ven. sur rdv
Fromages : vache

EARL DES ÉPIÉS
53960 BONCHAMP-LÈS-LAVAL
Horaires d'ouverture : ven. 17h30-19h30 ou sur rdv
Fromages : Le Champ-Crémeux, L'Enchampteur, L'Epidoux, Le Fondant des Epiés, L'Abond'Or, Le Fruité des Epiés

FROMAGERIE D'ENTRAMMES
53260 ENTRAMMES
Ouvert du lun. au ven. sur rdv
Fromages : vache

L'ABBAYE NOTRE-DAME-DU-PORT-DU-SALUT
53260 ENTRAMMES
Ouvert tous les jours 10h-11h15 et 14h30-17h30 et les dim. après la messe de 11h et 14h30-17h30
Fromages : Le Port-Salut

FROM'EN CHÈVRE
53200 FROMENTIÈRES
Horaires d'ouverture : mar. 9h30-19h et sam. 14h-19h
Fromages : chèvre

TAPEZ PF.APP
DANS LE NAVIGATEUR DE VOTRE SMARTPHONE, PRENEZ UNE PHOTO ET OBTENEZ
LE TRACÉ GPX DE LA CARTE
PLUS D'INFOS SUR LE DÉPARTEMENT

L'ÉCHAPPÉE BLEUE EN MOSELLE

Un itinéraire affiné en Moselle

La Véloroute 50 longe la Moselle entre Novéant-sur-Moselle et Apach (à la frontière Luxembourgeoise), en passant par les villes de Metz et de Thionville. Sur 120 km, l'itinéraire alterne entre paysages ruraux, friches industrielles, coteaux boisés et vignobles. Une vingtaine de sites fromagers viendront agrémenter votre balade le long des rives de cet affluent du Rhin.

DISTANCE *120 km*
DURÉE ESTIMÉE *2 jours*
NIVEAU ▲▲△△△

LA CHÈVRE'RIT
Hameau de Belmach
57480 APACH
✆ 03 54 30 57 93 - 06 09 63 44 53
Horaires d'ouverture : lun-jeudi (9h-11h) et ven-sam (9h-11h et 15h-18h)
Distance : 2,3 km

CHAMBRES D'HÔTES D'EVENDORFF
10 rue du Chêne
57480 KIRSCHNAUMEN
✆ 03 82 83 35 32
Horaires d'ouverture : lun-dim 8h-20h
Distance : 6km

FERME DE L'ALLIANCE
10 rue du Chêne
57480 KIRSCHNAUMEN
✆ 03 82 83 35 32
Horaires d'ouverture : lun-dim 8h-20h
Distance : 6km

FERME DE LA MOSELLE
22 Grand Rue
57570 BERG-SUR-MOSELLE
✆ 06 32 44 49 28
Horaires d'ouverture : ouvert 24h/24
Distance : 1,2 km

L'ÉPICERIE DES TERROIRS
70 Avenue des Nations
57970 YUTZ
✆ 03 82 57 52 41
Horaires d'ouverture : mardi-jeudi (9h30-12h et 15h-19h). Vendredi (15h-19h). Samedi (9h30-12h et 14h-18h)
Distance : 0,8 km

ÉPICERIE FINE-S
7 rue Jemmapes
57100 THIONVILLE
✆ 03 82 58 44 19
Ouvert du mardi au samedi de 10h à 19h15
Distance : 0,45 km

Ferme La Chèvre'rit.

MOSELLE

RESTAURANT LE SOLEIL GOURMAND

34 rue de la Tour
57100 THIONVILLE
✆ 03 82 51 84 52
Horaires d'ouverture : du lundi au samedi de 12h-14h et de 19h-21h
Distance : 0,3 km

RESTAURANT BURGER BROTHERS

4 rue du Manège
57100 THIONVILLE
✆ 03 54 30 54 00
Horaires d'ouverture : du mardi au jeudi (12h-15h et 18h-22h). Vendredi (18h-22h30). Dimanche (18h-22h)
Distance : 0,5 km

CHEZ DAVID

6 rue du Mersch
57100 THIONVILLE
✆ 03 82 53 33 65
Horaires d'ouverture : du mardi au vendredi (9h-12h et 15h-19h). Samedi (8h-13h et 15h-19h)
Distance : 0,45 km

CRÉMERIE D'ANTAN BERTIPAGLIA

36 rue du Maréchal Foch
57770 HAYANGE
✆ 03 82 84 77 40
Ouvert du mardi au vendredi (9h-12h et 15h-19h). Samedi (8h-12h et 14h-18h)
Distance : 8 km

RESTAURANT QUAI DES SAVEURS

69 rue de la Gare
57300 HAGONDANGE
✆ 03 87 71 24 98
Horaires d'ouverture : du mercredi au samedi (12h-14h et 19h-22h). Mardi (19h-22h). Dimanche (12h-14h)
Distance : 1,8 km

FROMAGERIE CONRAD

11 rue de Ladoucette - 57000 METZ
✆ 03 87 36 11 00
Horaires d'ouverture : du mardi au vendredi (8h30-12h30 et 14h-19h). Samedi (8h30-19h). Lundi (15h-19h)
Distance : 1,7 km

CRÉMERIE CONRAD

8 rue de Queuleu
57000 METZ
✆ 03 87 74 09 87
Horaires d'ouverture : du lundi au samedi de 8h30-12h30 et de 15h-19h
Distance : 2,5 km

LA FROMAGERIE DU GRAND CERF

2 rue du Grand Cerf
57000 METZ
✆ 09 86 67 89 37
Horaires d'ouverture : du mardi au vendredi (9h30-13h30 et 15h-19h). Samedi (9h-19h)
Distance : 1,8 km

RESTAURANT FABRIK À FROMAGES

29 rue des Roches
57000 METZ
✆ 03 87 15 14 66
Horaires d'ouverture : du mardi au jeudi (12h-13h30 et 19h-22h). Vendredi (12h-13h30 et 19h-22h30). Samedi (19h-22h30)
Distance : 1,2 km

CHEZ MAURICETTE

10 rue Georges Aimé
57000 METZ
✆ 03 87 60 63 85
Horaires d'ouverture : du mardi au samedi de 7h à 21h
Distance : 0,24 km

MAISON MARCHAND

Marché Couvert
57000 METZ
✆ 03 87 37 08 18
Horaires d'ouverture : du mardi au jeudi de 8h-18h30. Samedi de 7h-18h
Distance : 1,3 km

BOUCHERIE ÉPICERIE SAINT-CLÉMENT

6 Place de la République
57130 ANCY-SUR-MOSELLE
✆ 03 54 21 56 99
Horaires d'ouverture : du mardi au vendredi de 7h-19h. Samedi de 7h-18h. Dimanche de 9h-12h30
Distance : 3,7 km

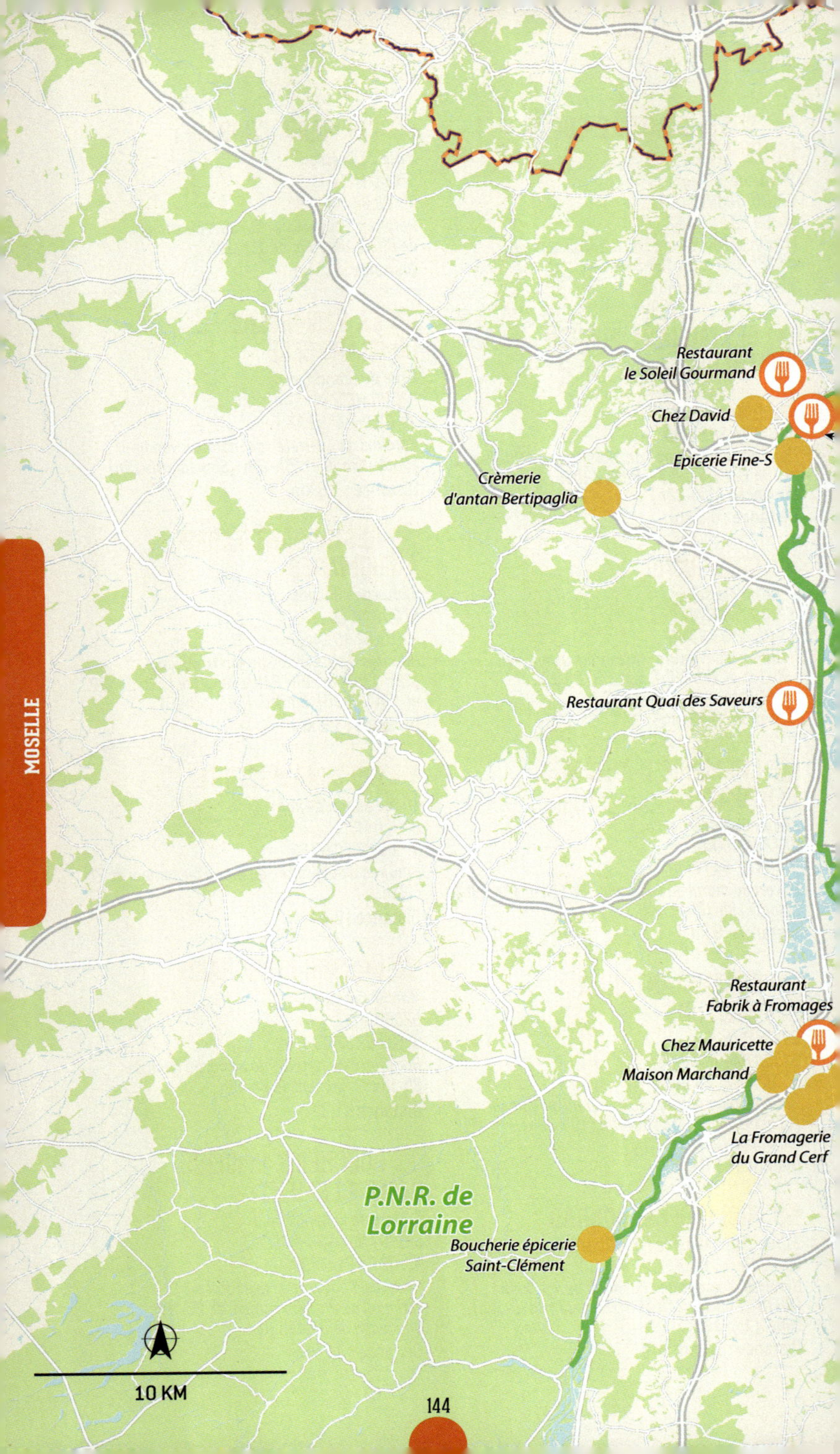
Restaurant
le Soleil Gourmand
Chez David
Epicerie Fine-S
Crèmerie
d'antan Bertipaglia
Restaurant Quai des Saveurs
Restaurant
Fabrik à Fromages
Chez Mauricette
Maison Marchand
La Fromagerie
du Grand Cerf
P.N.R. de
Lorraine
Boucherie épicerie
Saint-Clément
10 KM

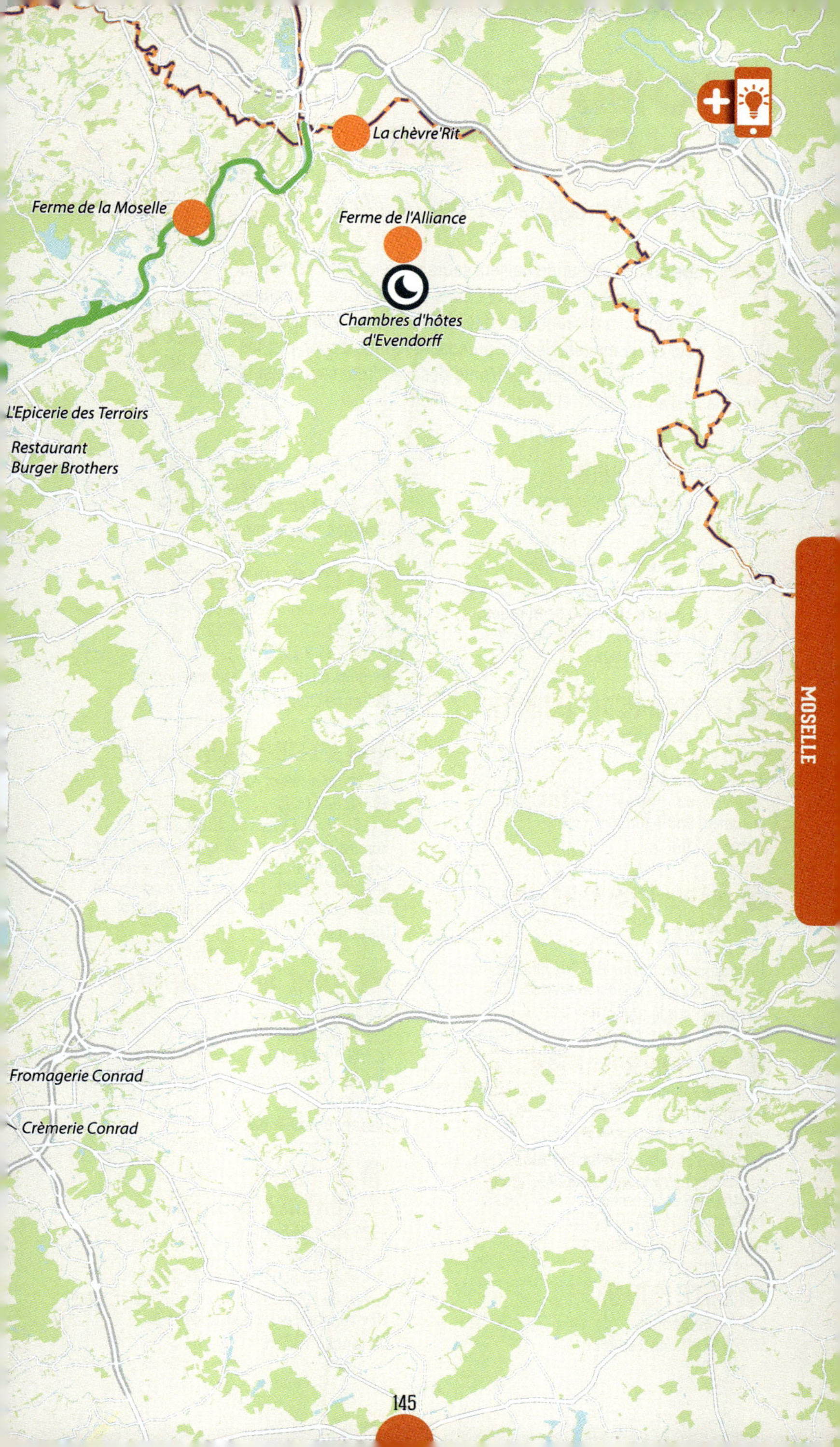
La chèvre'Rit
Ferme de la Moselle
Ferme de l'Alliance
Chambres d'hôtes d'Evendorff
L'Epicerie des Terroirs
Restaurant Burger Brothers
Fromagerie Conrad
Crèmerie Conrad
MOSELLE

FROMAGE ET HOUBLON

Un itinéraire affiné dans le Nord

Cette boucle autour de Bailleul saura marier à la perfection le vélo, le fromage... et la bière ! Dans un cadre rural, l'itinéraire vous guidera à la rencontre des éleveurs et des fromagers. Le vélo est le moyen idéal de prendre le temps, d'apprécier les panoramas qu'offrent les Monts des Flandres mais aussi la convivialité, l'authenticité et l'identité flamande...

DISTANCE *47 km*
DURÉE ESTIMÉE *3h*
NIVEAU ▲▲△△△

FERME HENNION

4343 rue du Nooteboom - le steent'je
59270 BAILLEUL
© 0[illegible] 49 23 58
O[illegible] du lundi au samedi 10h-19h
Di[illegible] : sur le parcours
Fro[illegible] : beurre, fromage de Bergues, Came[illegible]ert Flamand, Tomme de Bailleul, Steent'joie, brique rouge...

LE ROND POINT FERMIER

50 avenue de l'Europe
59270 BAILLEUL
© 03 28 50 43 99
Ouvert du mardi au vendredi 9h30-19h, le samedi 9h30-18h30
Distance : 900 m

MARCHÉ DE BAILLEUL

Place Liénart
59270 BAILLEUL
Ouvert mardi matin de 8h-13h, place Liénart, jeudi sur le parvis de la gare de 16h-20h
Distance : sur le parcours

AU PANIER D'ANTAN

7 rue d'Occident
59270 BAILLEUL
© 03 28 50 00 69
Horaires d'ouverture : mardi de 14h15-19h15, du mercredi au vendredi de 8h45-12h30 et 14h15-19h15, samedi de 8h45-19h15 et dimanche de 8h45-12h30
Distance : sur le parcours

CÔTÉ FERME

555 rue de Berthen
59270 SAINT-JANS-CAPPEL
© 03 28 41 01 01 / 06 89 31 50 75
Ouvert du mardi au vendredi de 9h-12h30 et 16h-19h30, samedi de 10h-12h30
Distance : sur le parcours

FERME VANDENBROUCKE

1150 Poperinghe Cruyssestraete
59270 SAINT-JANS-CAPPEL
© 03 28 49 19 32
Horaires d'ouverture : sur réservation
Distance : sur le parcours

LA FERME DES SAULES

453 route du Mont Noir
59270 BAILLEUL
© 03 28 49 13 75 / 06 15 64 39 31
Horaires d'ouverture : lundi, mercredi, jeudi, vendredi de 9h-12h30 et 14h-19h, samedi de 9h-12h30 et 14h-19h et d'avril à octobre le dimanche de 9h30-12h. Fermé le mardi.
Distance :400 m

FERME BRASSERIE BECK

1180 Eeckelstraete
59270 BAILLEUL
© 03 28 49 03 90
Horaires d'ouverture : sur réservation du lundi au dimanche
Distance : sur le parcours

LA FERME DU PONT D'ACHELLES

1926 route de Bailleul
59270 BAILLEUL
© 03 20 48 60 63 / 06 81 33 99 33
Ouvert du lundi au jeudi de 9h-12h30 et 13h30-19h, vendredi et samedi de 9h-19h
Distance : 100 m

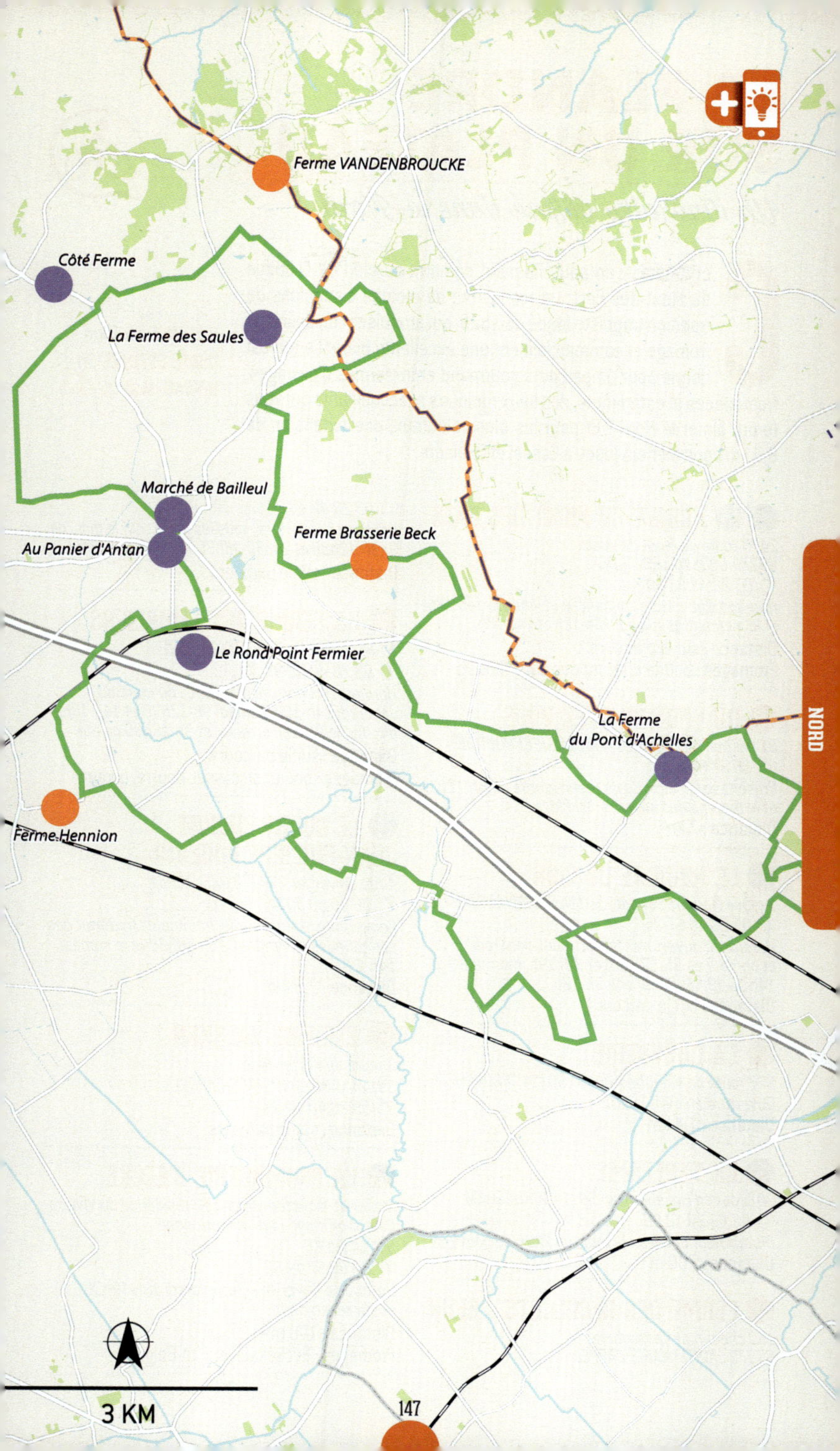
Ferme VANDENBROUCKE
Côté Ferme
La Ferme des Saules
Marché de Bailleul
Au Panier d'Antan
Ferme Brasserie Beck
Le Rond Point Fermier
La Ferme
du Pont d'Achelles
Ferme Hennion
3 KM

LA FLANDRE SUR UN PLATEAU

Un itinéraire affiné dans le Nord

Cet itinéraire en pays flamand démarre au pied de l'Abbaye du Mont des Cats, un monastère de moines cisterciens de tradition trappiste fondé en 1826, qui produisent un délicieux fromage et commercialisent une excellente bière. Le ton est donné pour un parcours gourmand entre fermes d'élevages, fromageries et estaminets, des lieux typiques et accueillants qui vous feront aimer le Nord ! Et pour les plus valeureux, une extension de 8,3 km vous mènera jusqu'à Cassel et Oxelaëre.

DISTANCE *36,2 km*
DURÉE ESTIMÉE *3h*
NIVEAU ▲▲△△△

NORD

ABBAYE DU MONT DES CATS

2470 route du Mont des Cats
59270 GODEWAERSVELDE
✆ 03 28 43 83 60
Horaires d'ouverture : dimanche et lundi de 14h-18h et le mercredi et samedi 10h-12h et 14h-18h
Distance : sur le parcours
Fromages : bourle du Mont des Cats, flamay

OH ! PRÈ DE CHEZ VOUS

81 chemin des cendres - 59114 STEENVOORDE
✆ 06 37 64 92 21
Présent sur le marché de Steenvoorde de 8h-12h et le marché des saveurs, Gd Place
Distance : 2 km

LE MARCHÉ DU COIN

2 place Norbert Segard - 59114 STEENVOORDE
✆ 03 28 40 67 24
Horaires d'ouverture : mardi, jeudi, vendredi et samedi de 9h-12h et 14h30- 19h, mercredi 14h30-19h et dimanche 9h-12h
Distance : sur le parcours

LA CHÈVRERIE

927 route de Waeghedrugge - 59114 TERDEGHEM
Ouverture en avril 2020
Distance : 1,4 km

LA TERFERME

302 route d'Hazebrouck - 59114 TERDEGHEM
✆ 06 62 28 12 90
Distributeur accessible tous les jours de 5h à 23h
Distance : 700 m

FERME DES RECOLLETS - BEUN

150 chemin de Terdeghem
59670 SAINTE-MARIE-CAPPEL
✆ 03 28 42 45 25
Horaires d'ouverture : tous les jours sauf le dim. de 9h30-12h30 et 14h30-18h30 (jusqu'à 19h l'été).
Distance : sur le parcours

LA FERME DES TEMPLIERS

1 rue de Staple - 59670 OXELAËRE
✆ 03 28 40 50 37
Horaires d'ouverture au public : du merc.au vendredi 14h-18h, samedi 9h-12h30 et 14h-18h, dimanche 9h-12h en hiver et 9h-18h30 en été
Distance : sur le parcours
Fromages : boulet de cassel, beurre, yaourt

LE COURT-CIRCUIT JEAN-PHILIPPE PODEVIN

4 rue du verger - 59670 OXELAËRE
✆ 06 45 50 30 81
Commande le jeudi sur lecircuitcourt.fr, retrait des commandes le vendredi 15h-18h30 et le samedi 14h-19h
Distance : 2,8 km

ÉLEVAGE VAESKEN

3 route du Korten loop
59114 SAINT-SYLVESTRE-CAPPEL
✆ 03 28 40 14 09
Distance : sur le parcours

LA FROMAGERIE D'EECKE

Atelier de transformation : 10 résidence du Vivier
Cave d'affinage : rue du patronage
59114 EECKE
✆ 06 88 57 19 62
Horaires d'ouverture : le vendredi 18h-19h30 et sur réservation
Distance : 100 m
Fromages : Eeckekaes et P'tit Belge

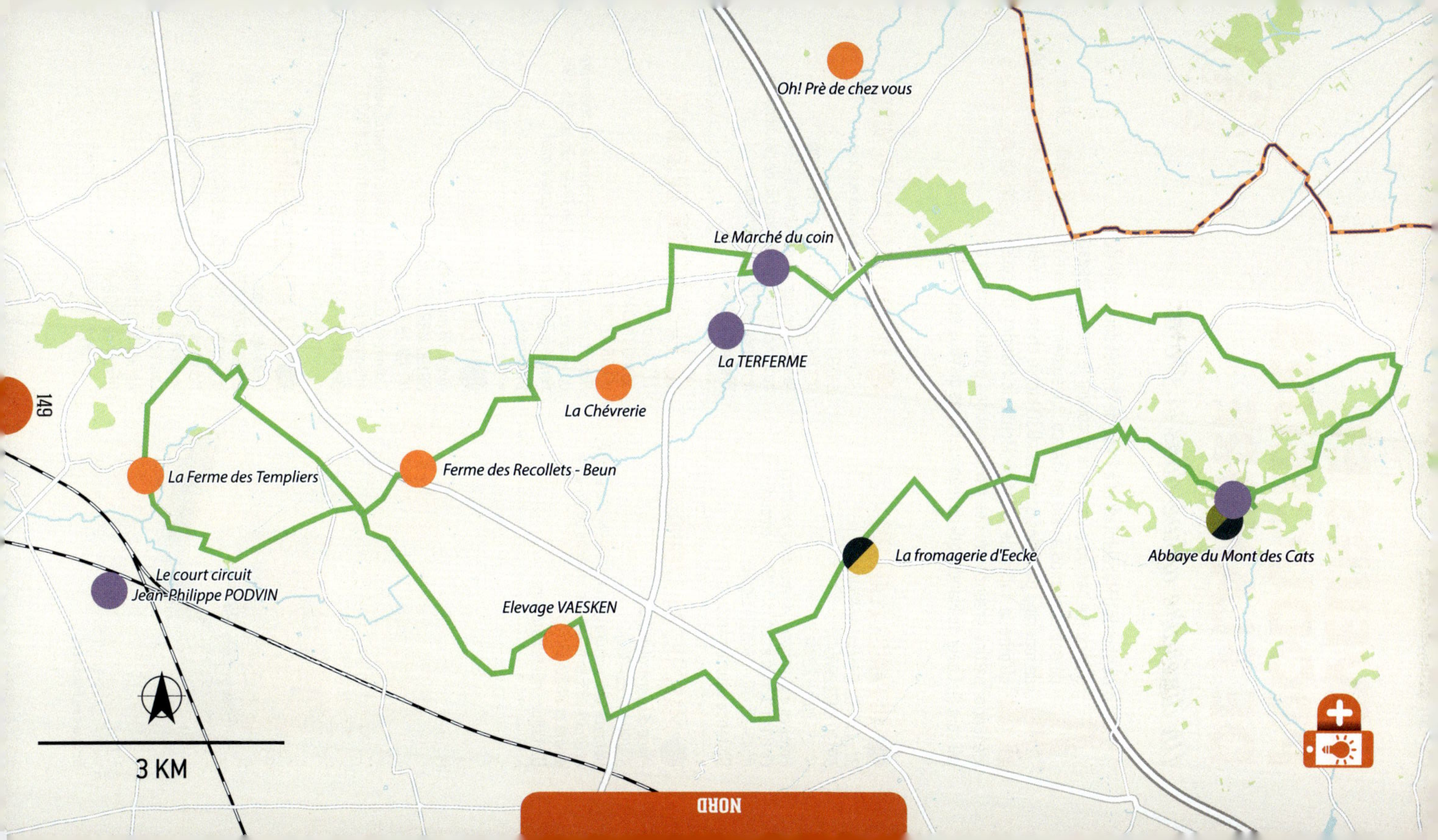
Oh! Prè de chez vous
Le Marché du coin
La TERFERME
La Chévrerie
Ferme des Recollets - Beun
La Ferme des Templiers
Le court circuit
Jean-Philippe PODVIN
Elevage VAESKEN
La fromagerie d'Eecke
Abbaye du Mont des Cats
3 KM

SAVEURS ET PRODUCTEURS DE FLANDRE

Un itinéraire affiné dans le Nord

Aux abords d'Hazebrouck et à l'orée de la forêt domaniale de Nieppe, ce parcours vous fera découvrir le premier réseau de points noeuds à vélo en France : un système ingénieux de repérage parmi les quelques 830 km de chemins à vélo qu'offre la Vallée de la Lys & Monts de Flandre. Un cadre idéal pour partir à la rencontre des saveurs et des producteurs de ce joli coin du Coeur de Flandre qui ne manquera pas de vous séduire !

DISTANCE 32,8 km
DURÉE ESTIMÉE 2h30
NIVEAU ▲△△△△

NORD

AU PANIER FLAMAND

31 place du Général de Gaulle
59190 HAZEBROUCK
✆ 03 28 40 78 04
Horaires d'ouverture : du mardi au vendredi de 8h45-12h30 et 14h30-19h, le samedi 8h45-12h30 et 14h30-18h30
Distance : sur le parcours

MARCHÉS D'HAZEBROUCK

Place du Général de Gaulle
59190 HAZEBROUCK
Horaires d'ouverture : le lundi de 8h-14h en été et 8h30-13h en hiver, le dimanche de 8h-14h en été et 8h30-13h en hiver
Distance : sur le parcours

© N.CARNET-CNIEL

Brique des Flandres.

LES JARDINS DU PRÉAVIN

38 rue du Préavin - La Motte au Bois
59190 MORBECQUE
✆ 03 28 42 11 17 / 06 01 89 51 30
Vente sur place le samedi de 9h-13h ou sur commande. Marché bio de producteurs le samedi matin dans le hangar.
Distance : 1,6 km

LA CHÈVRERIE DU TANNAY

117 rue du Tannay
59189 THIENNES
✆ 06 01 29 34 63
Horaires d'ouverture : de mi mars à fin décembre du lundi au samedi de 10h30-12h30 et 16h-19h. Fermé le jeudi et mercredi après-midi
Distance : 1,3 km

FERME PODVIN

Rue du 8 mai 1945
59190 MORBECQUE
✆ 03 28 41 63 39
Horaires d'ouverture au public : le mardi, vendredi et samedi de 9h30-12h30 et 14h30-19h30
Distance : sur le parcours

AUX DÉLICES FERMIERS

1285 les 5 rues
59190 HAZEBROUCK
✆ 03 28 44 32 17 / 06 81 56 47 51
Horaires d'ouverture : le lundi, mardi, mercredi, vendredi et samedi de 14h30-18h15 ou sur court-circuit.fr
Agriculture biologique
Distance : 700 m

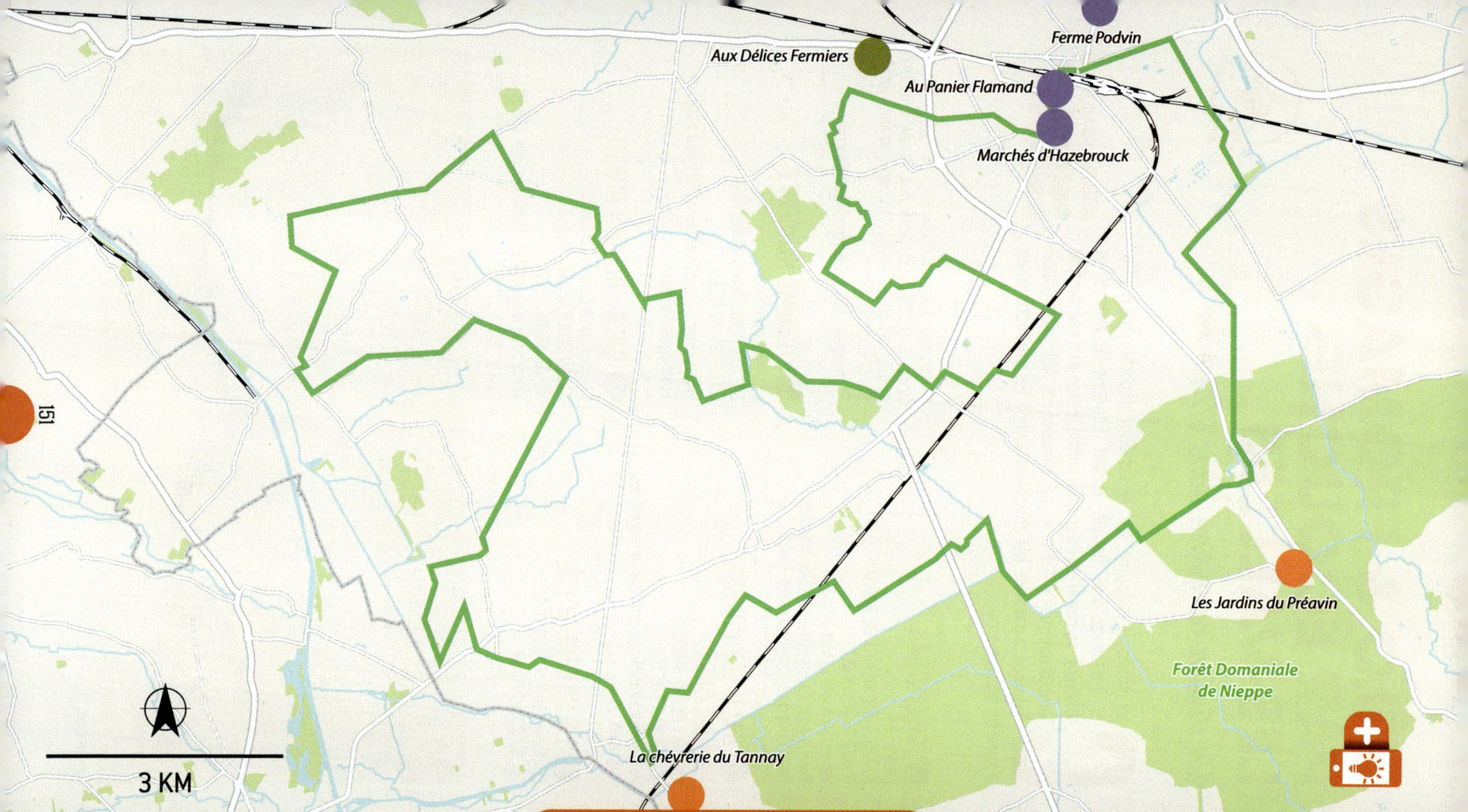
Ferme Podvin
Aux Délices Fermiers
Au Panier Flamand
Marchés d'Hazebrouck
Les Jardins du Préavin
Forêt Domaniale de Nieppe
La chévrerie du Tannay
3 KM
NORD

VÉLO & FROMAGES PAR ECOUCHÉ-LES-VALLÉES

Un itinéraire affiné dans l'Orne

Cet itinéraire s'appuie sur le schéma départemental vélo. Il constitue une boucle reliant Ecouché-les-Vallées et Briouze, au coeur du Pays du Houlme, berceau de la marque emblématique « Gillot », ce camembert AOP d'exception fabriqué à partir de lait cru collecté chez les producteurs de la zone du bocage ornais.

DISTANCE *49 km*
DURÉE ESTIMÉE *3h20*
NIVEAU ▲△△△△

ORNE

GILLOT SAS

Le Moulin
61220 SAINT HILAIRE DE BRIOUZE
✆ 02 33 62 14 00
Vente : ven. 9h-12h et 14h-16h
Fromages : Camembert de Normandie, Pont l'Évêque, Coulommiers, Brie

GAEC DES COURBES DE LA CANCE

La Noë - 61150 TANQUES
✆ 02 33 67 05 51
Vente : épiceries fines grandes et moyennes surfaces

LA CHÈVRE BLEUE

La Durandière - 61150 RÂNES
✆ 02 33 39 79 49
Visite : tous les jours à 19h
Vente du 01/03 au 31/12 du lun. au ven. 9h-13h et 16h30-19h30, week end, vacances et jours fériés 9h-13h et 15h-19h30
Fromages : faisselle, fromages de chèvre

JÉRÔME KERSEBET

L'Etre aux Brières
61210 LA FRESNAYE AU SAUVAGE
✆ 02 33 39 16 52
Vente : mer. 16h-20h et les autres jours sur rdv
Fromages : chèvre et vache

GAEC JACQUES ROBINE

LLe bas de la Courbe La Courbe
61150 ECOUCHE LES VALLÉES
✆ 02 33 35 14 22
Vente tous les jours 9h-10h30 et 18h-19h30

Camembert.

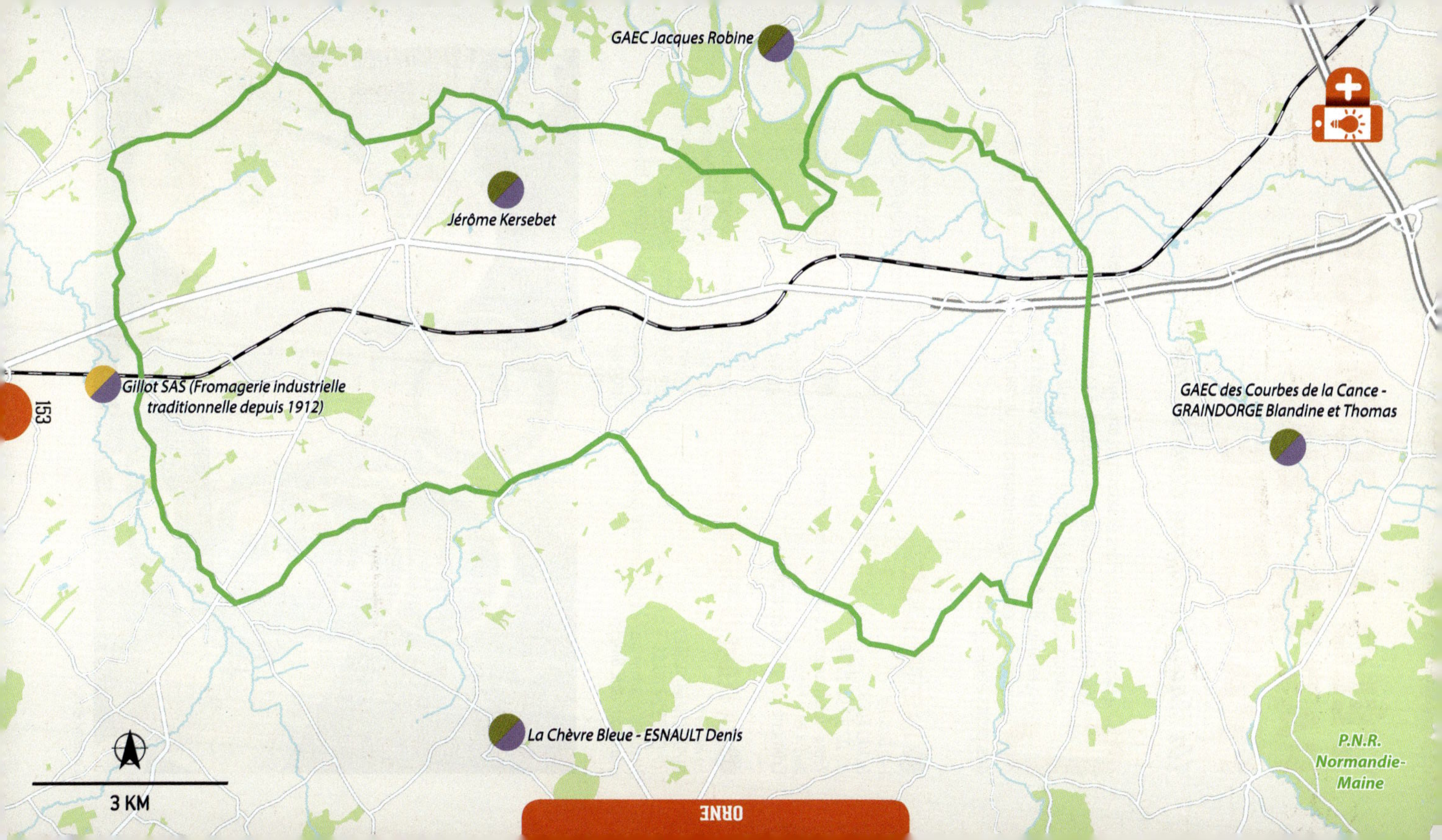
GAEC Jacques Robine
Jérôme Kersebet
Gillot SAS (Fromagerie industrielle traditionnelle depuis 1912)
GAEC des Courbes de la Cance - GRAINDORGE Blandine et Thomas
La Chèvre Bleue - ESNAULT Denis
P.N.R. Normandie-Maine
3 KM

VÉLO & FROMAGES PAR LA VÉLO FRANCETTE

Un itinéraire affiné dans l'Orne

Ce parcours entre Flers et Domfront emprunte les voies de la Vélo Francette, cet itinéraire cyclable à la découverte des saveurs de la douce France ! Idéal pour une promenade en famille, il offre en quelques kilomètres l'opportunité de visiter 3 sites fromagers normands qui raviront les papilles des petits et des grands !

DISTANCE *23 km*
DURÉE ESTIMÉE *1h10*
DÉNIVELÉ POSITIF *68 m*
NIVEAU ▲△△△△

GAEC DES BULÉES

Les Droulis
61100 FLERS
✆ 02 33 96 13 98
Vente : à retrouver en grandes et moyennes surfaces à Flers
Crèmerie : beurre, crème crue

LA FERME DE CHAMPSECRET

La Novère
61700 CHAMPSECRET
✆ 02 33 37 60 19
Horaires d'ouverture : en libre service tous les jours sauf dim. 8h-20h
Vente direct sam. 10h-12h à la ferme
Fromages : Camembert bio AOP et fermier, crème, beurre

GAEC LA CHÈVRERIE

La Martinière
61450 BANVOU
✆ 02 33 66 99 30
Horaires d'ouverture : du lun. au sam. 10h-13h et 16h-19h (fermé en janvier), grandes et moyennes surfaces à Flers et Domfront, marché de Domfront le ven.
Fromages : tomme de chèvre, faisselle, fromage frais

ORNE

© P.MAZIN

Camemberts.

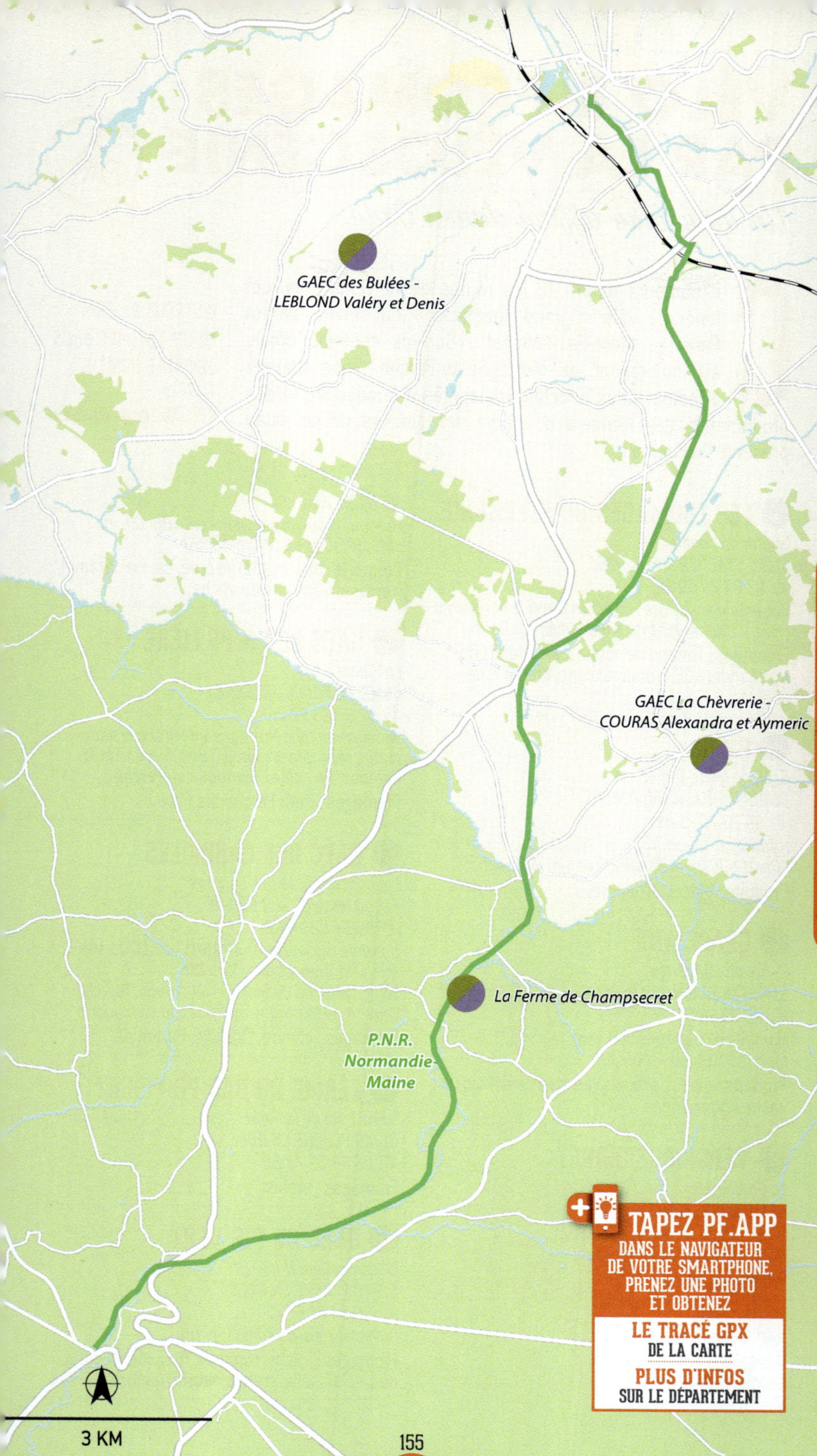

TAPEZ PF.APP
DANS LE NAVIGATEUR DE VOTRE SMARTPHONE, PRENEZ UNE PHOTO ET OBTENEZ

LE TRACÉ GPX DE LA CARTE

PLUS D'INFOS SUR LE DÉPARTEMENT

VÉLO & FROMAGES PAR LA VÉLOSCÉNIE

Un itinéraire affiné dans l'Orne

Ce parcours emprunte les routes de la Véloscénie, cet itinéraire vélo « grand spectacle » qui reliera bientôt Paris au Mont-Saint-Michel ! Sur les chemins ornais au croisement de Mortagne-au-Perche, vous pourrez effectuer deux boucles fromagères à la découverte des producteurs, des fermiers et même des glaciers de ce joyau préservé du Perche.

DISTANCE *91,6 km*
DURÉE ESTIMÉE *6h05*
DÉNIVELÉ POSITIF *1037 m*
NIVEAU ▲▲▲△△

ORNE

LES FROMAGES DE STÉPHANIE

Le Champ Laudier
61170 ST LEGER SUR SARTHE
✆ 02 33 28 09 98
Horaires d'ouverture : marchés du Mêle sur Sarthe (mer.), Intermarché de Saint Julien sur Sarthe
Fromages : Tomme de vache, Camembert de Normandie AOP, Fromage blanc, crème crue, yaourt

R10

5, place Notre-Dame
61400 MORTAGNE AU PERCHE
✆ 06 83 70 71 41
Horaires d'ouverture : mer. 12h-18h30, jeu. et ven. 10h-18h30, sam 9h-18h30 et dim. 10h-12h30
Produits : glaces artisanales

GLACE'ART

2, rue des Déportés
61400 MORTAGNE AU PERCHE
✆ 02 33 85 70 38
Horaires d'ouverture : lun. mar. jeu. ven. 10h-19h, mer. 15h-19h, dim. 10h-13h
Produits : glaces artisanales issu de lait bio de vaches normandes

VÉRONIQUE QUINET

La Grossinère
61130 COURGEOUT
✆ 02 33 25 91 48
Ouvert tous les jours sur rdv
Fromages : chèvre

GAEC DE L'ETOILE

Hôtel Neveu
61400 COURGEON
✆ 02 33 25 10 67
Horaires d'ouverture : jeu. ven. 10h-12h et 15h-18h30 et sam. 15h-18h30
Crèmerie : beurre, crème crue, crème caramel, fromage blanc, lait de vache

GAEC DE LA PILLIÈRE

La Pilière
61400 LE PIN LA GARENNE
✆ 02 33 83 82 26
Vente : marché à Mortagne au Perche le sam. matin, magasin de détail à Bellême, Le Pin la Garenne, Rémalard, Mortagne au Perche
Fromages : Petit Percheron, Piloise

GAEC DES CABRIOLES

La Blanchardière des Landres
61400 MAUVES SUR HUISNE
✆ 09 54 02 14 69
Horaires d'ouverture : du 15/03 au 15/11 ven. 16h-19h, sam. et dim. 15h-19h
Vente : marché de Bellême jeu. matin, marché couvert de Mortagne au Perche le sam. matin
Fromages : chèvre, Cabriole, Pyramide

FERME DU BAS PRIMBERT

Saint Jean de la Forêt
61340 PERCHE EN NOCE
✆ 06 88 36 73 21
Fromages : brebis

GAEC DU PIS VERT

La chevrolière Nocé
61340 PERCHE EN NOCE
✆ 06 84 21 67 77
Ouvert du jeu. au sam. 15h-18h
Fromages : vache, tommes, meul de « Grand ouy », faisselle, crème, beurre, yaourts

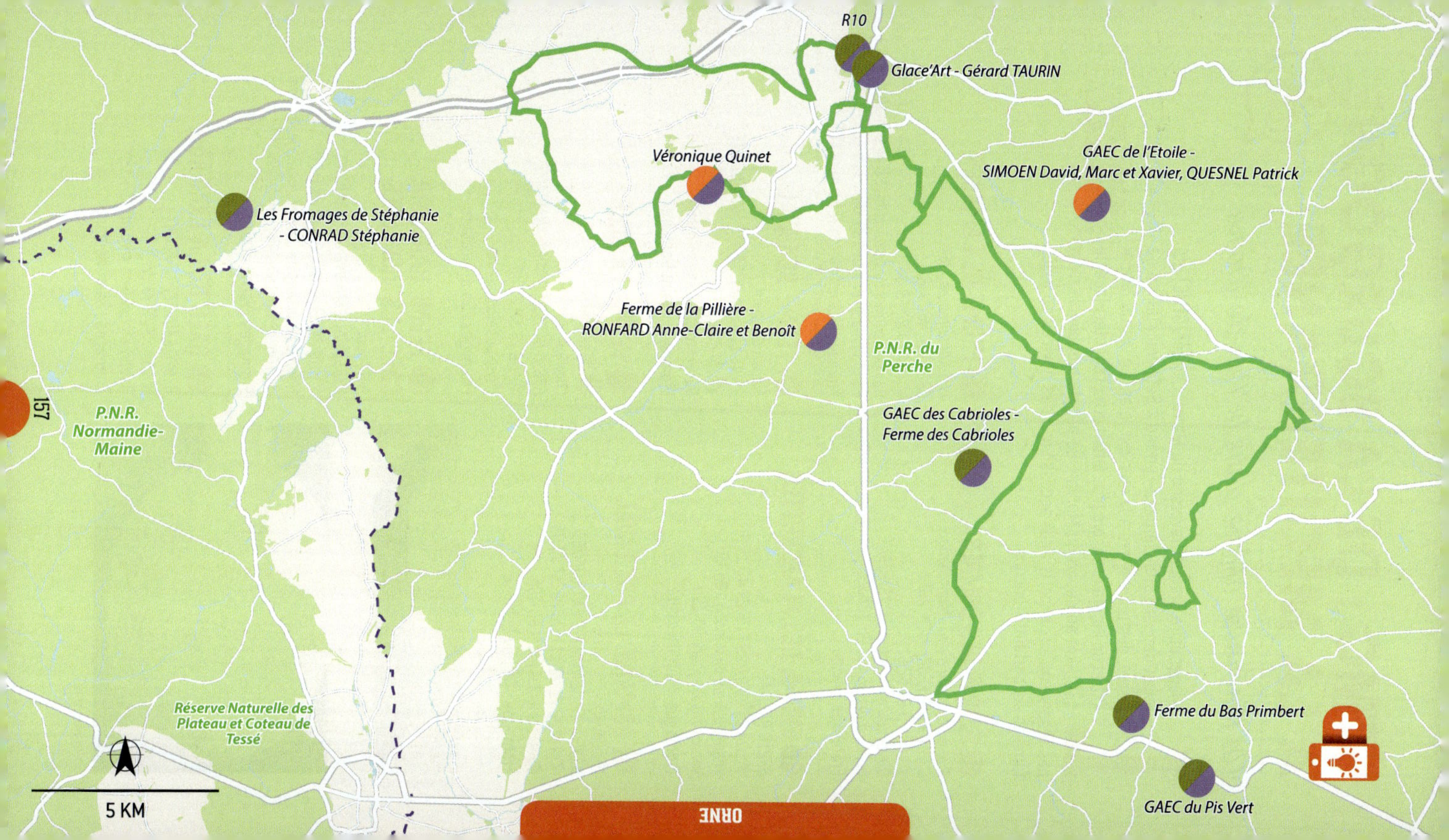
R10
Glace'Art - Gérard TAURIN
Véronique Quinet
GAEC de l'Etoile -
SIMOEN David, Marc et Xavier, QUESNEL Patrick
Les Fromages de Stéphanie
- CONRAD Stéphanie
Ferme de la Pillière -
RONFARD Anne-Claire et Benoît
P.N.R. du
Perche
P.N.R.
Normandie-
Maine
GAEC des Cabrioles -
Ferme des Cabrioles
Ferme du Bas Primbert
GAEC du Pis Vert
Réserve Naturelle des
Plateau et Coteau de
Tessé
5 KM
ORNE

GTMC : DE LA BOURGOGNE À LA MÉDITERRANÉE

Un itinéraire affiné dans le Puy-de-Dôme

La légendaire Grande Traversée du Massif Central (GTMC) qui reliait depuis 1995 Clermont-Ferrand à Sète, via 700 km de pistes, des montagnes à la mer, est relancée sur un format XXL et un itinéraire encore plus ambitieux et spectaculaire de 1380 km au départ du Morvan. Ce périple inoubliable n'est pas réservé qu'aux experts mais accessible à des novices ou à des familles sur certains tronçons.

DISTANCE *200 km*
NIVEAU ▲▲▲△△

FERME DES COMBES
Rue du château d'eau - Montcheneix
63210 ROCHEFORT-MONTAGNE
✆ 04 73 65 82 61
Ouvert du merc. au sam. 15h-19h
et les vend.-sam. 10h-12h30
Fromages : Vache

FERME DES PLANCHETTES
63210 ORCIVAL
✆ 04 73 65 91 99 / 06 23 40 15 96
Visite du lundi au vend. à 10h30
Vente tous les jours 9h-18h
Fromages : Saint-Nectaire

DOMAINE LE PRÉ LAVAL
Pré Laval
63850 ÉGLISENEUVE-D'ENTRAIGUES
✆ 04 73 71 92 11 / 06 28 32 33 95
Ouvert tous les jours 8h-19h
Fromages : Vache et chèvre

Saint-Nectaire.

FERME DE LAMBRES
Lieu-dit Lambres, D643
63710 ST-NECTAIRE
✆ 04 73 87 53 34
Ouvert du lundi au vend. 10h-13h et 14h-19h,
sam. 11h-13h et 14h-19h, dim. 11h-13h.
Fromages : Saint-Nectaire fermier AOP

FERME DE LAVAL
Moulin de Laval
63710 LE VERNET-SAINTE-MARGUERITE
✆ 04 73 83 62 74
Ouvert tous les jours 7h-19h
Fromages : Saint-Nectaire

FERME LA CLEF DES CHAMPS
Champs
63610 BESSE-ET-SAINT-ANASTAISE
✆ 06 75 54 71 40
Visite possible sur rdv
Fromages : Saint-Nectaire

FERME RANDANNE - GAEC DES VIOLETTES
Pré Laval
63850 ÉGLISENEUVE-D'ENTRAIGUES
✆ 06 74 83 76 63 / 06 30 34 04 09
Horaires d'ouverture : mardi, merc., jeudi, sam.
de 10h-12h et 15h-19h ; vend. 17h-19h
Fromages : Vache et chèvre

GAEC DE LA LIGULAIRE
63970 SAULZET-LE-FROID
✆ 04 73 79 31 32
Ouvert du lundi au samedi 11h-18h
Fromages : Saint-Nectaire

Vue depuis le Puy de Sancy, volcans d'Auvergne.

GTMC : DE LA BOURGOGNE À LA MÉDITERRANÉE

Un itinéraire affiné dans le Puy-de-Dôme

© JODIEWAY

Salage.

GAEC DE LA ROUTE DES CAVES

Beaune le Froid - 63790 MUROL
✆ 04 73 88 63 11 / 06 09 69 33 92
Visite tous les jours à 9h et le dimanche sur RDV. Vente les lundi, mardi, jeudi, vend. et sam. de 8h30 -12h30 et de 14h-20h. Le merc. de 8h30-12h30. Le dim. de 8h30-12h30 et 15h-20h.
Fromages : Saint-Nectaire

GAEC DE L'OISEAU

Coudert Grand - 63790 CHAMBON-SUR-LAC
✆ 06 12 07 65 78
Ouvert tous les jours 9h-12h et 14h-18h
Fromages : Saint-Nectaire

GAEC DE MONTJEUDI

Bravant - 63210 OLBY
✆ 06 72 80 92 46
Horaires d'ouverture : Lundi, merc., jeudi de 9h-12h et 14h-16h. Vend. de 16h-19h. Sam. de 9h-12h. Visite sur RDV.
Fromages : Vache

GAEC DES MONTS DORES

Pré Laval - 63850 ÉGLISENEUVE-D'ENTRAIGUES
✆ 04 73 88 64 75 / 06 23 79 60 12
Visite du lundi au sam. à 9h15. Vente du lundi au sam. 8h30-12h et 14h-19h30. Le dim. 8h30-12h.
Fromages : AOP Saint-Nectaire fermier

GAEC DU LAC PAVIN

Pealat - 63610 BESSE-ET-SAINT-ANASTAISE
✆ 04 73 79 51 30 / 06 87 30 31 24
Ouvert tous les jours sans RDV
Fromages : Saint-Nectaire

GAEC DUSSAP

Le Bourg - 63210 CEYSSAT
✆ 04 73 87 11 10 / 06 61 51 61 92
Horaires d'ouverture : sur RDV
Fromages : Vache

FERME LE ROC

1 Le Mini Roc - 63210 ORCIVAL
✆ 04 73 21 29 95
Horaires d'ouverture : du lundi au dimanche de 11h-12h et 16h-19h
Fromages : Saint-Nectaire

GAEC TIXIER

Beaune-le-Froid - 63790 MUROL
✆ 04 73 88 81 10 / 06 70 42 74 10
Visite en été à 9h le lundi, mardi et merc. sinon sur réservation. Vente tous les jours sauf dimanche et jours fériés de 9h-12h et 14h-16h30.
Fromages : Saint-Nectaire

LES BONHEURS DE SOPHIE / LA GRANGE À LUDO

Serre Haut - 63610 BESSE-ET-SAINT-ANASTAISE
✆ 06 13 25 02 82
Ouvert toute l'année
Fromages : brebis et chèvre

TERRE DE SEIGLE

Jassy - 63420 SAINT-ALYRE-ÈS-MONTAGNE
✆ 04 73 71 78 86 / 06 86 87 82 77
Ouvert tous les jours de 8h30-20h sauf le merc. de 8h30-12h30
Fromages : Chèvre et Vache

GAEC LES RUISSEAUX

Ferme les Sagnes
63610 BESSE-ET-SAINT-ANASTAISE
✆ 09 63 47 38 25
Ouvert du lundi au samedi
Fromages : Saint-Nectaire

GAEC DE LA CIME DES PRÉS

La Cime des Prés
63850 ÉGLISENEUVE-D'ENTRAIGUES
✆ 04 73 71 93 88 / 06 28 19 51 01
Goûter ou petit déjeuner à la ferme sur réservation (la veille). Traite à l'estive à 18h. Fabrication du Saint-Nectaire à 19h (hors vacances scolaires sur RDV). Vente du lundi au sam. de 9h-20h.
Fromages : Vache

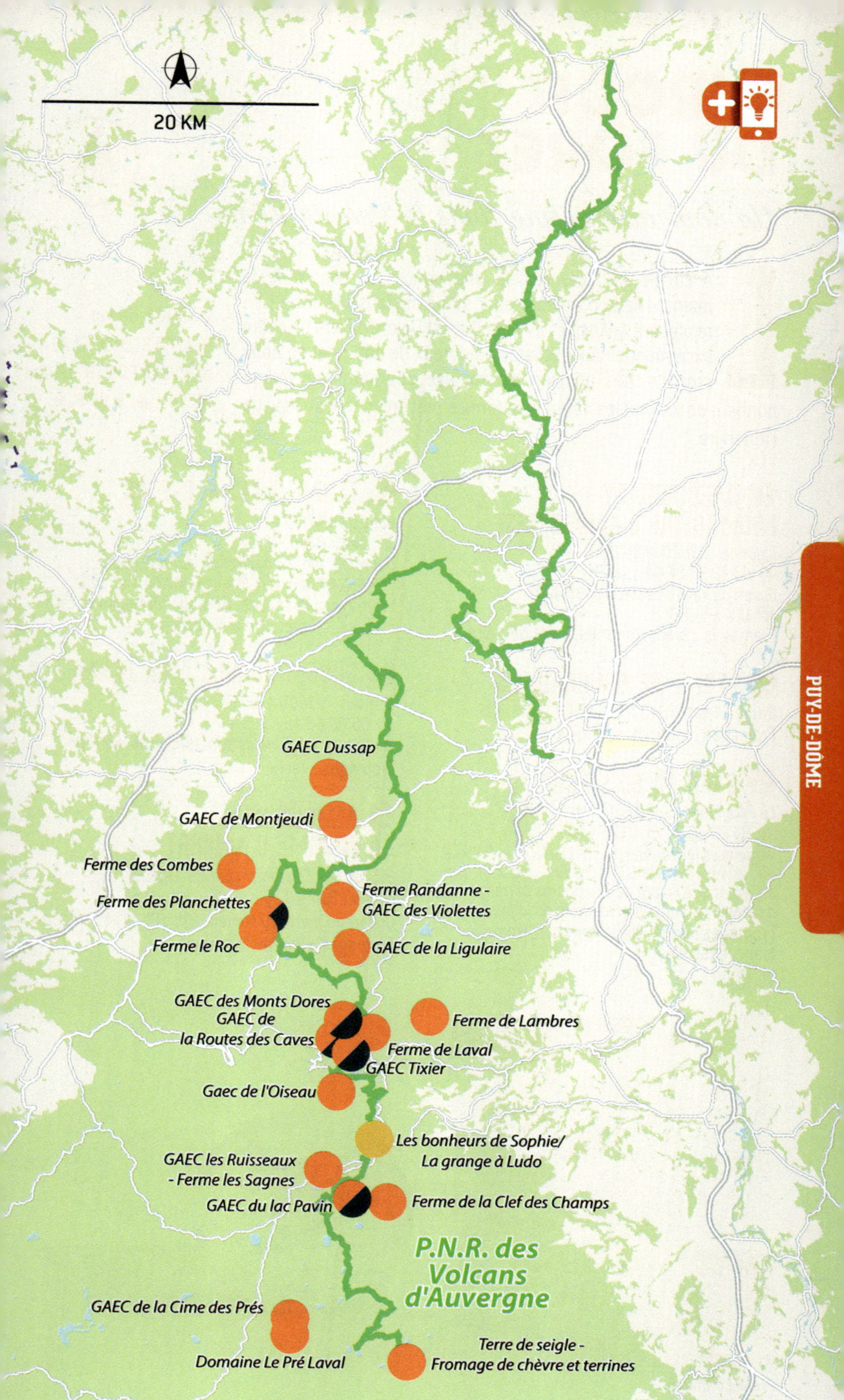
20 KM
GAEC Dussap
GAEC de Montjeudi
Ferme des Combes
Ferme des Planchettes
Ferme le Roc
Ferme Randanne - GAEC des Violettes
GAEC de la Ligulaire
GAEC des Monts Dores
GAEC de la Routes des Caves
Ferme de Lambres
Ferme de Laval
GAEC Tixier
Gaec de l'Oiseau
Les bonheurs de Sophie/ La grange à Ludo
GAEC les Ruisseaux - Ferme les Sagnes
GAEC du lac Pavin
Ferme de la Clef des Champs
P.N.R. des Volcans d'Auvergne
GAEC de la Cime des Prés
Domaine Le Pré Laval
Terre de seigle - Fromage de chèvre et terrines

CIRCUIT DU FOREZ

Un itinéraire affiné dans le Puy-de-Dôme

Le circuit du Forez réalise une boucle au départ de la mairie d'Ambert célèbre pour sa prestigieuse Fourme ! En rejoignant Arlanc, les rivières Dore et Dolore offrent un cadre exceptionnel aux cyclistes amoureux de nature et de bons produits. Les adeptes de fromage pourront trouver leur bonheur en visitant les différentes fermes présentes tout au long de l'itinéraire.

DISTANCE *66 km*
DURÉE ESTIMÉE *3h25*
DÉNIVELÉ POSITIF *1732m*
NIVEAU ▲▲▲▲▲

GAEC RODARY - FROMAGERIE L'AMBERTOISE

Ligonne - 63600 AMBERT
✆ 04 63 33 24 64
Ouvert du lundi au samedi 8h30-12h et vend. 14h-19h
Fromages : bleus, tommes, Saint Nectaire

FERME DE BRUGEAILLES

Brugeailles - 63940 MARSAC-EN-LIVRADOIS
Fromages : fourmes, tomme, bleu

GAEC DU BOIS DORÉ

Le Péaghier - 63980 FOURNOLS
✆ 04 73 72 93 75 / 06 84 10 77 21
Vente tous les matins de 9h-11h45 sauf les jeudis, le week-end de 10h-12h. Sinon sur RDV. (en espérant que l'ajout de ces photos permette tout de même de conserver la photo de la fourme...)
Fromages : petits bleus, tommes, fromage blanc, faisselles

FERME DU CHALISSOUS

63600 SAINT-JUST
✆ 04 73 72 97 31
Ouvert de mars à décembre le mardi, merc. et vend. de 15h-17h, le week-end de 16h-18h.
Fromages : faisselles, fromages frais, mi-secs ou secs, crémeux ou aux herbes

GOURMANDISES À LA FERME

Combris - 63600 AMBERT
✆ 06 78 68 16 43
Vente tous les jours de 17h-19h, visite sur RDV
Fromages : vache

MAISON DE LA FOURME D'AMBERT

29, rue des Chazeaux - 63600 AMBERT
✆ 04 73 82 49 23
Ouvert du mardi au samedi 10h-12h30 et 14h-18h
Fromages : Fourme d'Ambert

Fourme d'Ambert.

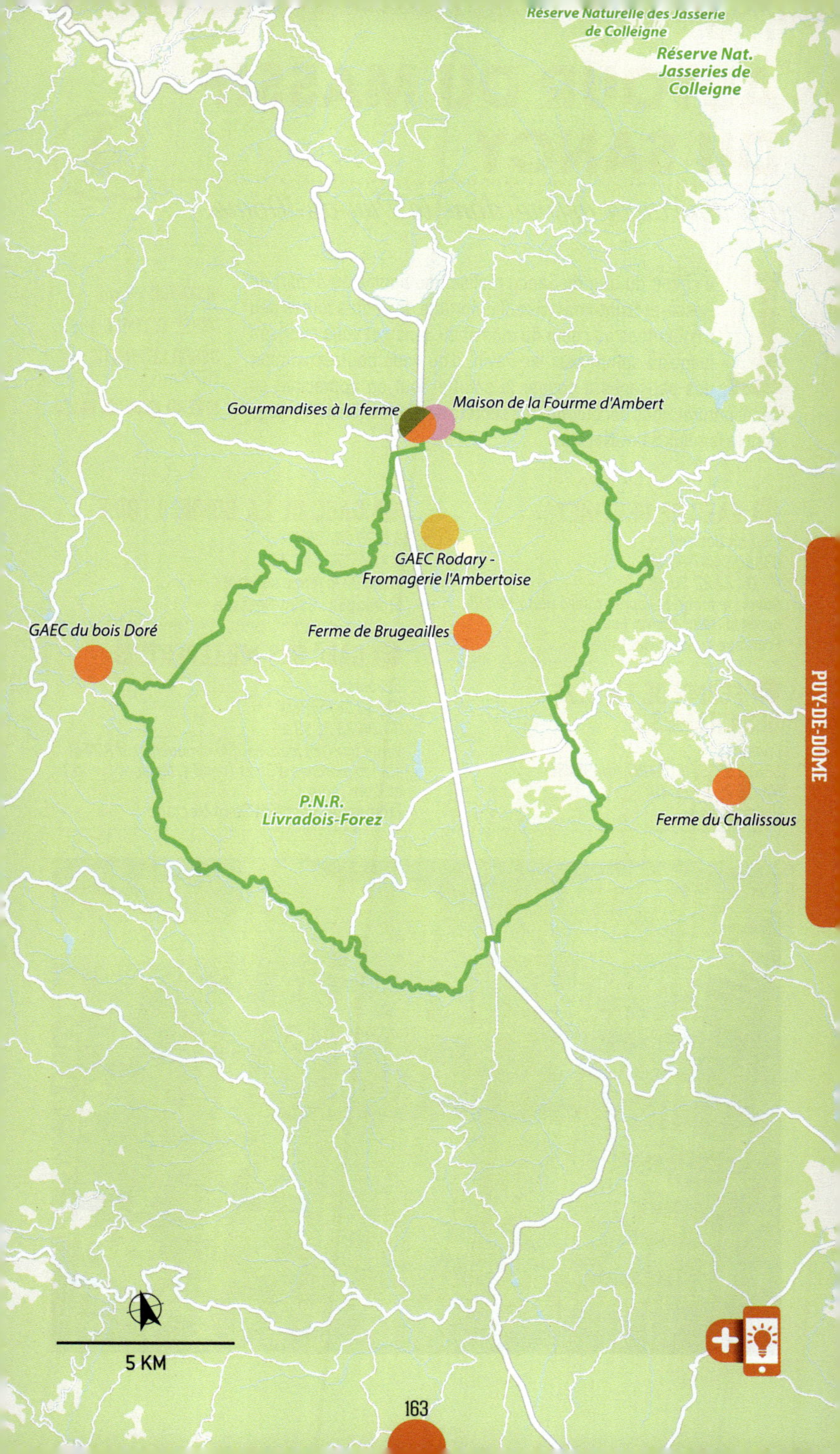
Réserve Naturelle des Jasserie
de Colleigne
Réserve Nat.
Jasseries de
Colleigne
Gourmandises à la ferme
Maison de la Fourme d'Ambert
GAEC Rodary -
Fromagerie l'Ambertoise
GAEC du bois Doré
Ferme de Brugeailles
P.N.R.
Livradois-Forez
Ferme du Chalissous
5 KM

PUY-DE-DÔME

AUTOUR DU MASSIF DU SANCY

Un itinéraire affiné dans le Puy-de-Dôme

Le circuit du tour du Sancy réalise une boucle au départ de Besse-et-Saint-Anastaise. Il emprunte de petites routes peu fréquentées au coeur du massif du Sancy et vous conduira jusqu'au somptueux lac Pavin, d'où vous pourrez admirer des paysages à couper le souffle. Tout en appréciant ce décor naturel, vous découvrirez les secrets de production de fromage dont le fameux Saint-Nectaire.

DISTANCE *78 km*
DURÉE ESTIMÉE *3h55*
DÉNIVELÉ POSITIF *1622 m*
NIVEAU ▲▲▲▲△

GAEC DE BERTINET

Lieu-dit Betinet
63680 SAINT-DONAT
© 04 73 22 30 68
Ouvert le matin et l'après-midi à partir de 16h, après la traite des vaches
Fromages : Saint-Nectaire

FERME DE LA CLEF DES CHAMPS

Champs
63610 BESSE-ET-SAINT-ANASTAISE
© 06 75 54 71 40
Visite : sur rdv

GAEC DE LA BONNE ÉTOILE

63680 CHASTREIX
© 04 73 21 55 22
Visite de la ferme sur RDV
Fromages : Saint-Nectaire

GAEC DES MILLEPERTUIS

Reboisson
63680 CHASTREIX
© 04 73 21 53 16
Vente tous les jours sauf le dimanche sur RDV et sur les marchés d'Orcet (vend.), Moissat (vend.) et Riom (sam.)
Fromages : vache et Saint-Nectaire

PUY-DE-DÔME

Lac Pavin.

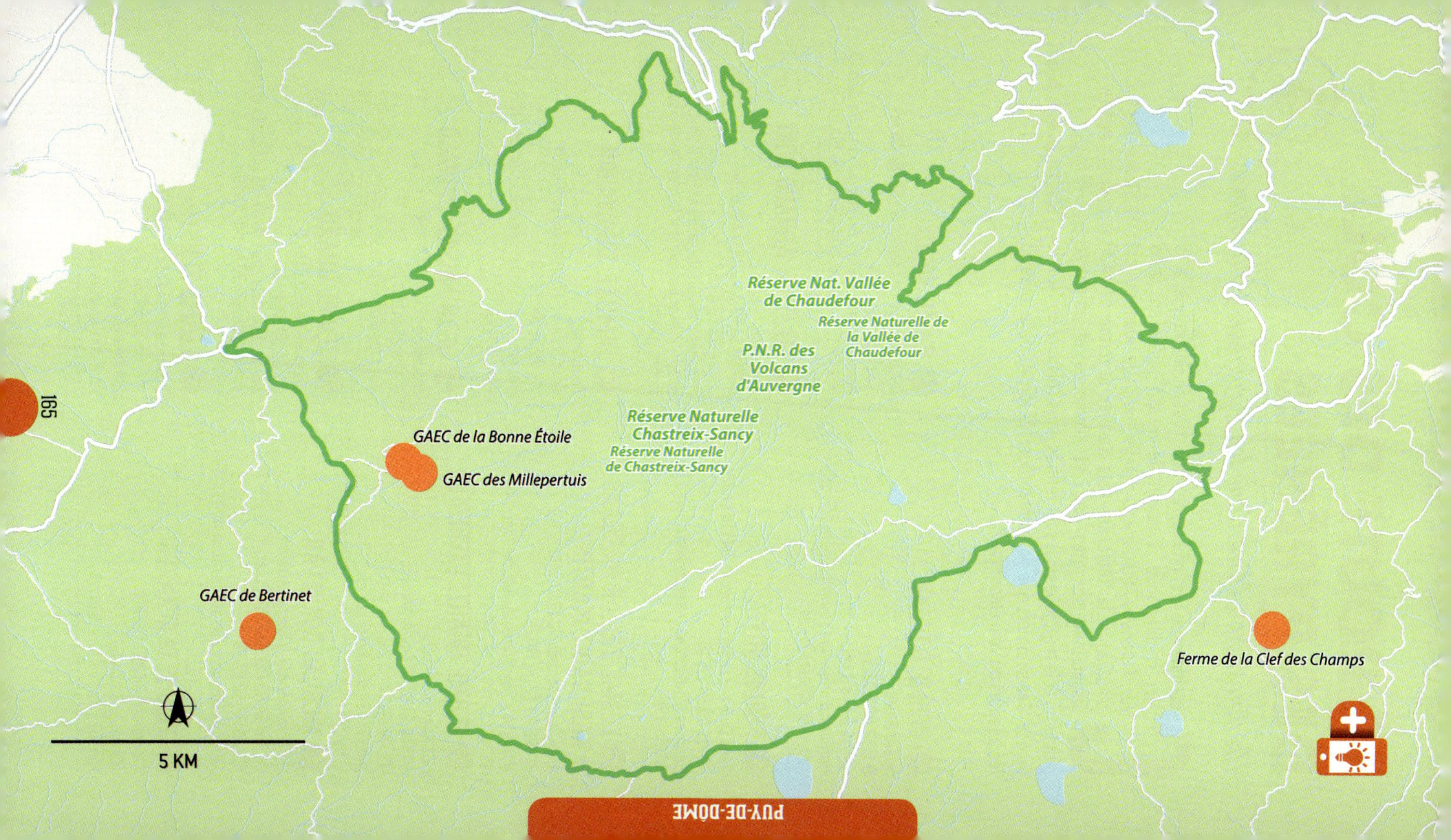
Réserve Nat. Vallée de Chaudefour
Réserve Naturelle de la Vallée de Chaudefour
P.N.R. des Volcans d'Auvergne
Réserve Naturelle Chastreix-Sancy
Réserve Naturelle de Chastreix-Sancy
GAEC de la Bonne Étoile
GAEC des Millepertuis
GAEC de Bertinet
Ferme de la Clef des Champs
5 KM

LA ROUTE DES COLS DES PYRÉNÉES

Un itinéraire affiné dans les Pyrénées-Atlantiques

Cet itinéraire de montagne relie l'Océan Atlantique à la Mer Méditerranée à travers le massif pyrénéen. Dans les Pyrénées-Atlantiques, depuis Hendaye jusqu'au col d'Aubisque, la Route des Cols traverse le terroir de l'AOP Ossau-Iraty sur près de 238 kilomètres et emprunte plusieurs cols mythiques qui sont rentrés dans l'histoire du Tour de France. Des sommets que pourront tutoyer les forçats de la route ou les adeptes du vélo électrique !

DISTANCE *238 km*
DÉNIVELÉ POSITIF *7049 m*
NIVEAU ▲▲▲▲▲

FERME GOXOAN
Xabat Baita
64122 URRUGNE
✆ 05 59 54 33 64
Horaires d'ouverture : tous les jours 15h-18h sauf dim. et jours fériés

FERME IHITIA
Ihitia Quartier Elbarrun Auzoa - 64310 SARE
✆ 05 59 54 22 16
Horaires d'ouverture : tous les jours 10h-12h et 15h-19h

FERME TXILAR MORGANE & XABI SAINT-MARTIN
Argaineneko Borda - 64310 SARE
✆ 06 69 12 30 74
Horaires d'ouverture : du lun. au sam. 14h-18h

FERME UHARTETXEBERRIA
621 Karrika Zaharra
64310 SAINT-PÉE-SUR-NIVELLE
✆ 05 59 54 03 22
Horaires d'ouverture : sur rdv

NICOLAS DOKHELAR
Hiriberrikoborda - Quartier Artzirin
64310 SAINT-PÉE-SUR-NIVELLE
✆ 06 47 52 81 76
Horaires d'ouverture : du lun. au sam. 15h-19h

FERME OLATXAREA
Olatxarea - 64250 AINHOA
✆ 06 21 80 84 66
Horaires d'ouverture : sur rdv

KAIKU BORDA
D918 - Village des Artisans - 64780 OSSE
✆ 05 59 49 10 64
Horaires d'ouverture : du mar. au ven. 10h-12h30 et 14h-19h, le sam. 10h-13h et 14-19h30

MAÏTÉ & ARNAUD GONI
Irungaraia
64780 SAINT-MARTIN-D'ARROSSA
✆ 06 33 53 43 67
Horaires d'ouverture : tous les jours 9h-12h et 15h-20h et présent sur le marché de Guéthary le dim. matin

FAMILLE TAMBOURIN
Enautenea
64430 SAINT-ÉTIENNE-DE-BAÏGORRY
✆ 06 32 34 26 99
Horaires d'ouverture : tous les jours 9h-12H et 13h30-19h

JEAN-MICHEL MONACO
Olatxarea - 64250 AINHOA
✆ 06 21 80 84 66
Horaires d'ouverture : sur rdv

FERME OHAKO
Ohakoa - 64430 BANCA
✆ 05 59 37 49 60
Horaires d'ouverture : du 01/05 au 30/11 du lun. au sam. 8h-12h30 et 14h30-19h

FERME ELURTI
Xabat Baita - 64122 URRUGNE
✆ 05 59 54 33 64
Horaires d'ouverture : tous les jours 15h-18h sauf dim. et jours fériés

Fromage Ossau Iraty.

FERME BENTTA

Route d'Arnéguy - 64220 UHART-CIZE
✆ 05 59 37 07 43
Ouvert tous les jours 9h-20h sauf dim.

ETCHEVERRIA-FALSA PEIO

Ferme Xaltroinia - Quartier Pagola
64220 ARNÉGUY
✆ 06 52 86 67 95
Horaires d'ouverture : tous les jours sur rdv

COOPÉRATIVE LAITIÈRE DU PAYS-BASQUE

La cave aux fromages Garaziko Gasna Etxea
2 place des Remparts
64220 SAINT-JEAN-PIED-DE-PORT
✆ 05 59 49 10 31
Horaires d'ouverture : du 16/09 au 30/06, du lun. au ven. 10h-12h et 14h-18H. Du 01/07 au 15/09, du lun. au sam. 10h-12H et 14h-19h

FERME ETCHAMENDY

64220 AHAXE-ALCIETTE-BASCASSAN
✆ 05 59 37 37 33
Horaires d'ouverture : tous les jours 8h-12H et 13h30-19h

FERME ETXEHERRI

Etcheberria
64220 BUSSUNARITS-SARRASQUETTE
✆ 05 59 37 17 41
Horaires d'ouverture : tous les jours 10h-18h

FERME PAULENEA

Gaec Iraunkor
64220 ESTÉRENÇUBY
✆ 05 59 37 26 92
Horaires d'ouverture : tous les jours 8h-20h

JEAN-MICHEL MAÏTIA

Xaltoinia
64220 ESTÉRENÇUBY
✆ 05 59 37 02 87
Horaires d'ouverture : tous les jours 9h-12h et 14h-20h

ANGÈLE INDART

Elixaia - 64220 LECUMBERRY
✆ 05 59 37 15 47
Horaires d'ouverture : tous les jours 9h-12h et 16h-20h30 sauf dim. après midi

MAIDER, JEAN-MARC & JOJO GOYHENEIX

GAEC Atalai Ferme Menddia
64220 LECUMBERRY
✆ 05 59 37 32 18
Horaires d'ouverture : tous les jours 9h-20h

PHILIPPE NEGUELOUART

Cayolar Irau - Montagne d'Iraty
64220 LECUMBERRY
✆ 06 30 19 19 79
Horaires d'ouverture : tous les jours de juin à octobre 8h-20h

LA ROUTE DES COLS DES PYRÉNÉES

Un itinéraire affiné dans les Pyrénées-Atlantiques

ETXOLA

Commission syndicale de Cize - Chalet d'Iraty
Chalet de Cize Plateau d'Iraty - Cize
64220 LECUMBERRY
✆ 09 82 12 70 28
Ouvert tous les jours du 01/06 au 30/09 8h-19h

FROMAGERIE ÉCOLOGIQUE D'IRATI

SARL Irati - Route d'Iraty RD 18
64220 MENDIVE
✆ 05 59 37 63 86
Horaires d'ouverture : en juillet et août, 10-18h, en juin, septembre, octobre et en périodes de vacances scolaires : 10h-17h, le reste de l'année : 10h-12h.

JEAN-BERNARD UNHASSOBISCAY

Gaec Etxepareborda Etxepareborda
64220 BÉHORLÉGUY
✆ 05 59 37 21 81
Ouvert tous les jours 9h-12h et 15h-19h

GILLES GACHEN

Gaec Ipasko Cayolar Ipaskoa
64220 BÉHORLÉGUY
✆ 06 84 38 83 20
Horaires d'ouverture : tous les jours de mai à mi-novembre 9h-20h

GAEC BASLURRE

Lopisteiko Borda - 64220 BÉHORLÉGUY
✆ 05 59 37 29 44
Ouvert du mar. au sam. 10h-19h

DOMINIQUE & GUY-MICHEL IDIART. BIXINTXO GERMAIN

Iruleia - 64220 BUSTINCE-IRIBERRY
✆ 05 59 37 13 42
Ouvert tous les jours 9h-19h sauf dim. et jours fériés

DÉSIRÉ & KATHY LOYATHO

Ferme Ekiola Au Bourg - 64220 GAMARTHE
✆ 05 59 37 88 19
Ouvert l'été 19h-12h30 et 15h-19h, le reste de l'année 10h-12h30 et sur rdv l'après midi

MONIQUE & HENRI SAUT

Quartier Arhan
64470 LACARRY-ARHAN-CHARRITTE-DE-HAUT
✆ 05 59 28 73 24
Ouvert tous les jours 9h-20h sauf dim.

Sommet du Col d'Aubisque.

JEAN-MARC & NICOLAS BENGOCHEA

Maison Elixabe - Quartier Carçaya
64560 LARRAU
✆ 05 59 28 58 23
Ouvert tous les jours 10h-13h et 15h-19h sauf dim.

FRANCIS POINEAU

Cayolar Ardakotxia - GR1 - 64560 LARRAU
✆ 06 70 63 77 11
Ouvert du 20/05 au 20/09 de 9h-13h

AMANDINE & JOHANE UTHURRALT

Salaberria
64430 SAINT-ÉTIENNE-DE-BAÏGORRY
✆ 05 59 37 42 42
Ouvert tous les jours 9h-20h

FERME BARNETXIA

Maider & Peio Quillihalt - Beñuet Larçabal
Bourg d'Artherey - 64560 LICQ-ATHÉREY
✆ 06 37 96 62 52
Ouvert tous les jours 9h-20h

DANIEL OYHARÇABAL

Maison Kurutchelhar - Quartier Athoro
64560 SAINTE-ENGRÂCE
✆ 05 59 28 52 98
Horaires d'ouverture : 10h-12h et 15h-19h30

LES BERGERS DU HAUT BÉARN

Rue de l'Eglise
64570 LANNE-EN-BARÉTOUS
✆ 05 59 34 44 17
Horaires d'ouverture : du lun. au ven. 9h30-12h30 et 14h-16h

FERME MAYSONNAVE

Quartier Barlanés
64570 LANNE-EN-BARÉTOUS
✆ 05 59 34 64 56
Horaires d'ouverture : tous les jours 9h-20h

FERME OROS-MIRASSOU

EARL Oros Mirassou - 64570 ARETTE
✆ 05 59 88 93 10
Horaires d'ouverture : tous les jours

FERME TILLOUS-BERGEZ

Quartier Bugala - 64570 ARETTE
✆ 05 59 88 92 73
Horaires d'ouverture : tous les jours 10h-18h

LUCIE BERGEZ CHANDELLE & LAURENT MONREPAUX

GAEC des Vallées - Quartier Bugala
64570 ARETTE
✆ 05 59 88 93 12
Ouvert tous les jours 9h-20h

JULIEN LASSALLE

GAEC Ferme Lassalle
Route d'Issor Maison Chinette
64570 LOURDIOS-ICHÈRE
✆ 06 07 38 46 17
Ouvert tous les jours 8h-20h

FROMAGERIE DU PAYS D'ARAMITS

Quartier Esquiasse - 64570 ARAMITS
✆ 05 59 34 63 03
Horaires d'ouverture : du lun. au ven. 9h-12h et 14h-18h, le sam. 9h-12h

FERME LAHER

GAEC Les Trois Arbres - Route d'Arette
64570 ARAMITS
✆ 05 59 34 10 78
Horaires d'ouverture : sur rdv

CÉDRIC PUCHEU

Ferme Récébire - 64570 ISSOR
✆ 05 59 34 40 57
Horaires d'ouverture : sur rdv

LES FERMIERS BASCO-BÉARNAIS D'ACCOUS

RD 834 - 64490 ACCOUS
✆ 05 59 34 76 06
Ouvert du lun. au jeu. 9h-12h et 15h-18h, le ven. 9h-12h et 15h-17h, fermé le mer. après-midi et ouvert le sam. jusqu'à 19h pendant les vacances scolaires

FERME MIRAMON

29 Rue Gambetta - 64490 BEDOUS
✆ 06 89 50 03 99
Ouvert tous les jours 10h-12h15 et pendant les vacances scolaires de la Zone A 17h-19h sauf le dim.

ISABELLE VACOSAIT

Le Plateau de Bious-Artigues
Cabane de Cap-de-Pont - Route du Pourtalet
64440 BIOUS-ARTIGUES
✆ 06 87 24 88 44
Ouvert tous les jours 10h-20h

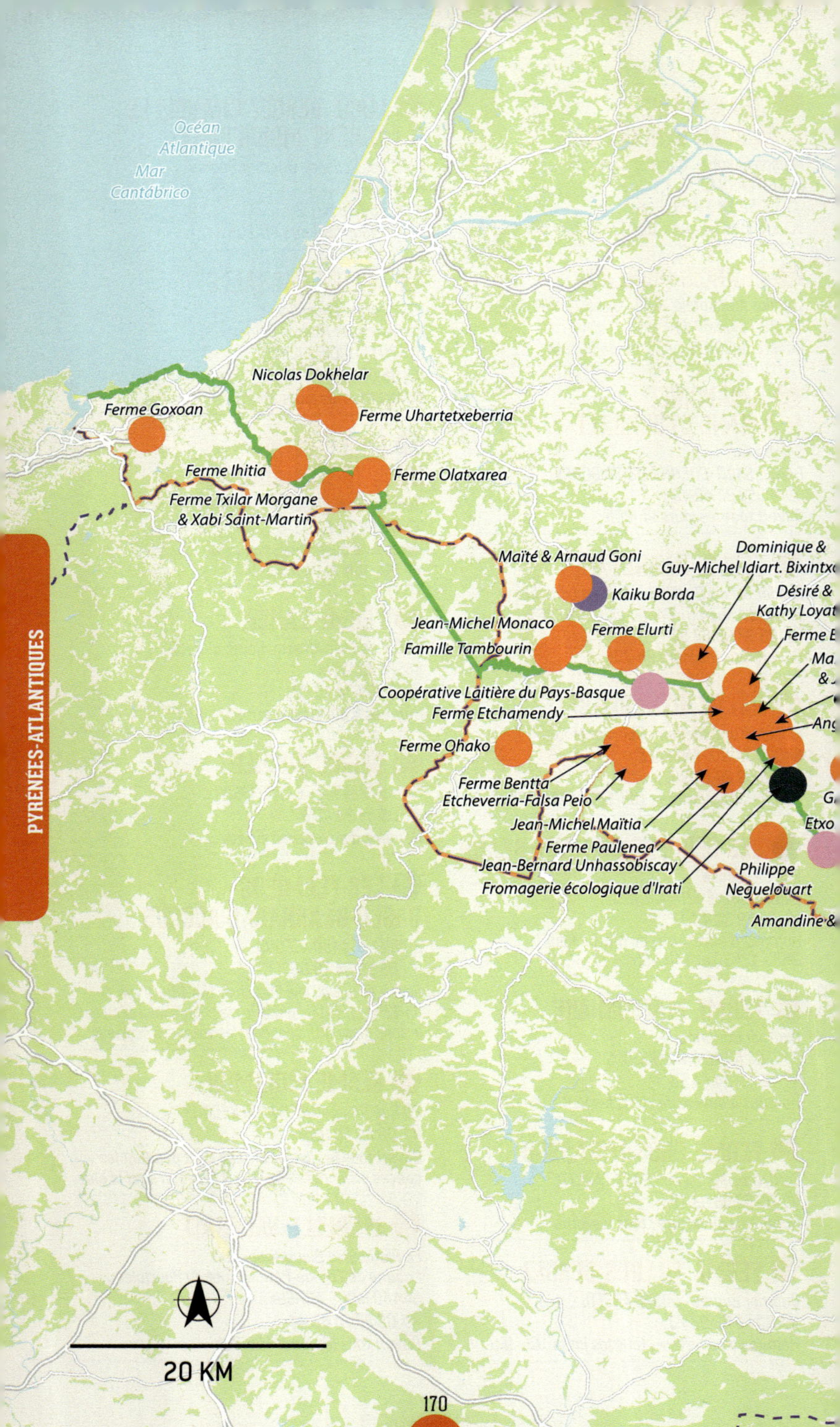
Océan
Atlantique
Mar
Cantábrico
PYRÉNÉES-ATLANTIQUES
Nicolas Dokhelar
Ferme Goxoan
Ferme Uhartetxeberria
Ferme Ihitia
Ferme Olatxarea
Ferme Txilar Morgane
& Xabi Saint-Martin
Maïté & Arnaud Goni
Dominique &
Kaiku Borda
Désiré &
Jean-Michel Monaco
Ferme Elurti
Famille Tambourin
Coopérative Laitière du Pays-Basque
Ferme Etchamendy
Ferme Ohako
Ferme Bentta
Etcheverria-Falsa Peio
Jean-Michel Maïtia
Ferme Paulenea
Jean-Bernard Unhassobiscay
Philippe
Neguelouart
Fromagerie écologique d'Irati
20 KM

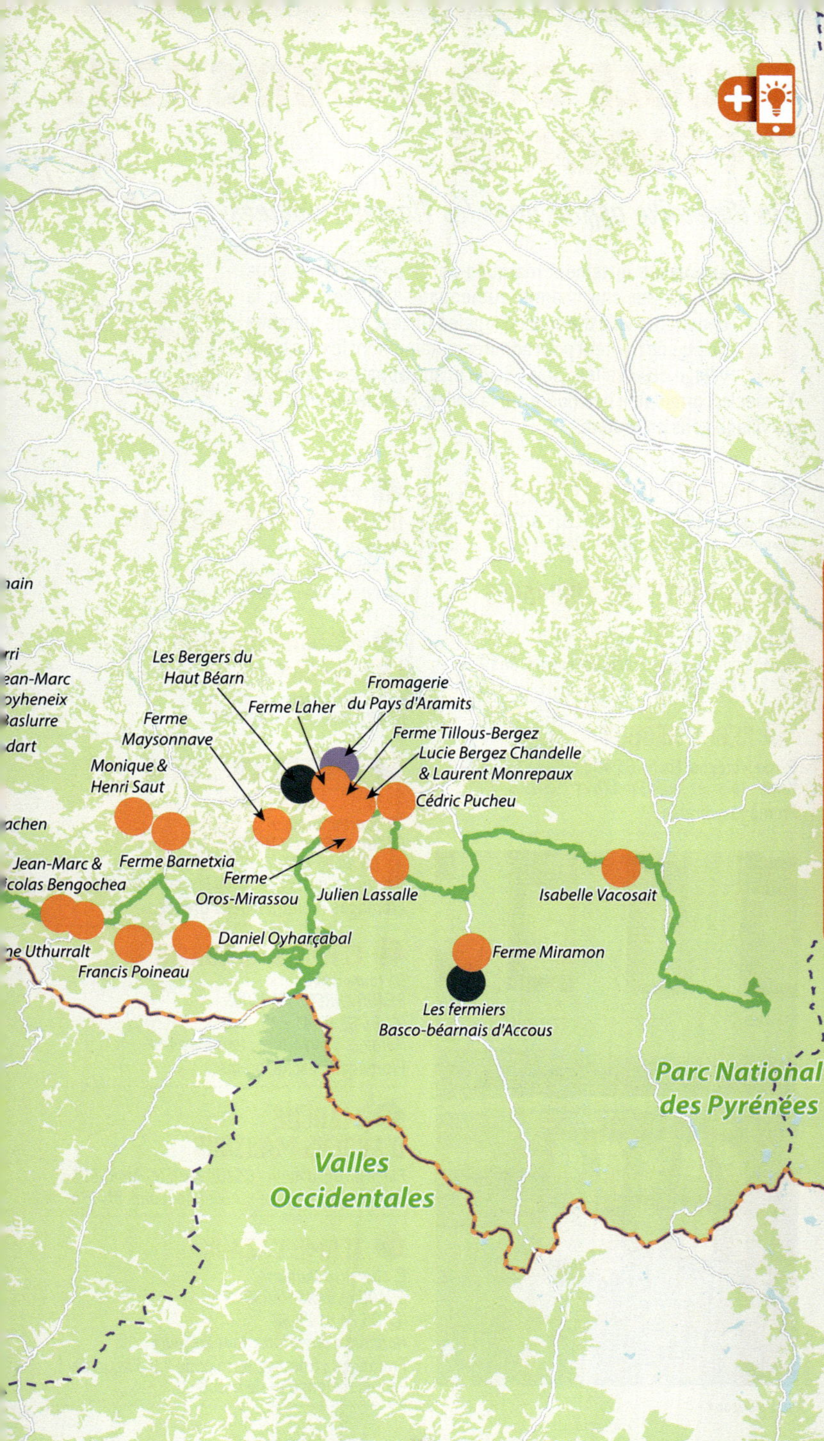
Les Bergers du Haut Béarn
Ferme Laher
Fromagerie du Pays d'Aramits
Ferme Tillous-Bergez
Lucie Bergez Chandelle & Laurent Monrepaux
Ferme Maysonnave
Monique & Henri Saut
Cédric Pucheu
Jean-Marc &
Ferme Barnetxia
Ferme Oros-Mirassou
Julien Lassalle
Isabelle Vacosait
Daniel Oyharçabal
Francis Poineau
Ferme Miramon
Les fermiers Basco-béarnais d'Accous
Parc National des Pyrénées
Valles Occidentales

BOUCLE CYCLOTOURISTIQUE EN BIGORRE

Un itinéraire affiné dans les Hautes-Pyrénées

Cette vallée fortement marquée par le pastoralisme vous séduira par son charme authentique ! Au départ de la charmante ville thermale d'Argeles-Gazost, vous prendrez un peu de hauteur pour admirer certainement le plus beau village de la vallée : Saint-Savin et son abbatiale datant du XIe siècle. Formidable belvédère sur la vallée, le style architectural du village vous envoutera.

DISTANCE *34 km*
DÉNIVELÉ POSITIF *679 m*
NIVEAU ▲▲△△△

HAUTES-PYRÉNÉES

MARCHÉ D'ARGELÈS-GAZOST

Place du Foirail - 65 400 ARGELÈS-GAZOST
Horaires d'ouverture : 8h30-13h

LA ROUTE DES FROMAGES

11 rue Maréchal Foch
65 400 ARGELÈS-GAZOST
Horaires d'ouverture : du mar. au sam. 8h30-12h30 et 15h30-19h

SERGE NEBOUT

5, rue Maréchal Foch - 65 400 ARGELES-GAZOST
Vente : tous les jours 9h-12h et 15h-19h
Fromages : brebis

Ferme Cazaux.

MARCHÉ DE PIERREFITTE-NESTALAS

Place de la Mairie
PIERREFITTE-NESTALAS
Horaires d'ouverture : sam. 8h-13h

MARCHÉ D'ARRAS EN LAVEDAN

Place de la Poste
65400 ARRAS-EN-LAVEDAN

GAEC DE VAL D'AZUN - FERME GAINZA

25 quartier Brouca
65400 ARRENS MARSOUS
✆ 06 84 11 02 50
Horaires d'ouverture : tous les jours sur rdv
Fromages : Tommes des Pyrénées

FERME ETCHEBARNE

91 route d'Azun
65400 ARRENS MARSOUS
✆ 05 62 97 41 77
Horaires d'ouverture : tous les jours
Fromages : vache, brebis

MARCHÉ D'ARRENS-MARSOUS

Place du Val d'Azun - 65400 ARRENS-MARSOUS
Horaires d'ouverture : Juillet-Août dim. 8h-13h

FERME CAZAUX

6, chemin d'Oumpré
65400 ARRENS MARSOUS
✆ 06 74 91 25 32
Horaires d'ouverture : tous les jours
Fromages : fromage fermier du Val d'Azun de vache, mélange et de brebis

2 KM
Forêt Communale
de Gaillagos
Forêt Communale
Indivise d'Aucun-
Estaing-Ferrières
Marché d'Argelès-Gazost
La Route des Fromages
Serge Nebout
Marché d'Arras-en-Lavedan
Parc National
des Pyrénées
GAEC du Val d'Azun
Ferme Gainza
Ferme Etchebarne
Ferme Cazaux
Marché d'Arrens-Marsous
Forêt d'Arras-
Sireix
Marché de Pierrefitte-Nestalas

BOUCLE SPORTIVE EN BIGORRE

Un itinéraire affiné dans les Hautes-Pyrénées

Nous vous proposons ici de découvrir le Col de Spandelles et de rejoindre le col du Soulor par son versant le plus intime, Tarbes-Tourmalet, lançant ainsi un nouveau défi montagnard aux coureurs valeureux. Cet itinéraire au départ d'Argelès-Gazost est un véritable belvédère pour découvrir les splendeurs de la vallée de l'Ouzom et du Val d'Azun et ses richesses gastronomiques.

DISTANCE *67 km*
DURÉE ESTIMÉE *4h*
DÉNIVELÉ POSITIF *2087 m*
NIVEAU ▲▲▲▲▲

MARCHÉ D'ARGELÈS-GAZOST

Place du Foirail - 65400 ARGELÈS-GAZOST
Horaires d'ouverture : 8h30-13h

LA ROUTE DES FROMAGES

11 rue Maréchal Foch - 65400 ARGELÈS-GAZOST
Horaires d'ouverture : du mar. au sam. 8h30-12h30 et 15h30-19h

SERGE NEBOUT

5, rue Maréchal Foch - 65400 ARGELÈS-GAZOST
Vente tous les jours 9h-12h et 15h-19h
Fromages : brebis

MARCHÉ DE PIERREFITTE-NESTALAS

Place de la Mairie - PIERREFITTE-NESTALAS
Horaires d'ouverture : sam. 8h-13h

Col du Soulor.

MARCHÉ D'ARRAS EN LAVEDAN

Place de la Poste - 65400 ARRAS-EN-LAVEDAN

GAEC DU VAL D'AZUN - FERME GAINZA

25 quartier Brouca - 65400 ARRENS-MARSOUS
✆ 06 84 11 02 50
Horaires d'ouverture : tous les jours sur rdv
Fromages : Tommes des Pyrénées

FERME ETCHEBARNE

91 route d'Azun - 65400 ARRENS-MARSOUS
✆ 05 62 97 41 77
Horaires d'ouverture : tous les jours
Fromages : vache, brebis

MARCHÉ D'ARRENS-MARSOUS

Place du Val d'Azun - 65400 ARRENS-MARSOUS
Horaires d'ouverture : Juillet-Août dim. 8h-13h

FERME CAZAUX

6, chemin d'Oumpré - 65400 ARRENS-MARSOUS
✆ 06 74 91 25 32
Horaires d'ouverture : tous les jours
Fromages : fromage fermier du Val d'Azun de vache, mélange et de brebis

FERME POULOU

65560 ARBEOST
Horaires d'ouverture : du lun. au ven. sur rdv
Fromages : vache

FERME GENTILLET

Route du Col de Spandelles - 65560 FERRIERES
✆ 05 59 71 42 58
Horaires d'ouverture : tous les jours sur rdv
Fromages : tomes et tomettes pur brebis

Rés. Nat. Massif du
Pibeste-Aoulhet
Réserve Naturelle
du Pibeste-Aoulhet
Ferme Gentillet
Ferme Poulou
Marché d'Argelès-Gazost
La Route des Fromages
Serge Nebout
Marché
d'Arras-en-Lavedan
Parc National
des Pyrénées
GAEC du Val d'Azun
Ferme Gainza
Ferme Etchebarne
Ferme Cazaux
Marché d'Arrens-Marsous
Marché de
Pierrefitte-Nestalas
3 KM

BOUCLES 1 & 2 : NESTE BAROUSSE

Un itinéraire affiné dans les Hautes-Pyrénées

Entre terres et eaux, les vallées de Neste Barousse forment un petit pays au coeur des Pyrénées, tourné vers la Garonne, aux airs mystiques qui font tout leur charme. Vous aurez l'occasion de vivre des moments de partage authentiques, de rencontrer des habitants ouverts et généreux, qui vous feront part de leur goût du terroir et du fameux « Barousse », un fromage au lait cru de vache fabriqué comme autrefois. Un pays sans arôme artificiel... à vélo (itinéraire vert) ou à VTT (itinéraire orange) !

DISTANCE *63 km*
DÉNIVELÉ POSITIF *980 m*
NIVEAU ▲▲▲△△

FERME FROMAGÈRE DE DENIS SOST

539 route du Cap de la Lane
65370 SOST
✆ 05 62 39 39 53 / 06 87 56 19 96
Visite et dégustation sur réservation
Fromages : brebis, mixte, vache, le Barousse, matoun

FERME CATHY ET YVES IBOS

Cap de la Lane - 65370 SOST
✆ 05 62 39 32 49
Visite et vente de fromage, le soir à partir de 17h-18h, ou sur appel téléphonique.
Fromages : vache, le Barousse

FERME PIERRE RECORD

12 chemin Escudero - 65370 SOST
✆ 05 62 39 23 93 / 06 70 18 09 85
Horaires d'ouverture : non renseigné
Fromages : vache, le Barousse

FOIRE AUX FORMAGES ET AUX TRADITIONS

Stade municipal
65370 LOURES BAROUSSE
Horaires d'ouverture : 1er week-end d'août

MARCHÉ DE LOURES BAROUSSE

Place de l'Église
65370 LOURES BAROUSSE
Horaires d'ouverture : vendredi de 8h à 13h

LOU LOMBRÈS

65150 LOMBRÈS
✆ 05 62 99 02 19 / 06 85 40 99 98
Horaires d'ouverture : sur réservation.
Fromages : Tomme des Pyrénées

HAUTES-PYRÉNÉES

Transhumance.

TAPEZ PF.APP
DANS LE NAVIGATEUR DE VOTRE SMARTPHONE. PRENEZ UNE PHOTO ET OBTENEZ
LE TRACÉ GPX
DE LA CARTE
PLUS D'INFOS
SUR LE DÉPARTEMENT
Ferme Lou Lombres
Florent UCHAN
Marché de
Loures-Barousse
Foire aux fromages
et aux traditions
Forêt Communale
de Génèrest
rêt de
listos
Ferme Pierre RECORD
Ferme Denis SOST
Ferme Cathy IBOS
3 KM

LA VALLÉE DE MUNSTER

Un itinéraire affiné en Alsace

Cette Véloroute entre Wintzenheim et Metzeral permet d'aller à la découverte d'un produit qui a rendu la vallée mondialement célèbre. Aujourd'hui encore, le fromage de Munster est produit dans la tradition et la passion des femmes et des hommes qui ont modelé ce territoire. Sommets arrondis, hautes chaumes, versants escarpés et lacs d'origine glacière vous accompagneront dans votre découverte du Massif des Vosges.

DISTANCE *18,3 km*

DÉNIVELÉ POSITIF *206 m*

NIVEAU ▲△△△△

ALSACE

LA MAISON DU FROMAGE - MUSÉE ET BOUTIQUE

23 rue de Munster - 68140 GUNSBACH

✆ 03 89 77 90 00

Horaires d'ouverture : tous les jours sauf le lundi, les mercredis hors vacances scolaires

Distance : 1 km

Fromages : Munster

LA MAISON DU FROMAGE - RESTAURANT LA STUB DE LA FECHT

23 rue de Munster - 68140 GUNSBACH

✆ 03 89 77 90 00

Horaires d'ouverture : tous les jours sauf le lundi, les mercredis hors vacances scolaires. Service continu à partir de 11h30.

Distance : 1 km

Fromages : Munster

LES 2 MARCHÉS DE MUNSTER

Place du Marché

Horaires d'ouverture : mardi et samedi matin, 7h-12h

Distance : 500 m

Fromages : Munster et produits du terroir

FERME VERSANT DU SOLEIL

21 Route de Weier - 68140 HOHROD

✆ 06 30 97 29 28

Visite libre en individuel et sur rés. pour les groupes, les mar. et jeu. à 10h.
Juillet et août : mar., jeu. et ven. à 10h.
Vente ts les jrs sauf le lun. après-midi.

Distance : 2 km

Fromages : Munster fermier AOP, Barikass, Tomette, Siasskass, fromage blanc et beurre.

DRIVE FERMIER DE LA VALLÉE DE MUNSTER

61 route de la Sclucht
68140 STOSSWIHR

Horaires d'ouverture : le jeu. 17h30-19h (commande avant le mar. minuit)

Distance : 3 km (dénivelé : 57 m)

Fromages : fromages et produits laitiers

FERME ET AUBERGE DU GEISBACH

4 chemin du Geisbach
68140 LUTTENBACH-PRÈS-MUNSTER

✆ 03 89 77 32 63

Vente à la ferme 8h-20h. Restauration sur place ts les jrs de février à fin novembre

Distance : 4 km (dénivelé : 230 m)

Fromages : bargkass

FERME DU HOHNECK

17 chemin du Hohneck - 68140 STOSSWIHR

Vente à la ferme 8h-12h et 15h-19h, visites sur réservation

Distance : 4,5 km (dénivelé : 90 m)

Fromages : Munster, Bargkass, Tomme, fromage frais, yaourt, beurre

FERME SCHMIDT

29 route de la Schlucht
68140 SOULTZEREN

✆ 03 89 77 42 42

Horaires d'ouverture : tous les jours 9h-19h

Distance : 5 km (dénivelé : 139 m)

Fromages : Munster

© OT VALLÉE DE MUNSTER

Maison du fromage.

ALSACE

CHÈVRERIE DU LONDENBACH

21 Chemin du Londenbach - 68140 SOULTZEREN
✆ 06 73 01 04 27
Ouvert tous les jours à 18h
Distance : 6 km (dénivelé : 393 m)
Fromages : chèvres

FROMAGERIE DU SAESSERLÉ

155 Ferme du Saesserlé - 68380 BREITENBACH
✆ 03 89 77 49 46
Horaires d'ouverture : du lundi au vendredi 8h-16h
Distance : 3 km (dénivelé : 313 m)
Fromages : Munster, Munster au cumin, Barikaas, Tomme, Siaskaas, Bibalakaas, fromage frais

FERME-AUBERGE CHRISTLESGUT

Familles Dischinger et Monod
68380 BREITENBACH ✆ 03 89 77 51 11
Horaires d'ouverture : ouverture de mi-avril au 1er novembre, sauf les mercredis midis
Distance : 5 km (dénivelé : 373 m)
Fromages : Munster, Bargkaas, Tomme, beurre, crème

FERME DE KLEINFELD

Chemin de Kleinfeld - 68380 METZERAL
Vente à la ferme 10h-17h
Distance : 300 m
Fromages : chèvres an agriculture biologique

FERME « IM BERG »

Myriam Messa - 68380 METZERAL
Horaires d'ouverture : de Pâques à décembre sur réservation
Visite les dimanches à 18h pour la traite - petits-déjeuners les dimanches à partir de 8h
Distance : 4 km (dénivelé : 360 m)
Fromages : chèvres et tomme

FERME PASCAL SCHICKEL

13 rue Barthelsgut - 68380 SONDERNACH
✆ 03 89 77 68 99
Transformation et vente. Ferme Auberge.
Horaires d'ouverture : du mardi au dimanche 8h-22h
Distance : 2,5 km (dénivelé : 76 m)
Fromages : Munster, Bargkass, Tomme en agriculture biologique.

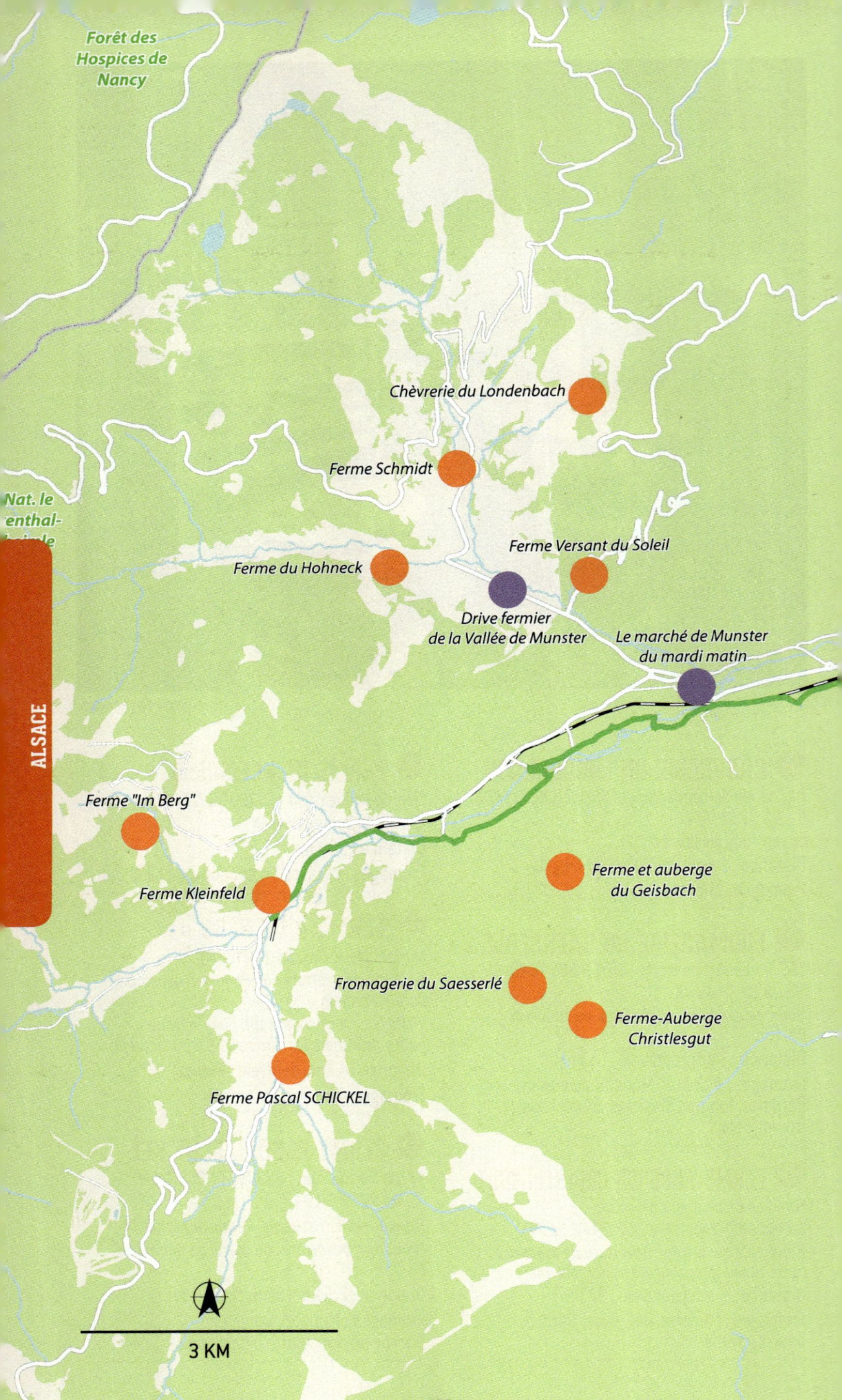
Forêt des Hospices de Nancy
Chèvrerie du Londenbach
Ferme Schmidt
Ferme Versant du Soleil
Ferme du Hohneck
Drive fermier de la Vallée de Munster
Le marché de Munster du mardi matin
Ferme "Im Berg"
Ferme et auberge du Geisbach
Ferme Kleinfeld
Fromagerie du Saesserlé
Ferme-Auberge Christlesgut
Ferme Pascal SCHICKEL
3 KM

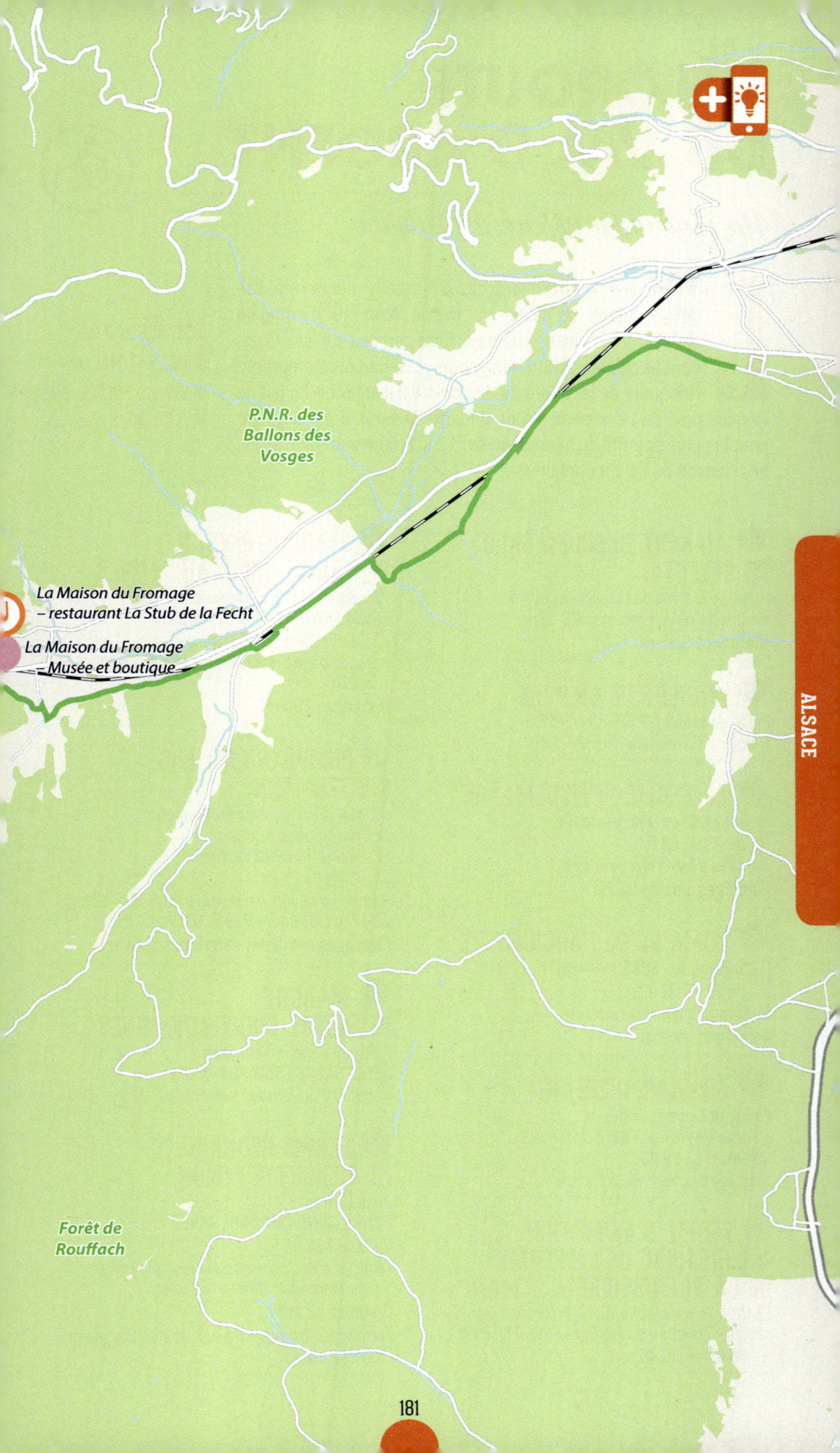
P.N.R. des Ballons des Vosges
La Maison du Fromage – restaurant La Stub de la Fecht
La Maison du Fromage – Musée et boutique
Forêt de Rouffach

VÉLOROUTE DU VAL D'ARGENT

Un itinéraire affiné en Alsace

L'itinéraire « Vélo & Fromages d'Alsace » démarre à Val-de-Villé, dans la Vallée du même nom au patrimoine architectural riche de châteaux forts perchés sur les crêtes, dont le célèbre Haut-Koenigsbourg. Ce parcours emprunte l'itinéraire de la Véloroute dite du « Val d'Argent » du fait de l'exploitation de ce minerai située près de Sélestat. Il est possible pour les plus sportifs de poursuivre sur 12 kilomètres en montagne, en direction du Col du Bonhomme.

DISTANCE *17,7 km*
DURÉE ESTIMÉE *1h*
DÉNIVELÉ POSITIF *206 m*
NIVEAU ▲△△△△

ALSACE

MARCHÉ HEBDOMADAIRE DE SÉLESTAT
Place du Marché aux Choux - 67600 SÉLESTAT
Horaires d'ouverture : mardi 8-13h
Distance : 5,5 km

MARCHÉ DE LIÈPVRE
Place de la Mairie - 68660 LIÈPVRE
Horaires d'ouverture : lundi 7-13h

LA FERME PETITDEMANGE
Maud et Laurent Petitdemange
✆ 06 79 95 63 07
Horaires d'ouverture : sur rdv
Formages : lait de vache

DOMAINE DE NAUGIGOUTTE
9 Naugigoutte - 68660 ROMBACH-LE-FRANC
✆ 06 27 73 53 02
Horaires d'ouverture : sur rdv
Formages : brebis

DOMAINE D'ESTARY
Fanny et Laurent Walter
1 Vallée de Frarupt - 68660 LIÈPVRE
✆ 06 74 61 96 90
Horaires d'ouverture : à l'année

FERME D'ANIMATION « L'HISTOIRE DE LA FERME DE LA PRÉHISTOIRE À DEMAIN »
ESAT-EA Ferme d'animation - Institution les Tournesols - 3 chemin du Frarupt - 68660 LIÈPVRE
✆ 06 85 46 36 46

MARCHÉ PAYSAN DE SAINTE-CROIX-AUX-MINES
Villa Burrus - 11a rue Maurice Burrus
68160 SAINTE-CROIX-AUX-MINES
✆ 06 07 90 42 27
Horaires d'ouverture : mardi de juin à sept. 16h-21h
Distance : 700 m

PRODUITS LAITIERS KURTZEMANN
Chantal Wirth et Serge Kurtzemann
111 rue Maurice Burrus
67160 SAINTE-CROIX-AUX-MINES
✆ 03 89 58 73 24
Horaires d'ouverture: du lundi au jeudi 7-12h et 13-17h et le vendredi de 7-12h et 13-15h
Fromages : munster et tommes d'Alsace

MARCHÉ DE SAINTE-CROIX-AUX-MINES
Place du Général Bourgeois
68160 SAINTE-CROIX-AUX-MINES
Horaires d'ouverture : samedi de 8-12h

FERME BERNARD ET PIERRETTE DIDION
39 pré Vareth
68160 SAINTE-CROIX-AUX-MINES
✆ 03 89 58 85 83
Vente : sur rdv, présence sur les marchés de Sainte-Marie-aux-Mines et Sélestat
Distance : 2 km
Formages : fromage frais, Munster, Bargkass, Fromage blanc

Munster et vosgiennes.

EARL MONTGOUTTE
50 Mongoutte - 68160 SAINTE-CROIX-AUX-MINES
Distance : 3,5 km
Formages : chèvre

CORNE ET CAROTTE
Aire de repos des mines
1 lieu-dit « Sur Les Prés »
RN59 - 68160 SAINTE-MARIE-AUX-MINES
Horaires d'ouverture : les ven. 15h-19h et les sam. 8h30-13h
Distance : 500 m

FERME DU LANGTHAL
Sylvie et Olivier Casetti
16 lieu-dit la Bourgonde
68160 SAINTE-MARIE-AUX-MINES
✆ 06 12 60 50 51
Fromages : chèvre au lait cru

LES VISITES GUIDÉES ET CONTÉES DU PAYS D'ART ET D'HISTOIRE
Office de Tourisme du Val d'Argent et de Sainte-Marie-Aux-Mines - Place Prensureux
68160 SAINTE-MARIE-AUX-MINES
✆ 03 89 58 80 50
Distance : 30 m

LA FÊTE DU BOIS
Parc Jules Simon
68160 SAINTE-MARIE-AUX-MINES
Office de Tourisme du Val d'Argent et de Sainte-Marie-Aux-Mines ✆ 03 89 58 80 50
Distance : 200 m

MARCHÉ DE SAINTE-MARIE-AUX-MINES
Place des Tisserands
68160 SAINTE-MARIE-AUX-MINES
Horaires d'ouverture : samedi de 7-13h

FERME-AUBERGE CHALET PIERRE
Famille Strejc - 10 La Côte d'Echery
68160 SAINTE-MARIE-AUX-MINES
✆ 03 89 58 55 26

FERME HUMBERT
Didier et Mireille Humbert
30 Petite Lièpvre - 68160 SAINTE-MARIE-AUX-MINES
✆ 03 89 58 77 69
Ouvert tous les jours sauf le samedi matin et le dimanche après-midi (jours fériés ouvert que le matin)
Fromages : munster fermier, yaourts fermiers et tommes avec spécialités.

FERME-AUBERGE GRAINE JOHE
Famille Didierjean
Col des Bagenelles - 68650 LE BONHOMME
Ouvert tous les jours sauf le mardi
Fromages : bargkass fermier, fromage de chèvre, munster fermier, yaourts

FERME CLAUDEPIERRE
Gérard Claudepierre
159 Faurupt - 68650 LE BONHOMME
Horaires d'ouverture : à l'année
Fromages : munster fermier au lait cru A.O.C, fromage blanc salé, tomme de montagne, fromage à raclette (le Brézouard)

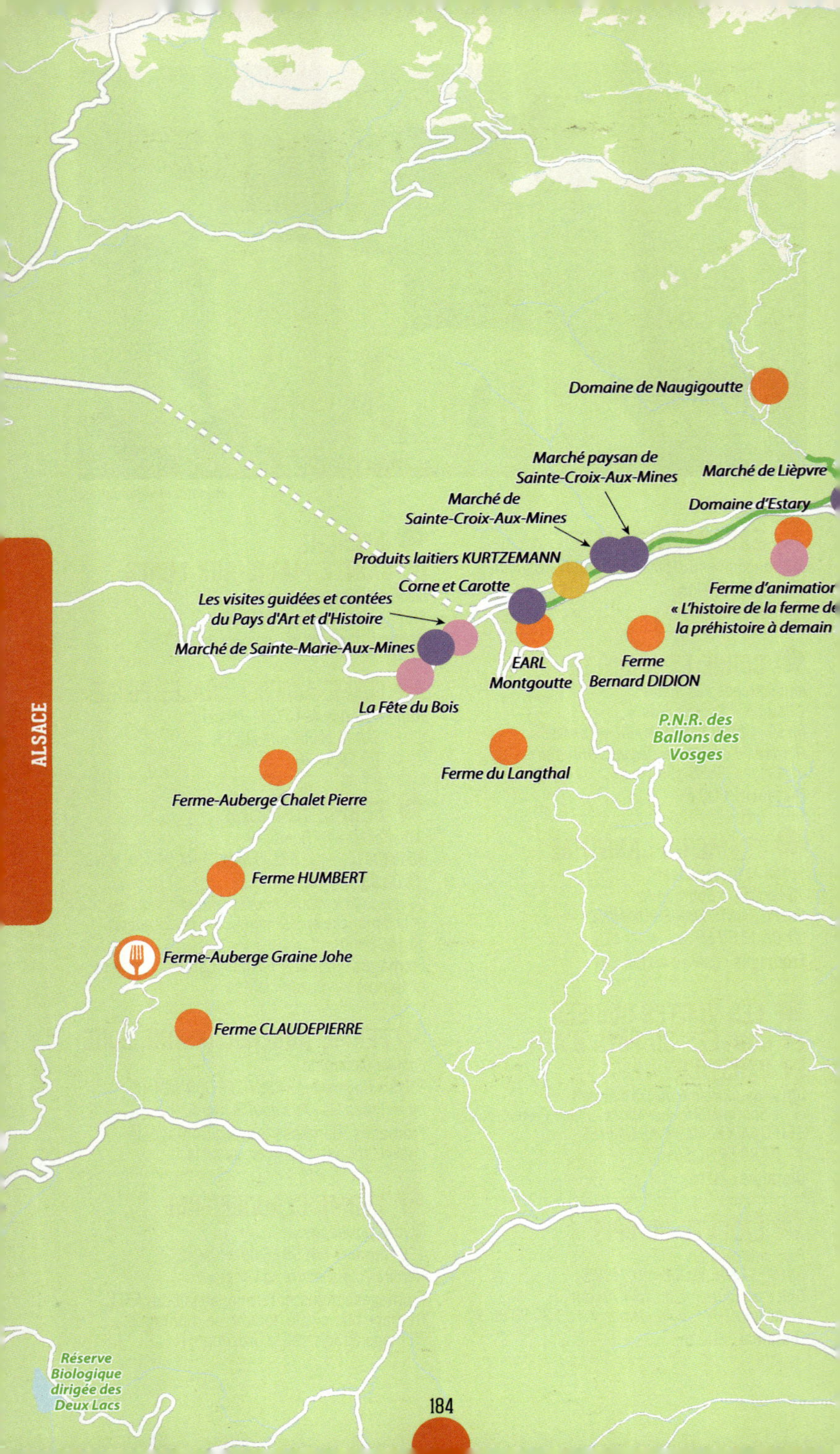

Domaine de Naugigoutte
Marché paysan de Sainte-Croix-Aux-Mines
Marché de Lièpvre
Domaine d'Estary
Marché de Sainte-Croix-Aux-Mines
Produits laitiers KURTZEMANN
Corne et Carotte
Ferme d'animatior
« L'histoire de la ferme de
la préhistoire à demain
Les visites guidées et contées du Pays d'Art et d'Histoire
Marché de Sainte-Marie-Aux-Mines
EARL Montgoutte
Ferme Bernard DIDION
La Fête du Bois
P.N.R. des Ballons des Vosges
Ferme du Langthal
Ferme-Auberge Chalet Pierre
Ferme HUMBERT
Ferme-Auberge Graine Johe
Ferme CLAUDEPIERRE
Réserve Biologique dirigée des Deux Lacs

ALSACE

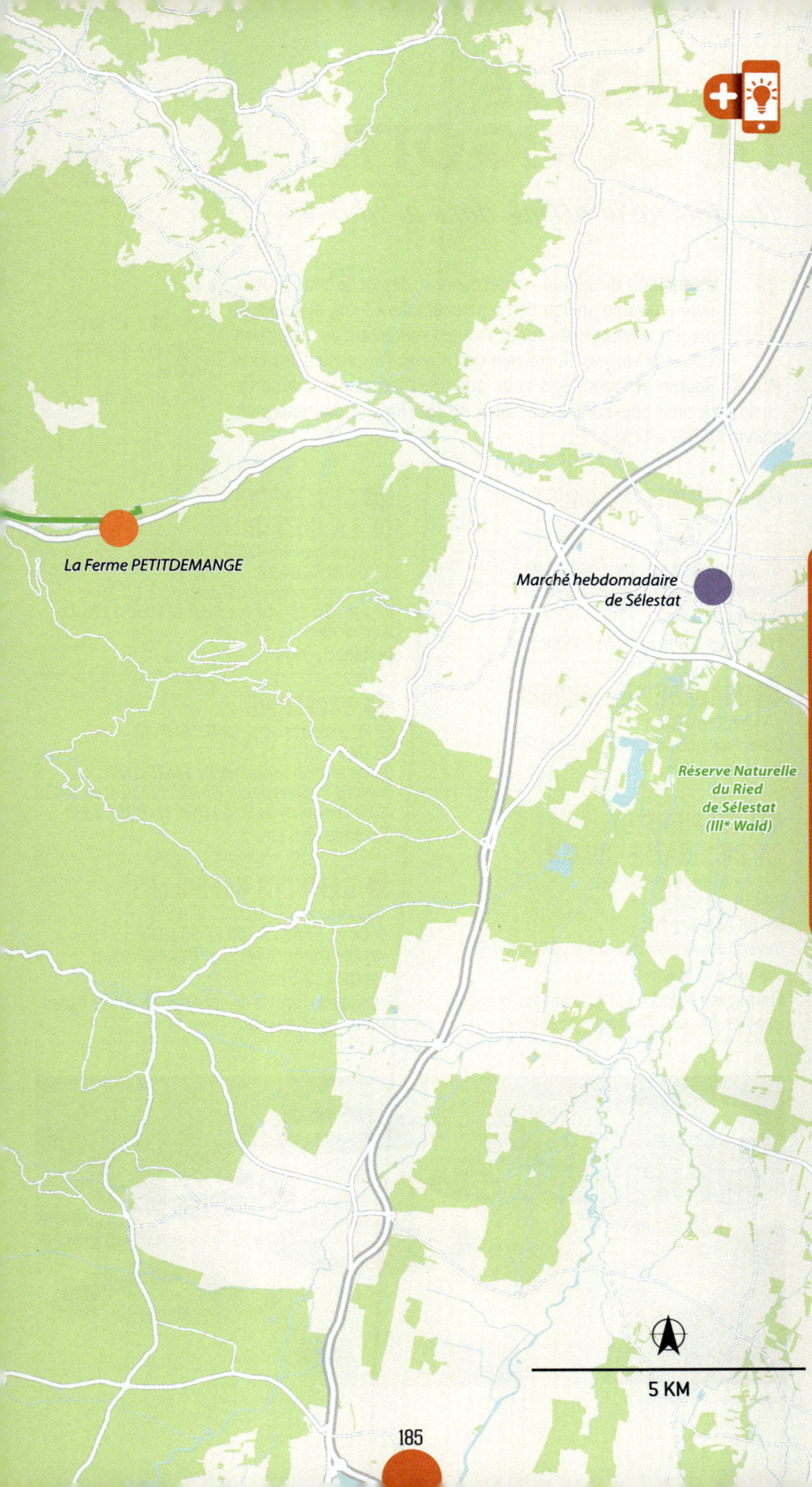
La Ferme PETITDEMANGE
Marché hebdomadaire de Sélestat
Réserve Naturelle du Ried de Sélestat (Ill* Wald)
5 KM
185

LA ROUTE DE LA RIGOTTE

Un itinéraire affiné dans le Rhône

Le panorama de Sermons, à découvrir au départ de cette boucle, donne un bon aperçu de ce parcours de 23 km, agréable et moyennement pentu sur des routes serpentant au milieu des vignes et vergers. Un joli défi sportif avec l'ascension des cols Bourrin et Croix Régis vous attend : l'occasion d'une sortie cyclo entre amis pour partir à la découverte de la Rigotte, délicieux petit chèvre AOP au lait cru ?

DISTANCE *23 km*
DÉNIVELÉ POSITIF *400 m*
NIVEAU ▲▲△△△

LE PANIER CONDRIOT
15 Route Nationale
69420 CONDRIEU
✆ 06 17 28 74 86 / 04 27 69 92 93
Ouvert tous les jours de 8h à 19h
Distance : 3 km
Fromages : La Rigotte de Condrieu

MARCHÉ DE CONDRIEU
69420 CONDRIEU
Ouvert tous les vendredis de 9h à 12h
Distance : 3 km

DELPHINE ET PATRICK SATRE-JULIEN
791 route du Pilon - La rase
69420 LES HAIES
✆ 06 24 30 71 78
Ouvert tous les jours de 17h à 19h ou sur RDV
Distance : 1,8 km
Fromages : AOP la Rigotte, fromages blancs, yaourts, briques, fromages apéritifs

LES JARDINS DE LA CÔTE RÔTIE
29 route Taquière - 69420 AMPUIS
✆ 04 74 56 04 20
Ouvert du lundi au jeudi de 8h30 à 12h30 et de 14h30 à 19h. Le vendredi de 8h30 à 19h. Le samedi de 8h30 à 18h30
Distance : 3 km

VALFERME
13 RD 386 Veremay - 69420 AMPUIS
✆ 04 74 56 15 33
Ouvert le lundi après-midi de 14h30 à 19h.
Du Mardi au Samedi, de 08h30 à 12h30 et de 14h30 à 19h. Dimanche de 9h à 12h30 et de 15h à 19h
Distance : 3,5 km

GAEC DES PAMPILLES
1039 Casson - 69420 LES HAIES
✆ 04 74 87 86 73 / 06 26 65 18 62
Horaires d'ouverture : sur RDV uniquement
Distance : 3,5 km
Fromages : Rigotte de condrieu et autres types de fromages affinés.

RHÔNE

Rigotte de Condrieu.

Delphine et
Patrick SATRE-JULIEN
GAEC des pampilles
P.N.R. du
Pilat
Valferme
Les Jardins
de la Côte Rôtie
Le Panier Condriot
Marché hebdomadaire
de Condrieu
2 KM
RHÔNE

LE CIRCUIT DU MONT SIGNAL

Un itinéraire affiné dans le Rhône

L'itinéraire possède de nombreux attraits touristiques, dont de magnifiques panoramas sur les Alpes, le plateau du pays Mornantais ou les vergers et vignobles des Coteaux du Lyonnais. Un plaisir pour les yeux et un défi pour les sportifs avec de belles pentes dès la sortie de Mornant... de bons fromages pourront vous requinquer !

DISTANCE *47 km*
DÉNIVELÉ POSITIF *840 m*
NIVEAU ▲▲△△△

MARCHÉ DE MORNANT

Place de la Liberté
69440 MORNANT
Ouvert le vendredi et dimanche 9h à 12h
Distance : sur le parcours

FERME DE LA BELLINE

Hameau La Plaine
69440 MORNANT
✆ 06 67 15 68 06
Ouvert tous les vendredis de 14h à 19h et samedis de 9h à 12h.
Distance : 1,5 km

LA FERME DES SERVANNIÈRES

Les Servannières
69440 SAINTE-CATHERINE
✆ 04 78 81 81 06 / 07 61 25 23 48
Ouvert tous les vendredis de 18h à 20h
Distance : 1 km
Fromages : Chèvre bio

PRODUCTEUR DE FROMAGES DE CHÈVRES - GILLES BONNARD

Chavagneux
69850 SAINT-MARTIN-EN-HAUT
✆ 07 67 13 59 71
Ouvert toute l'année, tous les jours (de préférence le matin)
Distance : 4,4 km
Fromages : Chèvre bio

CHÈVRERIE DE MALACOMBE

Malacombe
69850 SAINT-MARTIN-EN-HAUT
✆ 06 10 88 72 98
Ouvert les mercredis et samedis de 14h00 à 18h00
Distance : 1 km
Fromages : Chèvre

RHÔNE

© PAUL-JEAN RIFFAUD

Ferme des Servanières à Sainte-Catherine.

Cycliste.

LA FERME DES CHARDONS

Maintigneux
69850 SAINT-MARTIN-EN-HAUT
✆ 06 78 16 34 22
Ouvert tous les mercredis et samedis de 10h à 12h
Distance : 2,2 km
Fromages : Chèvre

MARCHÉ DE SAINT-MARTIN-EN-HAUT

Place de l'église
69850 SAINT-MARTIN-EN-HAUT
Ouvert tous les samedis matin de 8h à 12h
Distance : 1 km

SARL PIEGAY - ARTISAN FROMAGER GLACIER

Le Tour 69850
SAINT-MARTIN-EN-HAUT
✆ 04 78 48 63 56 / 06 46 34 25 60
Horaires d'ouverture : Mardi, jeudi, vendredi et samedi de 10h à 12h et les mercredi et samedi de 14h à 16h
Fromages : Fromages blanc et sec, yaourts nature et aux fruits, des glaces et sorbets

PRODUCTEUR LAITIER - EMMANUEL HASSLER

La Bâtie
69850 SAINT-MARTIN-EN-HAUT
✆ 06 52 63 42 10
Horaires d'ouverture : sur RDV uniquement
Distance : 0,3 km
Fromages : Chèvre

UN DIMANCHE À LA CAMPAGNE

La Durantière
69510 THURINS
✆ 04 78 81 94 38
Ouvert les mercredis, jeudis et vendredis de 09h à 12h30 et de 15h à 19h. Les samedis et dimanches : de 09h à 12h30 et de 15h à 18h (l'hiver) ou 19h (l'été)
Distance : 2,5 km
Fromages : Chèvre

MARCHÉ BIO : LE CHAPI

69510 SOUCIEU-EN-JARREST
✆ 04 78 19 91 65
Ouvert tous les vendredis de 16h30 à 19h
Distance : sur le parcours
Fromages : Vache et chèvre

UNIFERME

D342 - Le Pont Rompu
69700 BEAUVALLON-SAINT-ANDÉOL-LE-CHÂTEAU
✆ 04 78 44 05 07
Ouvert les lundis et mardis de 15h à 19h ; les mercredis, jeudis et vendredis de 08h30 à 12h30 et de 15h à 19h
Distance : 5,3 km
Fromages : chèvre, brebis et vache

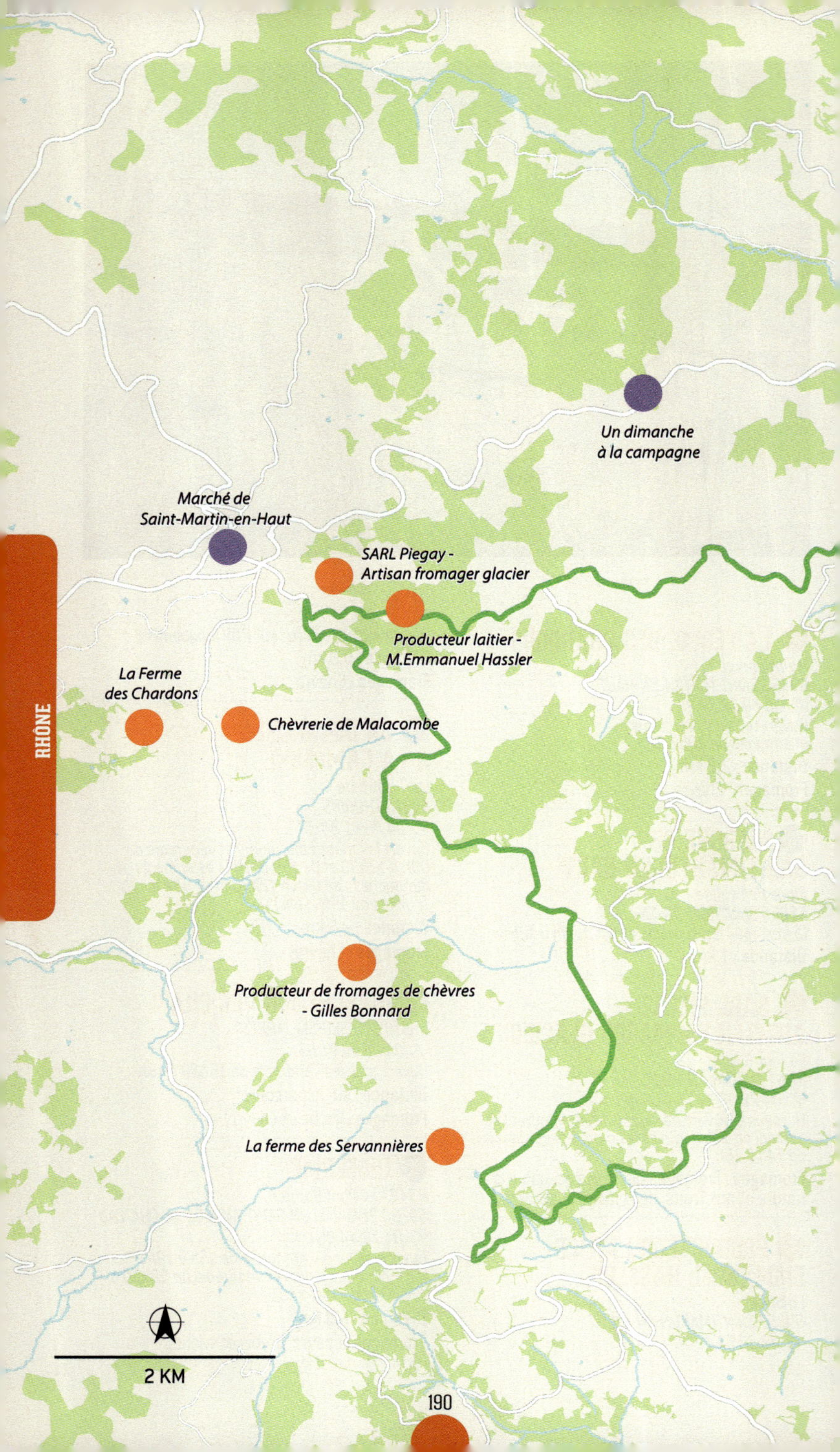
Un dimanche
à la campagne
Marché de
Saint-Martin-en-Haut
SARL Piegay -
Artisan fromager glacier
Producteur laitier -
M.Emmanuel Hassler
La Ferme
des Chardons
Chèvrerie de Malacombe
Producteur de fromages de chèvres
- Gilles Bonnard
La ferme des Servannières
2 KM

RHÔNE

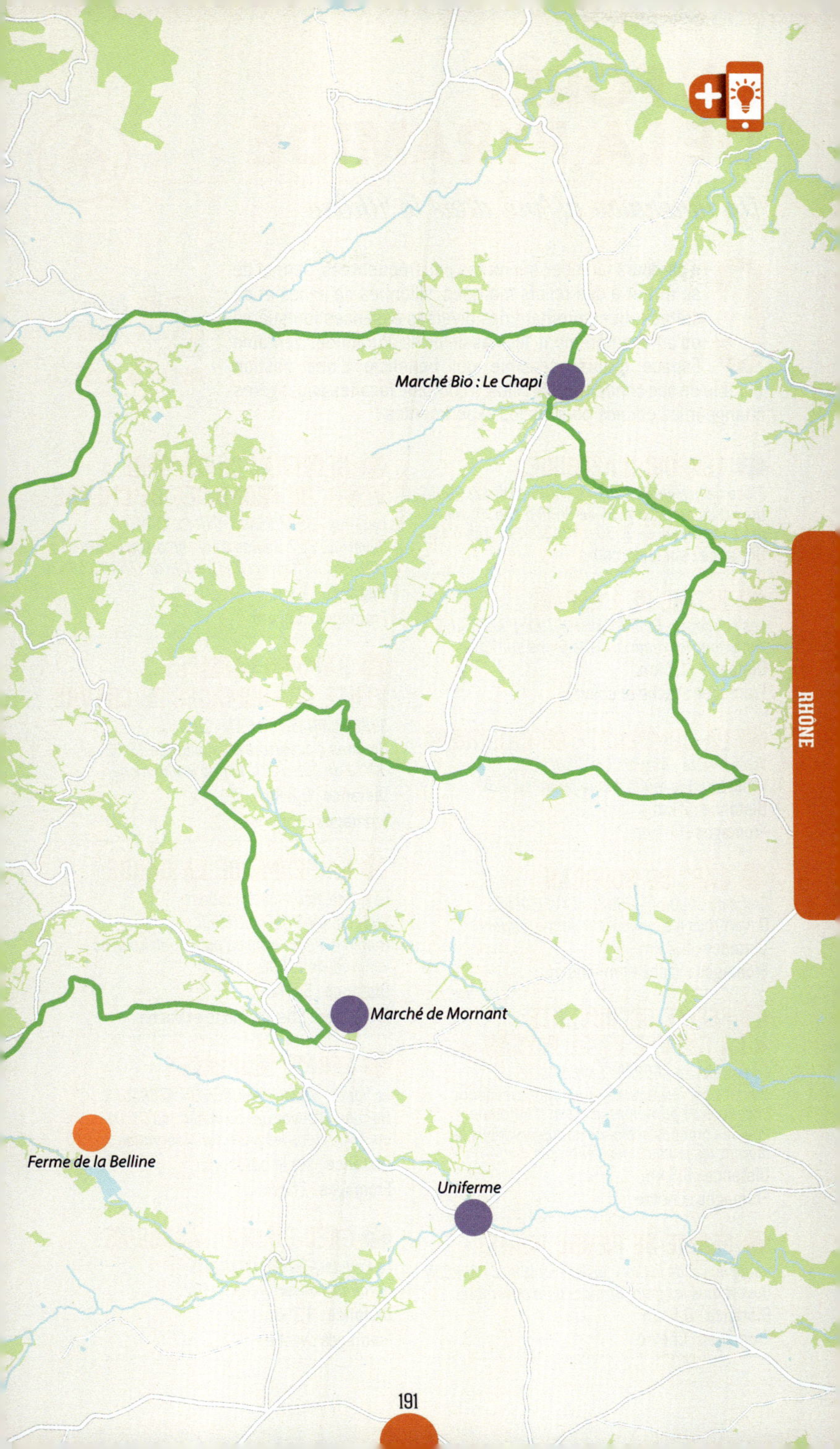
Marché Bio : Le Chapi
Marché de Mornant
Ferme de la Belline
Uniferme

LA FORÊT DE LA PYRAMIDE

Un itinéraire affiné dans le Rhône

Ce parcours forestier, sur routes peu fréquentées, permet de se frotter à des reliefs marqués, sillonnés de lignes et de crêtes tout en profitant des diverses essences forestières qu'arbore fièrement le massif de la Pyramide. Véritable Espace naturel sensible qui bénéficie d'une gestion durable de ses conifères et feuillus, il combine façades paysagères changeantes et raids pour cyclos expérimentés !

DISTANCE *29 km*
DÉNIVELÉ POSITIF *620 m*
NIVEAU ▲▲△△△

TERROIR D'AZERGUES
Place de la Mairie - 69870 LAMURE-SUR-AZERGUES
Ouvert du mardi et jeudi de 9h30 à 12h30, vendredi et samedi de 9h30 à 12h30 et de 16h à 19h.
Distance : sur le parcours

FERME DE L'ESPOIR
Les Fougères - 69870 SAINT-NIZIER-D'AZERGUES
Vente tous les matins. Visite ferme sur RdV
Distance : 1,7 km
Fromages : Vache et chèvre

LA COMPLICITÉ DU CHÉVRIER
Valchevrière - 69870 CLAVEISOLLES
Vente tous les matin. Visite ferme sur RdV
Distance : 2 km
Fromages : Chèvre

GAEC DU SOUBRAN
Creux du Soubran - 69870 CLAVEISOLLES
Ouvert tous les jours. Visite ferme sur Rdv
Distance : 5,2 km
Fromages : Vache et mi-chèvre

FERME DÉCOUVERTE « LA CHÈVRE ET LE PAYSAN »
La grandouze - 69870 CLAVEISOLLES
Ouvert pour les familles, animations à chaque vacances de printemps, d'été et d'automne.
Pour les groupes scolaires sur réservations les mardis, les jeudis et les vendredis.
Distance : 3,5 km
Fromages : Chèvre

FERME DE PIERRE PLATE
Route du col de la Croix Rosier - 69460 LE PERRÉON
Ouvert tous les jours de mars à fin novembre.
Distance : 0,5 km
Fromages : Chèvre

GEOFFRAY CHRISTOPHE : VENTE DE FROMAGES DE CHÈVRE
Le Creux - 69870 SAINT-CYR-LE-CHATOUX
Ouverture 7j/7. Heures d'été : 8h à 10h et 18h30 à 20h. Heures d'hiver : 8h30 à 10h et 17h30 à 18h30
Distance : 1 km
Fromages : Chèvre

RAMPON FABRICE : VENTE DE FROMAGES DE CHÈVRE
69870 SAINT-CYR-LE-CHATOUX
Horaires d'ouverture au public : du 15/02 au 30/11 de 10h à 12h. Fermé le dimanche.
Distance : 0,6 km
Fromages : Chèvre

LA FERME DE LA GARDE
La garde, Route de Chambost
69870 CHAMBOST-ALLIÈRES
Horaires d'ouverture au public : du lundi au vendredi de 13h00 à 18h00
Distance : 5,6 km
Fromages : Chèvre, mixte et vache

FERME DESPLACES
Le Vanel - 69870 LAMURE-SUR-AZERGUES
Horaires d'ouverture au public : du 01/01 au 31/12, tous les jours sur réservation
Distance : sur le parcours
Fromages : Chèvre

GAEC GIRIN ET ASSOCIÉS
Le Frigalet - 69870 GRANDRIS
Horaires d'ouverture : sur RDV
Distance : 4,3 km
Fromages : Vache

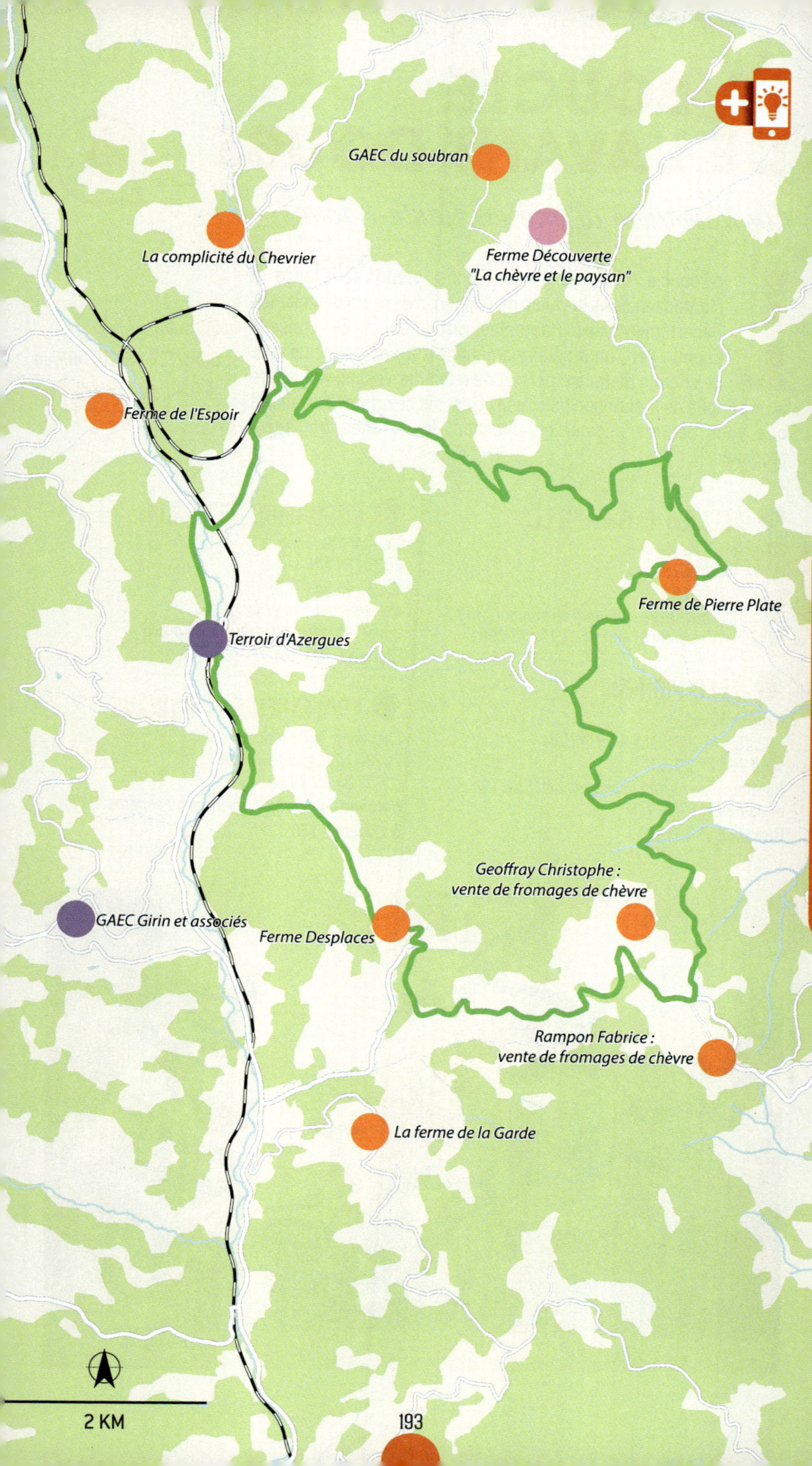
GAEC du soubran
La complicité du Chevrier
Ferme Découverte
"La chèvre et le paysan"
Ferme de l'Espoir
Ferme de Pierre Plate
Terroir d'Azergues
Geoffray Christophe :
vente de fromages de chèvre
GAEC Girin et associés
Ferme Desplaces
Rampon Fabrice :
vente de fromages de chèvre
La ferme de la Garde
2 KM

RHÔNE

LA BOUCLE DE L'AVANT-DOUBS

Un itinéraire affiné en Haute-Saône

La boucle n°10 de l'Avant-Doubs prend sa source à Montbozon dans la vallée de l'Ognon, rivière qui délimite les Départements de la Haute-Saône et du Doubs. Elle croise le Chemin Vert, un itinéraire aménagé sur une ancienne voie de chemin de fer qui permet de rejoindre Vesoul, ville chère au répertoire de la chanson française ! C'est sur ce rythme entraînant que vous pourrez pédaler en direction des 4 sites fromagers proposés.

DISTANCE *34 km*

DÉNIVELÉ POSITIF *400 m*

NIVEAU ▲△△△△

ATELIER DES PAPILLES

20 rue des Chenevières
7[illegible] MONTBOZON
✆ [illegible]3 02 04 97
Ho[illegible] l'ouverture : du lundi au samedi (8h30-13h) [illegible] mercredi et vendredi (15h30-19h)

GAEC MONNIN

9 rue de Vevey
70230 FONTENOIS-LES-MONTBOZON
✆ 06 61 77 29 77
Horaires d'ouverture : vendredi de 16h à 19h et samedi de 9h à 12h
Distance : 500 m

CHÈVRERIE DE FILAIN

Lieu-dit Les Ridets
70230 FILAIN
✆ 06 45 95 04 36
chevreriedefilain@orange.fr
Ouvert tous les jours de 10h30 à 19h
Distance : 600 m

FROMAGERIE MARCILLAT

Chemin de la Laiterie
70230 LOULANS-VERCHAMP
✆ 03 84 68 39 10
Horaires d'ouverture : du lundi au vendredi de 8h à 12h et de 14h à 17h

HAUTE-SAÔNE

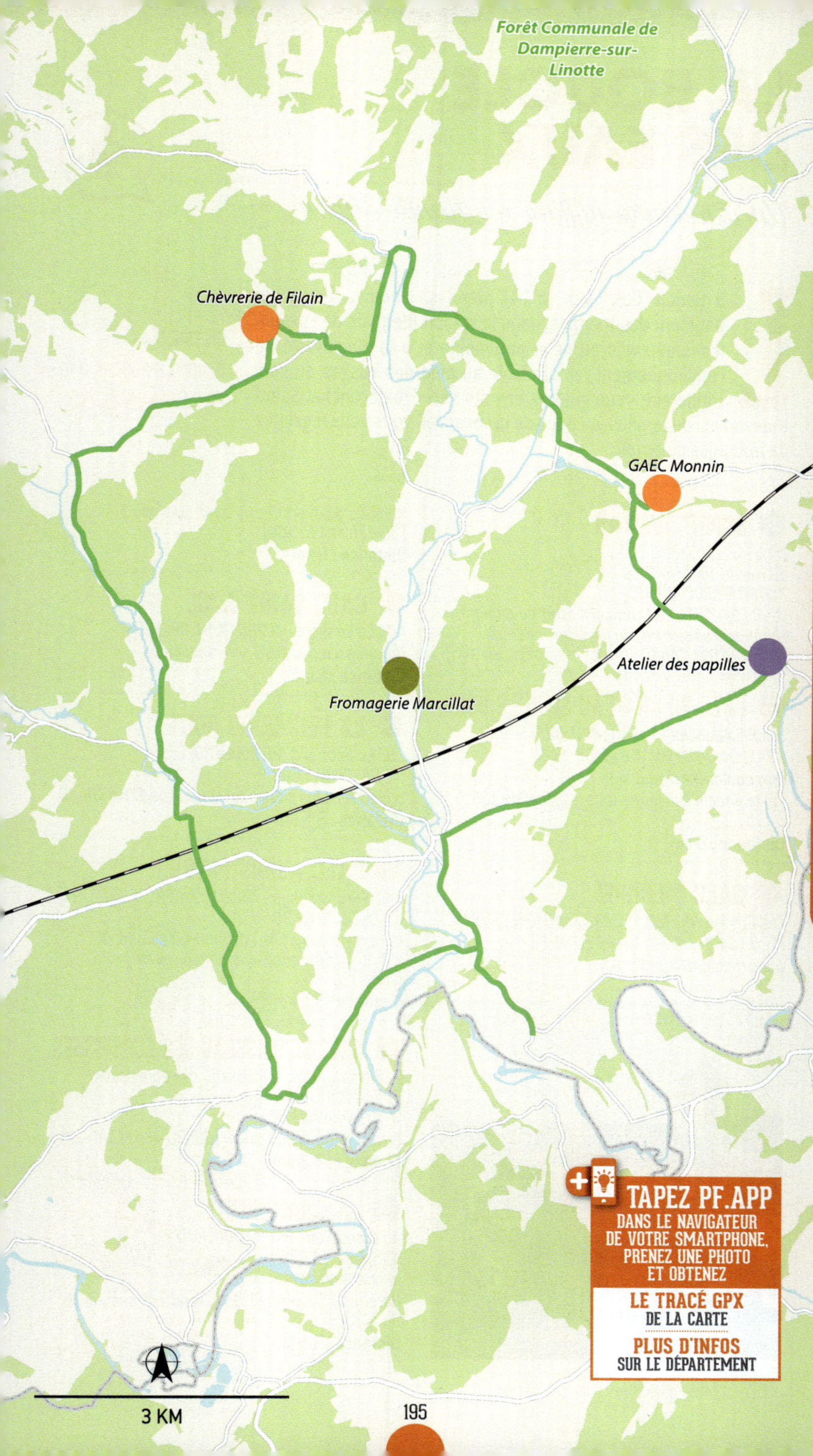

TAPEZ PF.APP
DANS LE NAVIGATEUR
DE VOTRE SMARTPHONE,
PRENEZ UNE PHOTO
ET OBTENEZ

LE TRACÉ GPX
DE LA CARTE

PLUS D'INFOS
SUR LE DÉPARTEMENT

LA BOUCLE DES EAUX

Un itinéraire affiné en Haute-Saône

La Boucle des Eaux (n°14) prend sa source... devant le bâtiment des thermes, dans la station thermale de Luxeuil-les-Bains, ville au riche patrimoine et à la découverte de l'environnement remarquable au pied des Vosges du sud. L'itinéraire vous guidera ensuite vers Froideconche, Saint-Bresson et Fougerolles, au pays de la cerise, où vous vous régalerez de fromages du terroir...

DISTANCE 46 km
DÉNIVELÉ POSITIF 450 m
NIVEAU ▲△△△△

ESPRIT PAYSAN

Zone de la Zouzette
16 rue du 19 Mars 1962
70000 FROIDECONCHE
✆ 03 84 77 14 26 - contact@espritpaysan.fr
Horaires d'ouverture : du lundi au vendredi (9h-12h30 et 14h30-19h) et le samedi (9h-18h)

GAEC DU CHÂTEAU SOUS LE BOIS

Les Prés Benons - 70280 SAINT-BRESSON
✆ 03 84 94 69 01 / 06 80 50 28 80
fermegalmiche@orange.fr
Vente directe à la ferme tous les jours de 10h à 12h
Distance : 8 km

GAEC MENIGOZ

Les Granges du Bois - 70280 SAINT-BRESSON
✆ 03 84 94 00 21 / 06 87 20 33 85
gaec.menigoz@gmail.com
Horaires d'ouverture : du lundi au samedi (8h-12h et 14h-18h)
Distance : 6 km

GAEC SAINT AJOL

409 La Corbière - 70280 SAINT-BRESSON
Horaires d'ouverture : non renseigné
Distance : 8 km

LA FERME DU BOUT

107 Le Bout - 70220 FOUGEROLLES
✆ 06 73 42 21 82
Ouvert tous les jours sauf le lundi de 17h à 18h30.
Distance : 3,5 km

GAEC AUBRY PATRICK

44 Le Grand Fahys - 70220 FOUGEROLLES
✆ 09 61 07 62 88
Horaires d'ouverture : du lundi au samedi de 13h30 à 18h. Fermé le dimanche et les jours fériés
Distance : 5,5 km

GAEC LE RUISSEAU DES ÉCREVISSES

229 bis Hameau le Ruisseau des écrevisses
70800 BOULIGNEY
✆ 03 84 49 03 02
Ouvert du lundi au samedi (09h30-12h et 14h-17h)
Distance : 4,2 km

LA CHARMOTTE

40 Grand Rue - 70800 BOULIGNEY
✆ 03 84 40 97 24
la-charmotte@orange.fr
Horaires d'ouverture : jeudi, vendredi, samedi de 9h30 à 19h
Distance : 3,5 km

Fougerolles.

HAUTE-SAÔNE

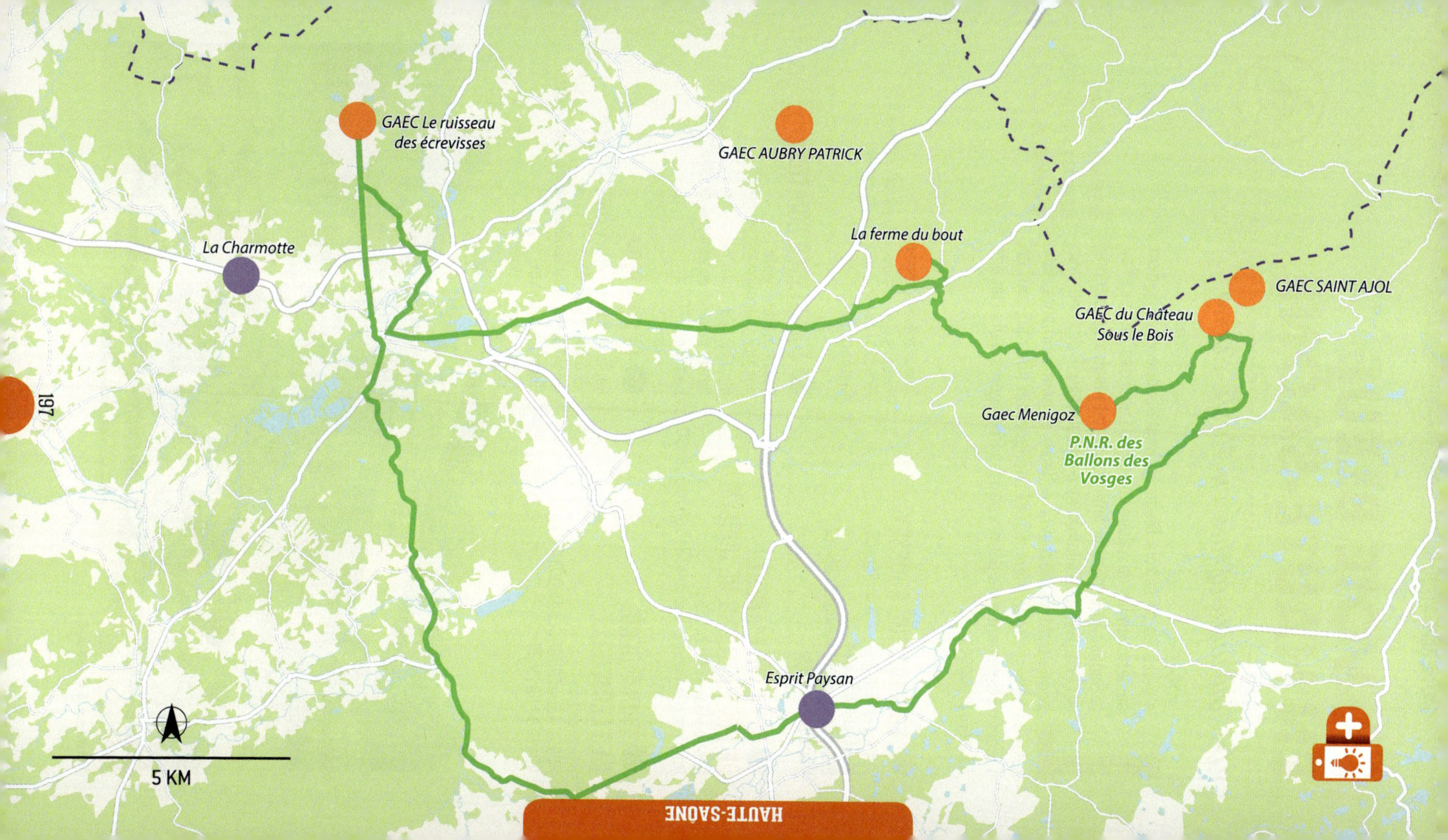

GAEC Le ruisseau des écrevisses
GAEC AUBRY PATRICK
La Charmotte
La ferme du bout
GAEC SAINT AJOL
GAEC du Château Sous le Bois
Gaec Menigoz
P.N.R. des Ballons des Vosges
Esprit Paysan
5 KM
HAUTE-SAÔNE
197

LA VOIE BLEUE EN HAUTE-SAÔNE

Un itinéraire affiné en Haute-Saône

Le parcours de la Voie Bleue en Haute-Saône vous guidera sur les chemins de halage le long du Canal des Vosges et de la Saône. Au départ de Ambiévillers et jusqu'à Essertenne et Cecey, les 140 kilomètres à parcourir au fil de l'eau vous permettront de découvrir écluses et pont-tournants dont celui de Selles, classé monument historique. Un itinéraire tout en douceur à agrémenter de petites pauses fromagères dans l'un des 13 sites proposés.

DISTANCE *140 km*
DÉNIVELÉ POSITIF *594*
NIVEAU ▲▲△△△

HAUTE-SAÔNE

FROMAGERIE ROUSSEY

3 place la Fontaine - 70210 SELLES
✆ 03 84 92 42 44
Ouvert du lundi au vendredi (8h-18h)
Distance : 400 m

LE P'TIT MARCHÉ DE PRODUCTEURS DE JUSSEY

Centre-ville - 70500 JUSSEY
Horaires d'ouverture : vendredi de 16h30 à 18h30

FROMAGERIE LA FLEURIZELLE

8 Grande Rue
70500 ABONCOURT-GÉSINCOURT
✆ 03 84 68 79 83
lafleurizelle@orange.fr
Horaires d'ouverture : à la ferme le samedi (9h-12h) et sur le marché de Jussey
Distance : 1 km

PÂTURAGES COMTOIS

Rue de la Fromagerie
70500 ABONCOURT-GÉSINCOURT
✆ 03 84 68 70 41
Ouvert du lundi au vendredi de 8h à 17h
Distance : 700 m

EUROSERUM

Route de Villiers - 70170 PORT-SUR-SAÔNE
✆ 03 84 96 11 11
Ouvert du lundi au vendredi de 7h30 à 17h30
Distance : 1,5 km

Pause sur la Voie Bleue.

Cancoillotte.

HAUTE-SAÔNE

MONTS ET TERROIRS [UCAFCO]

Route de Villiers - 70170 PORT-SUR-SAÔNE
✆ 03 84 78 18 80
Ouvert du lundi au vendredi (8h-12h et 13h-16h)
Distance : 1,4 km

GAEC LES CHANSEREAUX

Route de Faverney
70170 BOUGNON
✆ 03 84 91 56 05
dhumbert@earl-chansereaux.fr
Horaires d'ouverture : mardi, mercredi et vendredi (8h-12h)
Distance : 7,5 km

EARL FERME DU MOULIN

335 rue du Moulin
70170 GRATTERY
✆ 06 52 74 15 30
charlotteobringer20@gmail.com
Ouvert du lundi au samedi de 17h à 19h
Distance : 6 km

FERME DU MAGNY ROBERT

Route de la Neuvelle Les Scey
70120 CONFRACOURT
✆ 06 25 80 73 52
bomme.sandra@gmail.com
Ouvert du lundi au samedi de 9h à 12h
Distance : 6,5 km

CHÈVRERIE DE LA ROMAINE

25 Grande Rue de Greucourt
70130 LA ROMAINE
06 40 19 13 46 - jean_amandine@live.fr
Horaires d'ouverture : mercredi, vendredi et samedi (10h-12h et 15h-17h30)
Distance : 8 km

EARL LES DENAISES

115 rue de Gray
70100 BATTRANS
✆ 06 31 41 37 55
Horaires d'ouverture : mercredi et vendredi (17h-19h15) et samedi (10h-12h15)
Distance : 4,2 km

EARL DU JARDY - CHÈVRERIE DE LA TENISE

Route de Noiron
70100 CRESANCEY
✆ 06 72 45 36 28
earljardy@wanadoo.fr
Ouvert tous les jours de février à novembre de 8h à 10h
Distance : 7,5 km

FROMAGERIE MAURON

31 route de Velet
70100 GRAY-LA-VILLE
✆ 03 84 65 04 24
Ouvert du lundi au vendredi (8h30-12h et 13h30-17h)
Distance : 1,3 km

Chèvrerie de la Romaine
Fromagerie Mauron
EARL Les Denaises
EARL du Jardy -
Chèvrerie de la Tenise

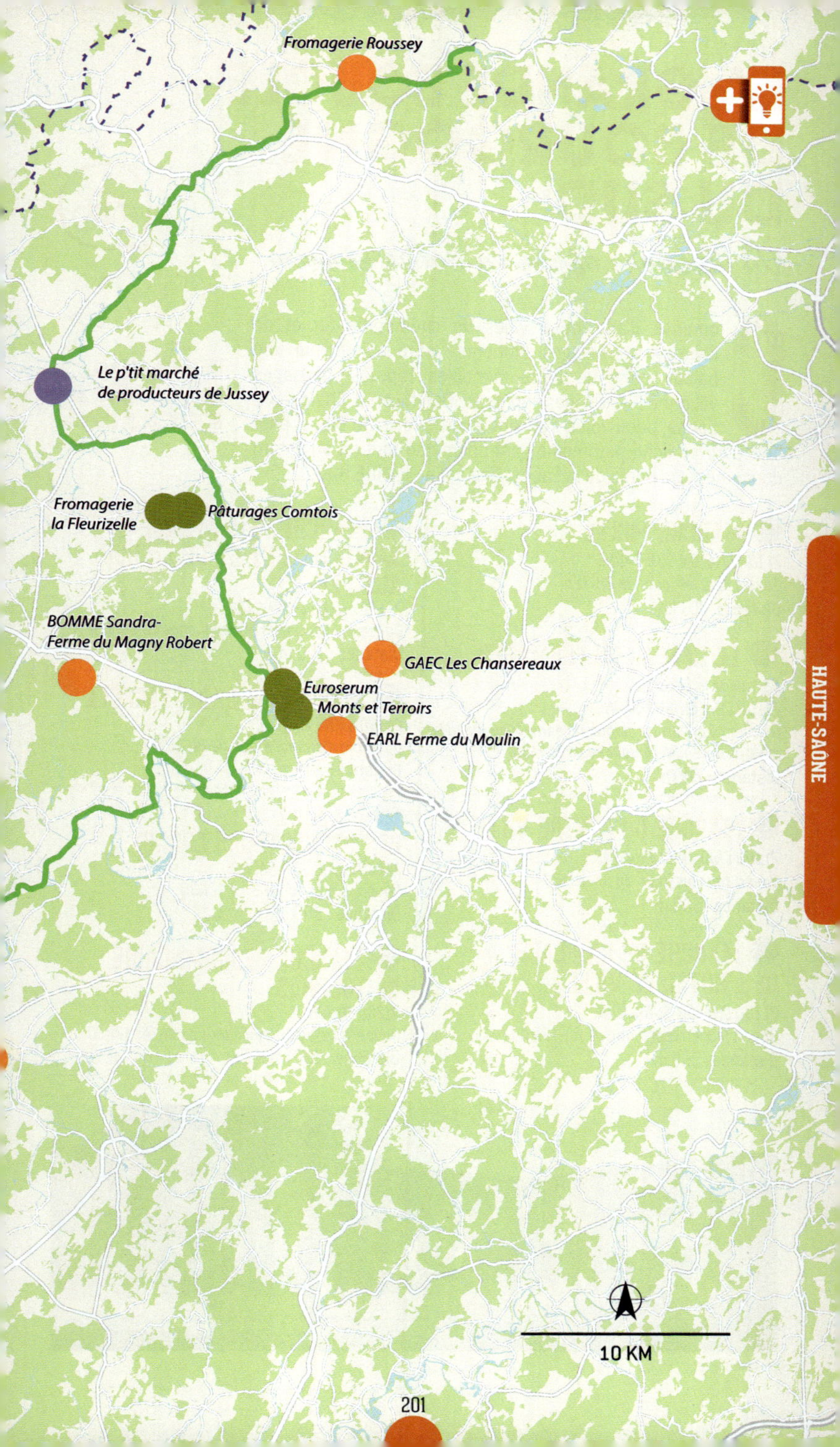
Fromagerie Roussey
Le p'tit marché
de producteurs de Jussey
Fromagerie
la Fleurizelle
Pâturages Comtois
BOMME Sandra-
Ferme du Magny Robert
GAEC Les Chansereaux
Euroserum
Monts et Terroirs
EARL Ferme du Moulin
10 KM

LA GRANDE BOUCLE DE BOURGOGNE DU SUD

Un itinéraire affiné en Saône-et-Loire

Composé d'anciennes voies de chemin de fer et de chemins de halages, l'itinéraire offre aujourd'hui une balade continue entre vignobles réputés, paysages vallonnés et villages typiques. De Mâcon à Chalon-sur-Saône, deux voies s'offrent à vous, Verte ou Bleue, pour découvrir ce riche patrimoine gastronomique tout en arpentant doucement les bords de la Saône. Une belle GRANDE BOUCLE !

DISTANCE *145 km*
DÉNIVELÉ POSITIF *450 m*
NIVEAU ▲△△△△

SAÔNE-ET-LOIRE

MARCHÉ MIXTE
71100 CHALON-SUR-SAÔNE
Ouvert tous les jours de 8h-12h
Distance : 3,3 km

LE CAVEAU DU FROMAGER
12, rue de la Citadelle
71100 CHALON-SUR-SAÔNE
Horaires d'ouverture : Mardi au samedi de 9h-13 h et de 15h-19h30. Dimanche de 9h-13h.
Distance : 700 m

MARCHÉ DU CENTRE VILLE
71100 CHALON-SUR-SAÔNE
Ouvert tous les jours de 8h-19h30
Distance : 500 m

MARCHÉ DE LA PLACE DE L'HÔTEL DE VILLE
71100 CHALON-SUR-SAÔNE
Ouvert le mercredi matin de 8h-13h
Distance : 200 m

MARCHÉ DE LA PLACE SAINT-VINCENT ET DE LA RUE AUX FÈVRES
71100 CHALON-SUR-SAÔNE
Ouvert les vendredis et dimanches de 8h-12h.
Distance : 100 m

MARCHÉ DE SAINT MARCEL
71380 SAINT-MARCEL
Ouvert le mercredi matin de 8h-12h.
Distance : 100 m

MARCHÉ DES PRODUCTEURS LOCAUX
71240 GIGNY-SUR-SAONE
Ouvert le samedi de 9h à 12h30
Distance : 300 m

MARCHÉ HEBDOMADAIRE DE TOURNUS
71700 TOURNUS
Ouvert tous les samedis matins de 9h-12h30
Distance : 100 m

© DSL 71 ADÉQUAT I.D

La Voie Verte.

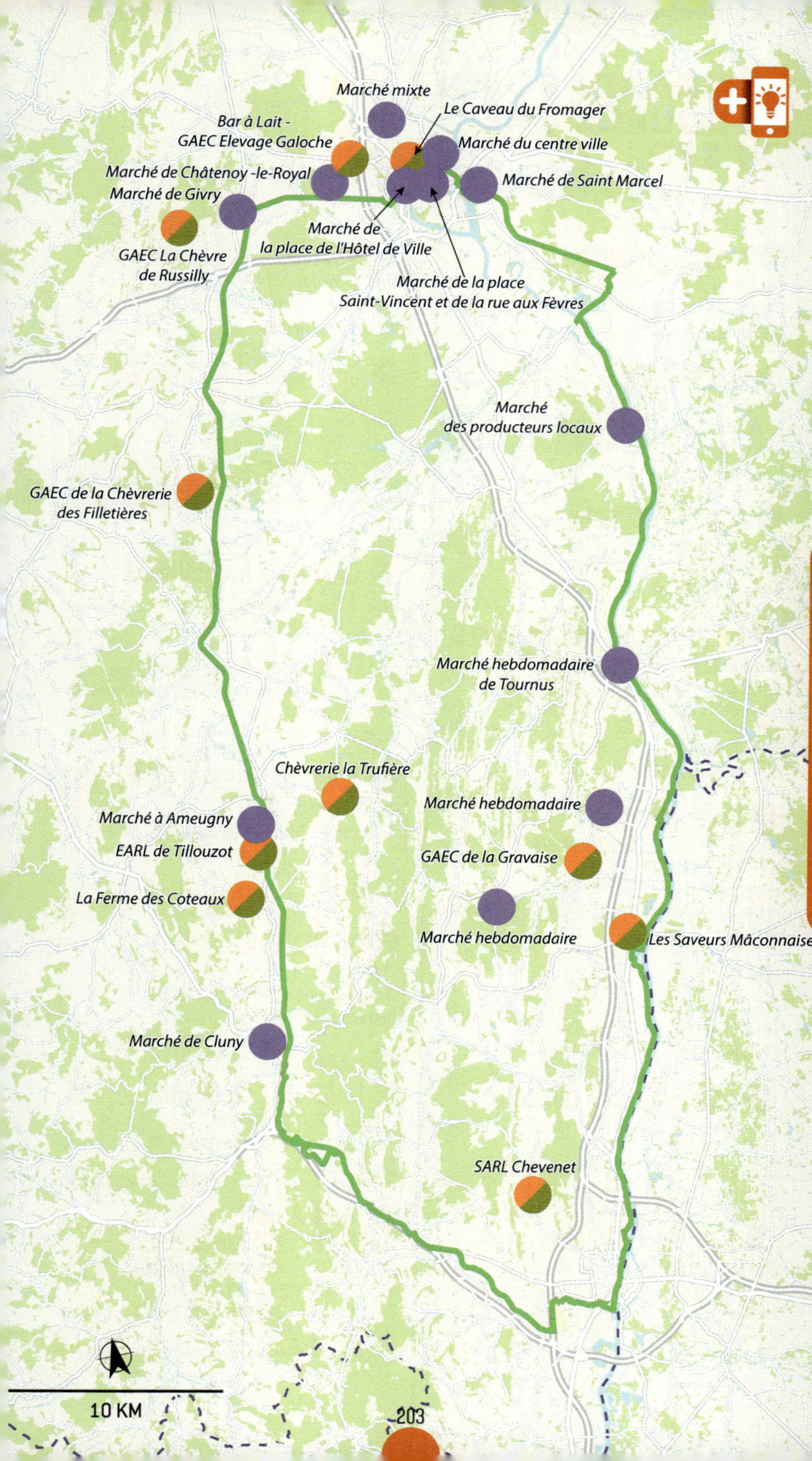
Marché mixte
Le Caveau du Fromager
Bar à Lait -
GAEC Elevage Galoche
Marché du centre ville
Marché de Châtenoy -le-Royal
Marché de Saint Marcel
Marché de Givry
Marché de
la place de l'Hôtel de Ville
GAEC La Chèvre
de Russilly
Marché de la place
Saint-Vincent et de la rue aux Fèvres
Marché
des producteurs locaux
GAEC de la Chèvrerie
des Filletières
Marché hebdomadaire
de Tournus
Chèvrerie la Trufière
Marché hebdomadaire
Marché à Ameugny
EARL de Tillouzot
GAEC de la Gravaise
La Ferme des Coteaux
Marché hebdomadaire
Les Saveurs Mâconnaises
Marché de Cluny
SARL Chevenet
10 KM

LA GRANDE BOUCLE DE BOURGOGNE DU SUD

Un itinéraire affiné en Saône-et-Loire

MARCHÉ HEBDOMADAIRE

Place du Marché - 71700 UCHIZY
Ouvert tous les dimanches de 9h-12h.
Distance : 2,6 km

GAEC DE LA GRAVAISE

Mercey - 71260 MONTBELLET
✆ 03 85 33 12 15 / 06 19 89 34 01
Ouvert du lundi au samedi de 9h-12h et de 14h-18h.
Distance : 3,5 km

MARCHÉ HEBDOMADAIRE

Place des Halles - 71260 LUGNY
Ouvert tous les vendredis de 9h-12h.
Distance : 6,6 km

LES SAVEURS MÂCONNAISES

Rue Rabela s - 71260 FLEURVILLE
✆ 03 85 37 58 11
Horaires d'ouverture : lundi de 15h-19 h. Mardi au vendredi de 8h30-12h30 et 15h-19h. Samedi de 8h30-9h& dimanche de 9h-12h30.
Distance : 6,6 km

SARL CHEVENET

100, rue du Bourg - 71870 HURIGNY
✆ 03 85 34 84 78
Ouvert du lundi au vendredi 8h-12 h et de 14h-17h. Samedi de 9h-12 h.
Distance : 4,1 km

MARCHÉ DE CLUNY

Place et rue du 11 août 1944 - 71250 CLUNY
Ouvert tous les samedis de 7h à 13h.
Distance : 1 km

LA FERME DES COTEAUX

La Ronzière - 454, route de Flagy - 71250 MASSILLY
✆ 03 85 50 07 96
Horaires d'ouverture : 7 j/7 de 9h -20h.
Distance : 1,3 km

EARL DE TILLOUZOT

Ferme de Tillouzot le Bas - 71250 TAIZE
✆ 03 85 50 05 58
Horaires d'ouverture : Lundi de 9h30 -12 h. Mardi au dimanche de 9h30-12h et de 16h-1 h.
Distance : 300 m

MARCHÉ À AMEUGNY

Place du Village - 71460 AMEUGNY
Ouvert chaque vendredi à partir de 17h.
Distance : 500 m

CHÈVRERIE LA TRUFIÈRE

Lys -Rue des Perrières
71460 CHISSEY-LES-MACON
✆ 03 85 50 15 26
Horaires d'ouverture : Printemps > 3e Wkd de mars de 9h-12 h et 16h-18 h tous les jours. Automne : 3e Wkd de septembre : 9h-12h tous les jours.
Distance : 3,6 km

GAEC DE LA CHÈVRERIE DES FILLETIÈRES

Les Filletières - 71390 CHENOVES
✆ 06 10 20 04 38
Ouvert tous les jours, toute la journée sauf les dimanches après-midi de 12h-17h, des mois de janvier et février.
Distance : 1 km

GAEC LA CHÈVRE DE RUSSILLY

Russilly - 71640 GIVRY
✆ 03 58 93 33 12/06 22 24 42 37
Ouvert tous les jours de 9h-12h et le soir à partir de 18 h.
Distance : 3 km

MARCHÉ DE GIVRY

71640 GIVRY
Ouvert le jeudi matin de 7h30-13h.
Distance : 500 m

MARCHÉ DE CHÂTENOY-LE-ROYAL

71880 CHATENOY-LE-ROYAL
Ouvert le mercredi matin de 9h-12h.
Distance : 700 m

BAR À LAIT - GAEC ELEVAGE GALOCHE

30 Avenue du Général Charles de Gaulle
71880 CHATENOY-LE-ROYAL
Ouvert tous les jours de 9h-12 h et de 14h-19h. Dimanche de 9h-12h.
Distance : 1,8 km

Place Saint-Vincent, Chalon-sur-Saône.

© ER - STOCK.ADOBE.COM

LE TOUR DU COLOMBIER D'AILLON

Un itinéraire affiné en Savoie

Cet itinéraire au départ de Chambéry offre une incursion dans le coeur du Massif des Bauges. L'ascension du col des Prés par lequel débute ce circuit est rude, mais récompensée par une magnifique plongée au coeur du Geoparc des Bauges dont vous ressortirez par le col du Frêne, avec vue sur le Mont-Blanc en prime !

DISTANCE *80 km*
DÉNIVELÉ POSITIF *1350 m*
NIVEAU ▲▲▲▲▲

LA FROMAGERIE DU VAL D'AILLON

Chef-lieu - AILLON LE JEUNE © 04 79 54 60 28
Ouvert tous les jours 9h-12h et 15h-18h30
Distance : sur l'itinéraire
Fromages : Tome des Bauges AOP

LA FERME DE LA CORRERIE

AILLON LE JEUNE - Station - Hameau de la Correrie
© 04 79 54 64 70
Visite : tous les jours à 17h30 sauf le mer.
Vente : tous les jours
Distance : 3 km
Fromages : Tomes des Bauges AOP

LA COOPÉRATIVE LAITIÈRE DE LESCHERAINES

LESCHERAINES - Chef-lieu - Suivre direction Col de Plaimpalais © 04 79 63 30 37
Horaires d'ouverture : tous les jours
Distance : 5 km
Fromages : Tomes des Bauges AOP

GAEC LA MARMOTTE EN BAUGE

LA MOTTE EN BAUGES, La Frénière sur la D61, entre le hameau de la Frénière et du Noiray. Bâtiment en bois, en contrebas de la route.
© 06 12 28 08 07
Visite : mar. 17h
Vente : tous les jours 8h-10h et 17h-19h sauf dim.
Distance : 5,8 km
Fromages : Tomes des Bauges AOP

ALPAGE D'ALLANT

GAEC des Neiges © 06 18 91 19 93
Visite de juillet à août, le mer. et ven. 9h-12h
Distance : 7 km
Fromages : Tomes des Bauges AOP

LA FROMAGERIE DE MARIUS

41, rue Domenget - 73250 SAINT-PIERRE-D'ALBINY
© 04 79 36 48 20
Vente du mar. au sam. 8h-12h15 et 15h-19h
Fromages : Tomes des Bauges AOP

MONTS ET TERROIR

LA BÂTHIE © 04 79 89 52 30
Distance : 6,2 km
Fromages : AOP Beaufort, IGP raclette de Savoie, IGP Tomme de Savoie

LA COOP

Montée de la Boisserette
73190 SAINT JEOIRE PRIEURÉ © 04 79 75 44 46
Ouvert du lun. au sam. 9h-12h30 et 14h-18h30

MARCHÉ DE CHALLES LES EAUX

Centre - 73190 CHALLES LES EAUX
Horaires d'ouverture : le ven. 8h-13h

MARCHÉ DES HALLES

Place des Halles - 73000 CHAMBÉRY
Horaires d'ouverture : du mar. au sam. 6h-13h30

SICA COOPÉRATIVE LAITIÈRE DE MOUTIERS

2 rue Juiverie - 73000 CHAMBÉRY
© 09 67 22 08 03
Ouvert tous les jours 9h-12h30 et 14h-19h sauf dim. et jours fériés Distance : 3,2 km
Fromages : Tomme de Savoie IGP et Beaufort AOP

MAGASIN « TOMME ET BEAUFORT »

177 avenue du Grand Verger
73000 CHAMBÉRY © 04 79 62 30 11
Ouvert du lun. au sam. 9h-12h30 et 14h-19h, les jours féries 9h-12h30, fermé le 01/05
Distance : 3,2 km
Fromages : Tomme de Savoie IGP et Beaufort AOP

SAVOIE

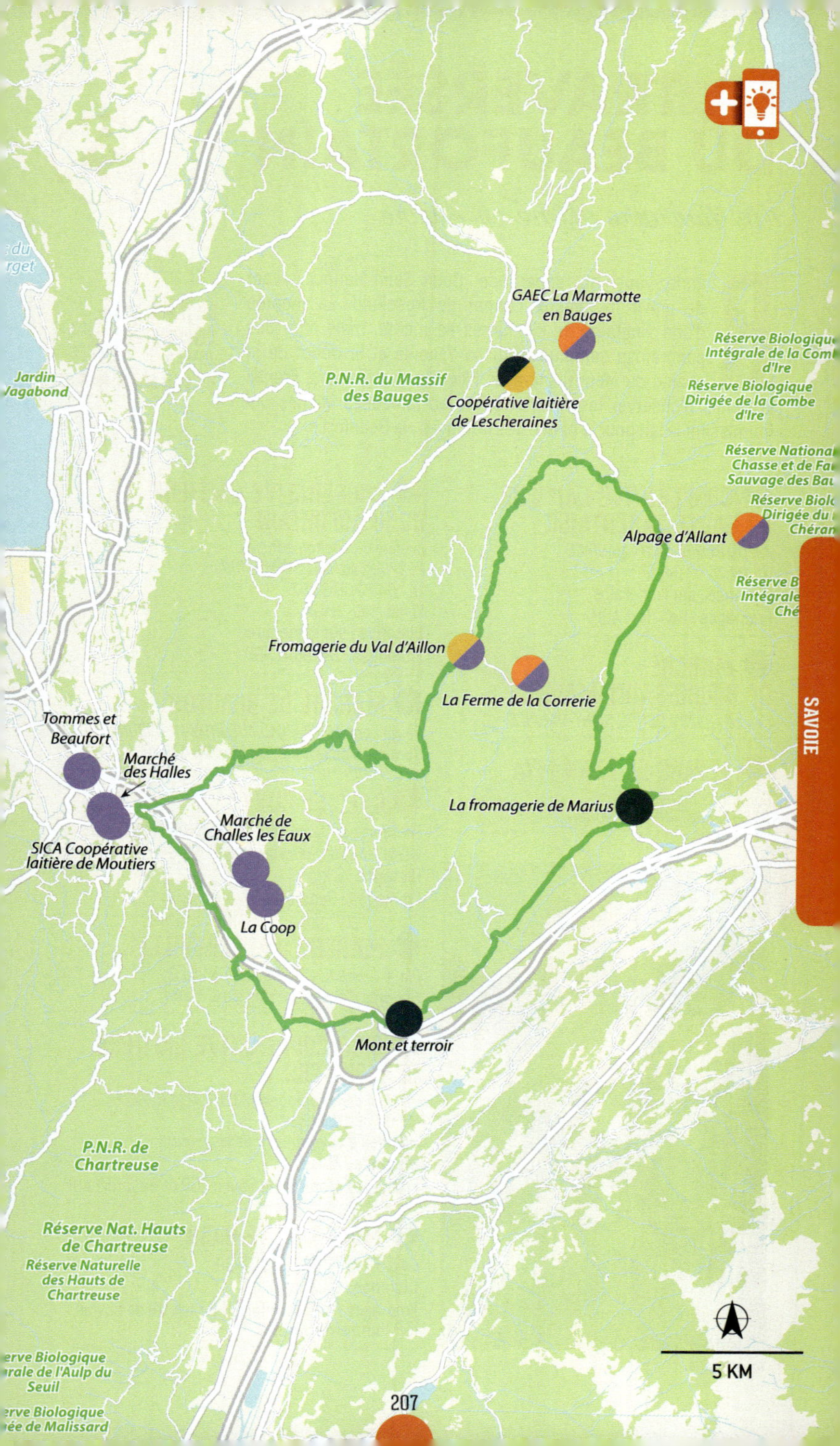
GAEC La Marmotte en Bauges
Réserve Biologique Intégrale de la Com
d'Ire
P.N.R. du Massif des Bauges
Coopérative laitière de Lescheraines
Réserve Biologique Dirigée de la Combe d'Ire
Jardin Vagabond
Réserve Nationa
Chasse et de Fa
Sauvage des Bau
Réserve Biol
Dirigée du
Chéran
Alpage d'Allant
Réserve B
Intégrale
Ché
Fromagerie du Val d'Aillon
La Ferme de la Correrie
Tommes et Beaufort
Marché des Halles
La fromagerie de Marius
SICA Coopérative laitière de Moutiers
Marché de Challes les Eaux
La Coop
Mont et terroir
P.N.R. de Chartreuse
Réserve Nat. Hauts de Chartreuse
Réserve Naturelle des Hauts de Chartreuse
erve Biologique
rale de l'Aulp du Seuil
erve Biologique
ée de Malissard
5 KM

LA TRAVERSÉE DU BEAUFORTAIN

Un itinéraire affiné en Savoie

Rendez-vous au départ de Bourg-Saint-Maurice avant de gravir le fameux Cormet de Roselend. La montée d'une vingtaine de kilomètres se mérite, mais offre des panoramas somptueux sur la Vanoise et le début de la chaine du Mont-Blanc avec l'Aiguille des Glaciers. Prenez le temps d'observer les marmottes et les fameuses vaches qui fournissent le lait pour le prince des fromages : le Beaufort !

DISTANCE *58 km*
DÉNIVELÉ POSITIF *1690 m*
NIVEAU ▲▲▲▲▲

COOPÉRATIVE LAITIÈRE DE HAUTE-TARENTAISE

73700 BOURG-SAINT-MAURICE
✆ 04 79 07 04 47
Distance : sur l'itinéraire
Fromages : Beaufort AOP

MARCHÉ DE BOURG-SAINT-MAURICE

Centre - 73700 BOURG-SAINT-MAURICE

ALPAGE DE PLAN MYA

Cormet de Roselend
73270 BEAUFORT-SUR-DORON

© K.MANDRAY

Vache tarine.

COOPÉRATIVE LAITIÈRE DU BEAUFORTAIN

Avenue du Capitaine Bulle
73270 BEAUFORT-SUR-DORON
✆ 04 79 38 33 62
Visite : tous les jours
Distance : sur l'itinéraire
Fromages : Beaufort AOP

MARCHÉ DE BEAUFORT

Bourg centre - 73270 BEAUFORT-SUR-DORON
Horaires d'ouverture : les mer. 8h-12h30

GAEC LE CUVY

Beaufort-sur-Doron - ARÊCHES ✆ 06 83 12 44 82
Visite : tous les jours sur rdv
Distance : 6 km
Fromages : Beaufort AOP

MARCHÉ D'ALBERTVILLE

Place Grenette - 73200 ALBERTVILLE
Horaires d'ouverture : les sam. matin

SICA COOPÉRATIVE LAITIÈRE DE MOUTIERS

28 Quai des Allobroges - 73200 ALBERTVILLE
✆ 04 79 10 53 81
Horaires d'ouverture : tous les jours
Distance : 200 m
Fromages : Tomme de Savoie IGP et Beaufort AOP

MONTS ET TERROIR

LA BÂTHIE ✆ 04 79 89 52 30
Distance : 6,2 km
Fromages : AOP Beaufort, IGP raclette de Savoie, IGP Tomme de Savoie

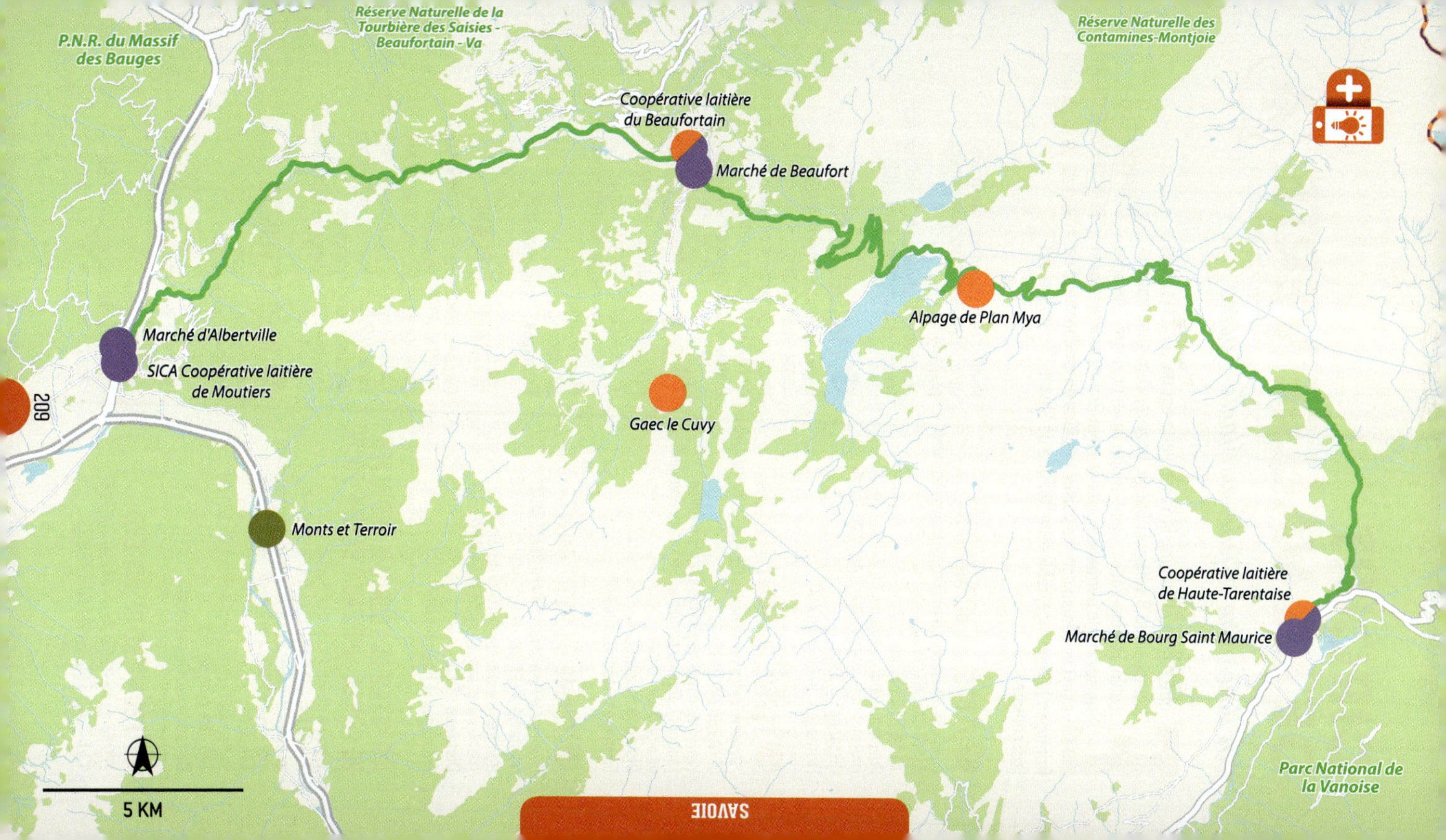
P.N.R. du Massif des Bauges
Réserve Naturelle de la Tourbière des Saisies - Beaufortain - Va
Réserve Naturelle des Contamines-Montjoie
Coopérative laitière du Beaufortain
Marché de Beaufort
Marché d'Albertville
SICA Coopérative laitière de Moutiers
Gaec le Cuvy
Alpage de Plan Mya
Monts et Terroir
Coopérative laitière de Haute-Tarentaise
Marché de Bourg Saint Maurice
Parc National de la Vanoise
5 KM

CIRCUIT DE LA VALLÉE VERTE

Un itinéraire affiné en Haute-Savoie

Entre nature et culture, la Vallée verte est un véritable écrin composé de 8 villages : Boëge, Bogève, Burdignin, Habère-Lullin, Habère-Poche, Saint-André, Saxel et Villard. Elle offre un spectacle permanent avec le Mont-Blanc comme témoin et le Lac Léman comme voisin. Les fans de randonnée et de fromages (abondance, reblochon, tomme de Savoie...) y trouveront leur compte !

DISTANCE *66 km*
DÉNIVELÉ POSITIF *950 m*
NIVEAU ▲▲▲△△

FERME LA BORNANDINE

Ballaison, Chezabois d'en bas, route des Fournées
74140 BALLAISON
✆ 06 73 15 39 40
Ouvert du lundi au samedi 9h-12h et 17h-19h (hors jours fériés) et traite à partir de 17h30
Distance : 5,1 km
Fromages : Reblochon AOP

FERME DU MONT FORCHAT

70 chemin de Vauverdanne, Les Courbes - 74470 LULLIN
✆ 06 50 54 30 05
Visite des caves d'affinage sur réservation (payant). Traite à partir de 18h sur réservation de septembre à mai.
Distance : 4,2 km
Fromages : Abondance AOP

FERME DU PETIT MONT

Chef lieu le Petit Mont - 74470 BELLEVAUX
✆ 04 50 73 76 04
Horaires d'ouverture : atelier du lait (pdt les vac. sco. ou sur réservation)
Distance : 7 km
Fromages : Chevrotin AOP

OFFICE DE TOURISME DES ALPES DU LÉMAN - BUREAU D'HABÈRE-POCHE

18 route du Col, Place des Habères
74420 HABÈRE-POCHE ✆ 04 50 39 54 46
Horaires d'ouverture : Printemps-automne : lun.-mar.-jeu. 9h-12h. Mer.–vend. – sam. 9h-12h et 14h-18h
Juillet-août : Du lundi au samedi 9h-12h et 14h-18h. Dim. 9h-12h
Distance : sur le parcours

FRUITIÈRE DE BOGÈVE

275 Route de Plaine Joux - 74250 BOGÈVE
✆ 04 50 36 60 32 / 04 50 39 98 23
Visite et dégustation sur réservation ; vente 7j/7 (distributeur automatique)
Distance : 4 km
Fromages : Abondance et Reblochon AOP, Tomme et Raclette de Savoie IGP

MARCHÉ DE BOËGE

Centre du Village - 74420 BOËGE
✆ 04 50 39 10 01
Horaires d'ouvertures au public : tous les mardis de 7h-13h (sauf les jours fériés)
Distance : sur le parcours

GAEC LE CHALET

622 route Chez Novelly - 74420 BOËGE
✆ 04 50 39 17 20
Visite sur réservation les merc., jeudi, vend. et samedi matin
Distance : 1 km
Fromages : Abondance AOP

GAEC LE PLANE

Curseille, 1938 route de la Santodrionne
74420 ST-ANDRÉ DE BOËGE
✆ 06 42 33 03 56 / 06 70 93 75 24
Visite des caves et fruitières sur réservation, vente 7j/7 (distributeur automatique)
Distance : sur le parcours
Fromages : Abondance et Reblochon AOP

GAEC DE VORZIER

248 Chemin de Vorzier
74930 REIGNIER-ESERY
✆ 06 45 50 21 17
Horaires d'ouverture : mar. au vend. de 9h à 12h et de 14h30 à 19h. Le samedi de 9h à 17h
Distance : 6 km
Fromages : Tomme de Savoie IGP, Raclette de Savoie IGP

Ferme La Bornandine
Ferme du Mont Forchat
Ferme du Petit Mont
Geopark Chablais
Office du Tourisme de Habère-Poche
Lac Léman
Marais de Sionnet
GAEC Le Chalet
Marché de Boëge
GAEC Le Plane
Fruitière de Bogève
GAEC de Vorzier
5 KM

TOUR DU SEMNOZ

Un itinéraire affiné en Savoie et en Haute-Savoie

Cette boucle au départ d'Annecy est un circuit idéal pour débuter dans l'ascension des cols ! Avec 12 km pour 480m de dénivelé (soit une pente moyenne de 4%) et un profil régulier, le Leschaux est le col cyclotouristique le plus parcouru de Haute-Savoie ! Il vous guidera jusqu'aux alpages du Semnoz, un lieu idéal au coeur des Bauges pour déguster abondance, tomme et raclette de Savoie...

DISTANCE 55 km

DÉNIVELÉ POSITIF 650 m

NIVEAU ▲▲▲△△

SAVOIE / HAUTE-SAVOIE

OFFICE DE TOURISME DU LAC D'ANNECY

1 rue Jean Jaurès - Centre Bonlieu
74000 ANNECY ✆ 04 50 45 00 33
Horaires d'ouverture : du lundi au samedi 9h-12h30 et 13h45-18h
Distance : sur le parcours

MARCHÉ DE SEVRIER

Place de l'Église - 74320 SEVRIER
Horaires d'ouverture : mercredi 8h-12h30
Distance : sur le parcours

GAEC LES NOISETIERS EN HIVER

Les Granges - 74320 LESCHAUX
✆ 06 81 08 36 37
Visite sur réservation, tous les jours 16h-19h de sept. à mai. Le vendredi 15h-19h en été.
Distance : sur le parcours
Fromages : Abondance AOP et Raclette de Savoie IGP

© AFTALP-L.MADELON

AOP Tome des Bauges.

GAEC LES NOISETIERS EN ÉTÉ

Alpage du Semnoz - Route du Col de Leschaux
Combe des Villards
74320 LESCHAUX
✆ 06 50 10 25 39
Visite de la ferme d'alpage sur réservation
Distance : 9,5 km
Fromages : Abondance AOP et Raclette de Savoie IGP

FERME DE LA MARMOTTE EN BAUGES

Le Noiray - La Frenière
73340 LA MOTTE-EN-BAUGES
✆ 06 76 43 92 92 / 06 12 28 08 07
Horaires d'ouverture : mardi et jeudi 17h-18h30 sur réservation
Distance : 5,1 km
Fromages : Tomme des Bauges AOP

COOPÉRATIVE LAITIÈRE DE LESCHERAINES

Chef-lieu - 73340 LESCHERAINES
✆ 04 79 63 30 37
Visite et vente, tous les jours 9h30-12h et 15h-19h
Distance : 3,1 km
Fromages : Tome des Bauges AOP

FRUITIÈRE DU SEMNOZ

Sur la Côte Gaillard, 3097 route des Bauges
74540 GRUFFY
✆ 04 50 77 40 32
Horaires d'ouverture : atelier de fabrication du lundi au samedi 9h00-11h.
Musée sur réservation du lundi au samedi 9h-12h et 15h30-19h (gratuit)
Distance : sur le parcours
Fromages : Abondance et Tome des Bauges AOP

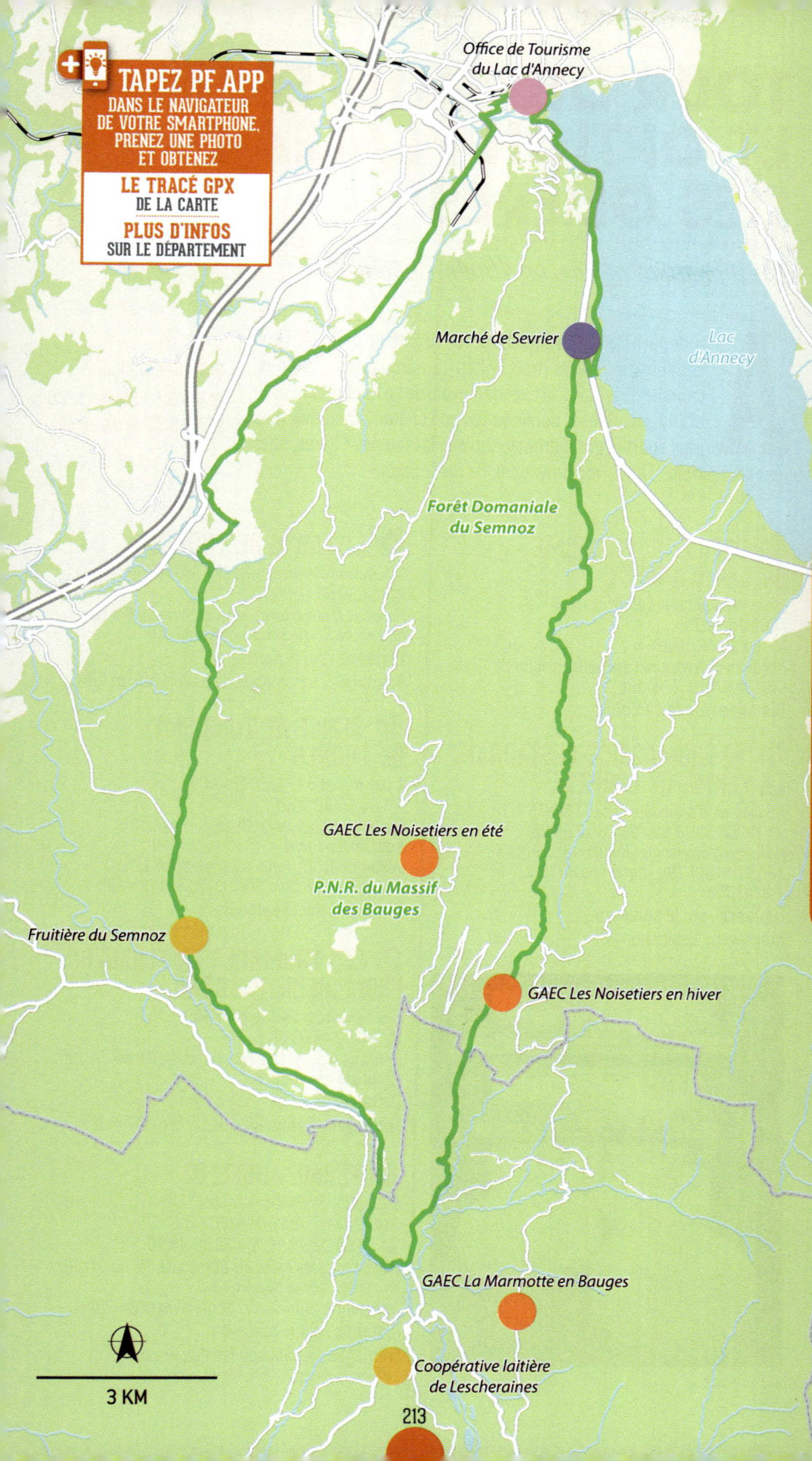
TAPEZ PF.APP
DANS LE NAVIGATEUR DE VOTRE SMARTPHONE, PRENEZ UNE PHOTO ET OBTENEZ
LE TRACÉ GPX DE LA CARTE
PLUS D'INFOS SUR LE DÉPARTEMENT
Office de Tourisme du Lac d'Annecy
Marché de Sevrier
Lac d'Annecy
Forêt Domaniale du Semnoz
GAEC Les Noisetiers en été
P.N.R. du Massif des Bauges
Fruitière du Semnoz
GAEC Les Noisetiers en hiver
GAEC La Marmotte en Bauges
Coopérative laitière de Lescheraines
3 KM

TOUR DES GLIÈRES ET OPTION PLATEAU DES GLIÈRES

Un itinéraire affiné en Haute-Savoie

Au départ du lac d'Annecy, ce beau circuit préalpin vous conduira à travers trois villes remarquables : Thônes, capitale des Aravis, la cité médiévale de La Roche-sur-Foron et Thorens-Glières dominée par son château médiéval. Les plus sportifs grimperont jusqu'au Plateau des Glières, haut lieu de mémoire. Faites vos provisions de Reblochon !

DISTANCE *90 km*
DÉNIVELÉ POSITIF *1280 m*
NIVEAU ▲▲▲▲▲

OFFICE DU TOURISME DU LAC D'ANNECY

1 rue Jean Jaurès, Centre Bonlieu
74000 ANNECY
✆ 04 50 45 00 33
Horaires d'ouverture : du lundi au samedi 9h-12h30 et 13h45-18h
Distance : sur le parcours

FROMAGERIE-RESTAURANT LA FERME DE LORETTE

56 avenue d'Annecy - 74230 THÔNES
✆ 04 50 88 12 50 / 06 78 12 55 05
Horaires d'ouverture : lundi au samedi 8h30-12h30 et 14h-19h, dimanche 8h30-12h et 14h30-19h
Distance : sur le parcours
Fromages : Reblochon AOP

© AFTALP-L.MADELON

AOP Reblochon.

LE FARTO DE THÔNES

40 avenue d'Annecy - 74230 THÔNES
✆ 04 50 88 12 50
Horaires d'ouverture : lundi au samedi 8h-19h, dimanche 9h30-12h30 et 15h30-19h
Distance : sur le parcours
Fromages : 5 fromages de Savoie AOP et IGP

OFFICE DE TOURISME DE THÔNES

1 rue Blanche - 74230 THÔNES
✆ 04 50 02 00 26
Ouvert tous les jours 9h-12h. et 14h-18h sauf le dimanche
Juillet-août : Du lundi au samedi 9h-12h30 et 14h-18h30. Dim. 9h45-12h15 et 17h-19h
Distance : sur le parcours

LES FROMAGES DU FERMIER/ FROMAGERIE PACCARD

Les Béviaires - 74230 MANIGOD
✆ 04 50 44 07 50
Horaires d'ouverture : du lun. au vendredi 6h-18h. Visite sur réservation.
Distance : 5,2 km
Fromages : 7 fromages de Savoie AOP et IGP

FERME ANGELLOZ

600 route du Bois de l'envers
74450 SAINT-JEAN-DE-SIXT
✆ 04 50 02 29 81 / 04 79 32 94 80
Ouvert tous les jours 8h-20h du 01/06 au 01/09. En aplage au col des Aravis.
Traite entre 16h30-17h. Vente directe 8h-20h
Distance : sur le parcours
Fromages : Reblochon fermier Aravis

Ferme des Chenevifs
Ferme de Trembay (hiver)
Marché de Thorens
Réserve Biologique Dirigée de la Montagne des Frêtes
Fruitière du Parmelan
Ferme de Trembay (été)
EARL Les Eglantiers
Marché Grand Bornand
GAEC d'Hermy
Office de Tourisme de St-Jean de Sixt
Ferme Angelloz
Ferme Auberge des Corbassièresen hiver
Office de Tourisme du Lac d'Annecy
Fromagerie-Restaurant La ferme de Lorette
Le Hameau des Alpes
Ferme Auberge des Corbassièresen été
Le FARTO de Thônes
Office de Tourisme de Thônes
Les Fromages du Fermier
Lac d'Annecy
5 KM

TOUR DES GLIÈRES ET OPTION PLATEAU DES GLIÈRES

Un itinéraire affiné en Haute-Savoie

OFFICE DE TOURISME DE SAINT-JEAN-DE-SIXT

47 chemin Léon Laydernier - Maison des Aravis
74450 SAINT-JEAN-DE-SIXT
✆ 04 50 02 70 14
Distance : sur le parcours

LE HAMEAU DES ALPES

44 route de la Patton - 74420 LA CLUSAZ
✆ 04 50 02 70 14
Ouvert du 27/04 au 28/06 merc. ven. dim. 14h-18h30. Fermé le 01/05. Du 29/06 au 13/09 du mar. au dim. 13h-19h.
Distance : 4,2 km
Fromages : Reblochon AOP

FERME AUBERGE DES CORBASSIÈRES EN ÉTÉ

Alpage des Corbassières - Massif de Beauregard
74420 LA CLUSAZ
Ouvert tous les jrs. 8h-19h
Fromages : Reblochon AOP

FERME AUBERGE DES CORBASSIÈRES EN HIVER

98 chemin du Var - 74220 LA CLUSAZ
✆ 04 50 02 58 33 / 06 84 31 19 87
Visites à la ferme sur réservation
Distance : 4,8 km
Fromages : Reblochon AOP

MARCHÉ DU GRAND-BORNAND

Grenette
74450 LE GRAND BORNAND
✆ 04 50 02 78 00
Horaires d'ouverture : toute l'année, mercredi 8h-12h30
Distance : sur le parcours

GAEC D'HERMY

L'Envers du Bouchet - Les Frasses Jacquier
74450 LE GRAND BORNAND
✆ 06 09 70 25 47 / 06 76 74 27 83
Visites libres ou guidées à partir de 18h (payant)
Distance : 4,8 km
Fromages : Reblochon AOP

EARL LES EGLANTIERS

Les granges du Bouchet
74450 LE GRAND BORNAND
✆ 04 50 02 36 78
Visite et atelier de fabrication le vendredi après-midi sur réservation (payant)
Distance : 6 km
Fromages : Raclette IGP, Reblochon AOP

FERME DE TREMBAY EN ÉTÉ

Col de Chatillon (en VTT)
✆ 06 72 83 22 34 / 06 89 62 35 20
Ouvert tous les jours du 23/06 au 15/09
Distance : 10 km
Fromages : Abondance AOP, Tomme de Savoie IGP, Chevrotin AOP

FERME DE TREMBAY EN HIVER

1135 route de Morat-Tremblay
74130 LE PETIT BORNAND LES GLIÈRES (en VTT)
✆ 06 72 83 22 34 / 06 89 62 35 20
Horaires d'ouverture : à partir de 17h30 - magasin de vente à la ferme
Distance : 0,8 km
Fromages : Abondance AOP, Tomme de Savoie IGP, Chevrotin AOP

FERME DES CHENEVIFS

407 route de Mornex - 74800 ST LAURENT
✆ 06 76 87 89 10 / 04 50 03 09 92
Ouvert du lundi au vendredi 8h30-18h. Visite gratuite sur réservation : fabrication et caves (8h-11h), traite (17h)
Distance : 600 m
Fromages : Abondance AOP

MARCHÉ DE THORENS-GLIÈRES

Place de la Mairie - 74570 THORENS-GLIÈRES
✆ 04 50 22 82 32
Horaires d'ouverture : du 10 janvier au 30 décembre 2020, mercredi et samedi, 9h-12h30
Distance : sur le parcours

FRUITIÈRE DU PARMELAN

413 Avenue de Bonatray - 74370 VILLAZ
✆ 04 50 32 41 13
Horaires d'ouverture : toute l'année du lundi au samedi 9h-12h et 15h-19h
Distance : sur le parcours
Fromages : Reblochon AOP

Palais de l'Île à Annecy.

LE GRAND CIRCUIT DU NEUFCHÂTEL

Un itinéraire affiné en Seine-Maritime

Sur la base de 4 boucles cyclables déjà aménagées, cet itinéraire au départ du château de Mesnières-en-Bray forme une grande boucle. Découvrez sur ces petites routes de campagne les paysages de la Boutonnière du Pays de Bray qui font l'AOP Neuchâtel. Un balisage spécial fromage accompagnera vos visites à la rencontre des producteurs de fromage pour découvrir les différentes étapes de sa fabrication.

DISTANCE *75 km*

DURÉE ESTIMÉE *6h15*

NIVEAU ▲△△△△

SEINE-MARITIME

FERME DE LA VALLÉE HAUTE

Rue du Bois de la Vigne - 76270 GRAVAL
✆ 02 35 94 21 69
martin.jv@wanadoo.fr
Vente : du lundi au vendredi 9h-13h
Visite : sur rdv

GAEC BRIANCHON

427 Route de Gaillefontaine
76270 NESLE-HODÉNG
✆ 02 32 97 06 46
contact@neufchatel-brianchon.com
Vente tous les matins et en fin d'après midi
Visite sur rdv. Marché à Neufchâtel le samedi matin.

Dégustation de Neufchâtel.

FROMAGERIE ANSELIN

17 Route de l'Eaulne
76270 SAINTE-BEUVE-EN-RIVIERE
✆ 02 35 94 04 31
fromage.anselin@nordnet.fr
Vente : du lundi au samedi 7h-12h - Pas de visite

ÉTIENNE THILLARD

963 Rue du Centre
76270 NESLE-HODENG
✆ 02 32 97 07 17
gaecdesfontaines@orange.fr
Vente : du lundi au samedi sauf sur l'heure des repas. Pas de visite

EARL JUBERT

155 Chemin Mesnil Sigaux
76270 SAINT-SAIRE
✆ 02 35 93 12 46 - daniel.jubert0311@orange.fr
Vente : Mardi 9h-12h et 14h-17h, Jeudi 9h-12h et 14h-17h, samedi 9h-12h.
Fermé le lundi, mercredi et dimanche.

EARL THILLARD JACKY

15 Route du Donjon - 6270 MORTEMER
✆ 02 35 94 22 95 - thillard.jacky@neuf.fr
Vente tous les jours 9h-19h sauf mardi et jeudi toute la journée - Pas de visite

EARL MONNIER PH ET FL

10 Route de Gaillefontaine
76270 NEUFCHATEL-EN-BRAY
✆ 02 35 94 40 42 - philippe.monnier76@wanadoo.fr
Vente du lundi au jeudi 9h30-12h, vendredi 9h30-12h et 14h-17h30, le samedi 14h30-17h30. Fermé le dimanche et jours fériés. Présent sur le marché à Neufchâtel en Bray le samedi matin.

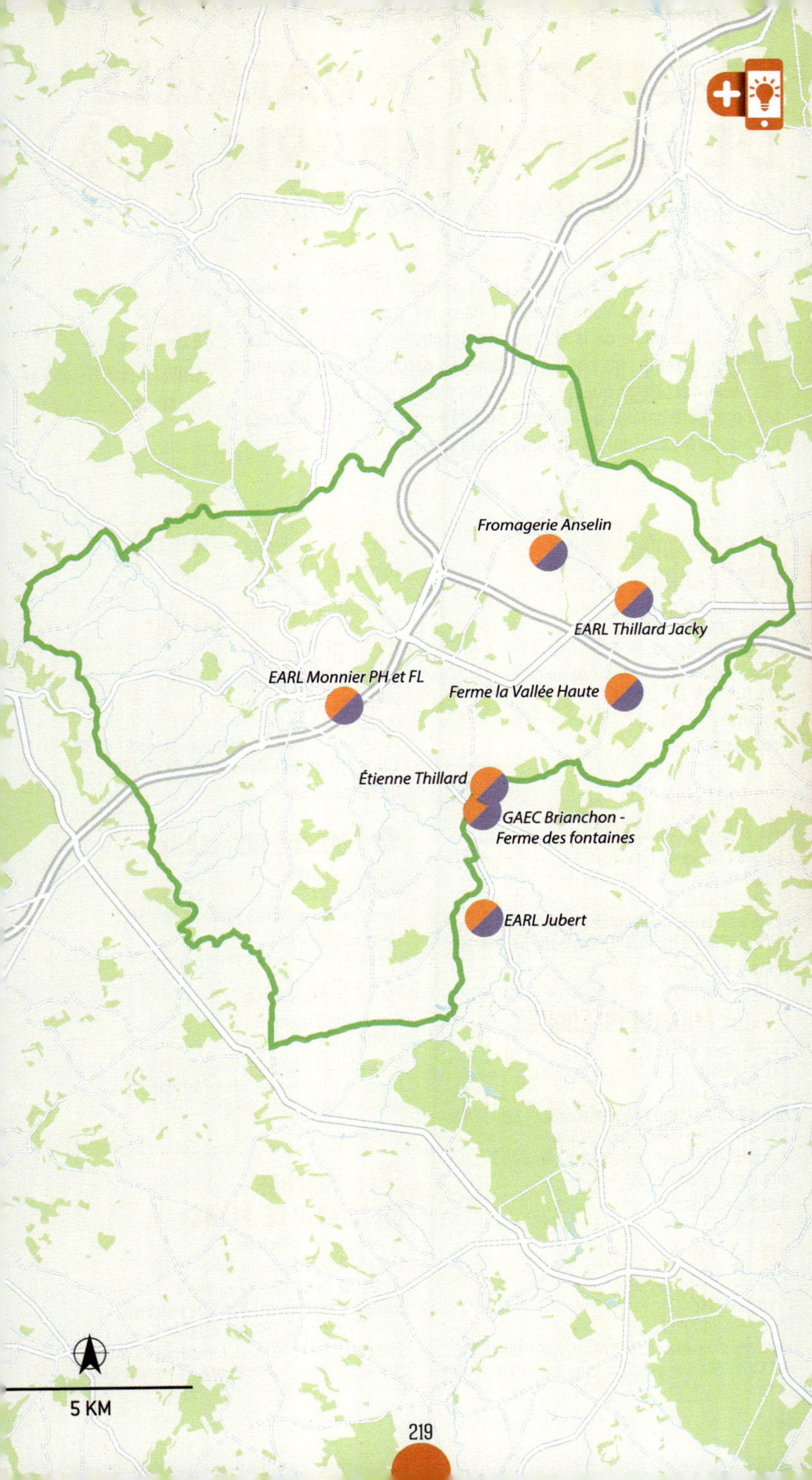
Fromagerie Anselin
EARL Thillard Jacky
EARL Monnier PH et FL
Ferme la Vallée Haute
Étienne Thillard
GAEC Brianchon -
Ferme des fontaines
EARL Jubert
5 KM

LE CIRCUIT « BATAILLE DE LA MARNE 1914 »

Un itinéraire affiné en Seine-et-Marne

Au départ du musée de la Grande Guerre, à Meaux, prolongez votre parcours dans les pas des soldats de la bataille de la Marne, à la découverte des lieux et des hommes qui ont fait l'Histoire. En parcourant ces boucles, découvrez quelques-unes des étapes majeures du circuit de la première bataille de la Marne de 1914 qui s'est tenue au coeur du Pays de Meaux, dans les plaines de la Brie.

DISTANCE
14 km / 32 km
DÉNIVELÉ POSITIF *465 m*
NIVEAU ▲△△△△

FROMAGERIE SAINT FARON

Rue Jehan de Brie
77100 MEAUX
✆ 01 64 36 69 44
Horaires d'ouverture : Mardi au samedi - 10h-12h30 & 15h30-17h.
Distance : 900 m
Fromages : Brie

MAISON DU BRIE DE MEAUX

7 place Charles de Gaulle
77100 MEAUX
✆ 01 64 33 02 26
Horaires d'ouverture : Lundi au samedi - 10h-12h30 & 13h30-17h. Dimanche de 14h-17h.
Distance : 3 km

LA MAISON MELDOISE

33 rue Saint Rémy
77100 MEAUX
✆ 01 60 23 43 63
Horaires d'ouverture : Mardi et jeudi - 12h-14h & 19h-21h30. Mercredi - 19h-21h30
Vendredi et samedi - 12h-14h & 19h-22h30.
Dimanche - 12h-14h30.
Distance : 3 km

LA FROMAGÈRE

4 rue du Général Leclerc
77100 MEAUX
✆ 01 64 34 22 82
Horaires d'ouverture : Mardi au jeudi - 9h-12h30 & 15h30-19h. Vendredi et samedi - 9h-13h30 & 14h30-19h15. Dimanche - 9h30-13h.
Distance : 2,5 km

FROMAGERIE DU BRIE ET D'AILLEURS

18 rue du Commandant Berge
77100 MEAUX
✆ 09 52 79 86 94
Horaires d'ouverture : Mardi au samedi - 9h30-13h & 15h-19h30. Dimanche - 9h30-13h.
Distance : 3 km

MARCHÉ DE MEAUX

Place du Marché
77100 MEAUX
Horaires d'ouverture : Samedi - 8h-13h.
Distance : 3,2 km

LA PÉNICHE

6 quai Sadi Carnot
77100 MEAUX
✆ 01 60 01 16 16
Horaires d'ouverture : Mardi au samedi - 12h-14h30 & 19h-22h30.
Distance : 3 km

L'AUBERGE DU CHAMP DE MARS

16 avenue de la Victoire
77100 MEAUX
✆ 01 64 34 15 15
Horaires d'ouverture : Mardi au vendredi - 12h00 - 13h30 & 19h00 - 21h30.
Samedi - 19h00 - 21h30. Dimanche - 12h00 - 14h00.

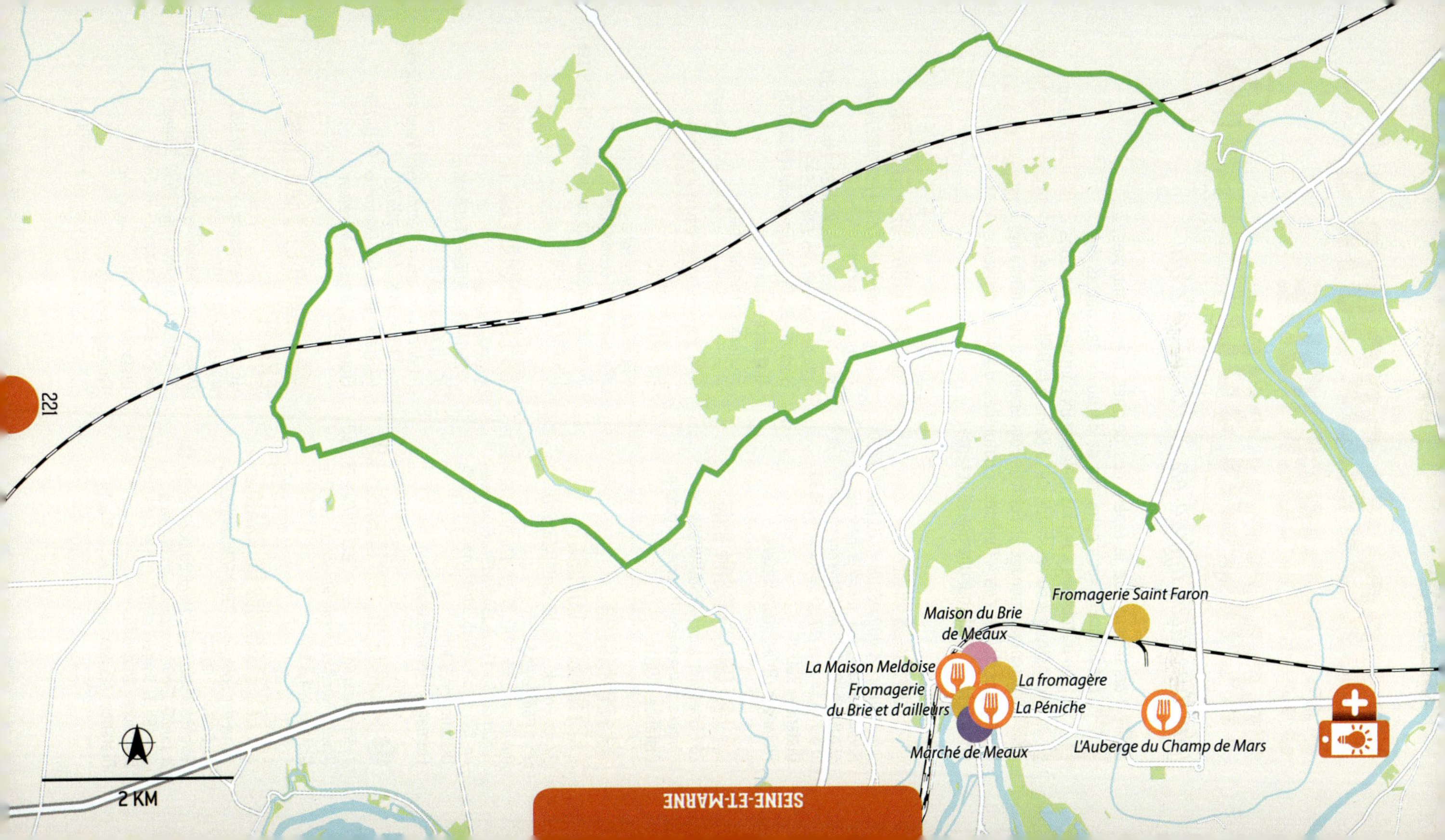
Fromagerie Saint Faron
Maison du Brie de Meaux
La Maison Meldoise
La fromagère
Fromagerie du Brie et d'ailleurs
La Péniche
Marché de Meaux
L'Auberge du Champ de Mars
2 KM

L'EUROVÉLOROUTE 3/ SCANDIBÉRIQUE TRONÇON SUD

Un itinéraire affiné en Seine-et-Marne

Connu pour être le repère des peintres impressionnistes, cet itinéraire vous permettra de découvrir des décors des plus bucoliques aux plus majestueux comme ces maisons construites sur les bords de la Seine à la Belle Epoque. Le parcours aménagé en Forêt de Fontainebleau vous offrira de belles vues depuis des « fenêtres » naturelles, dans des clairières ombragées, l'idéal pour une pause détente !

DISTANCE *70 km*
DÉNIVELÉ POSITIF *450 m*
NIVEAU ▲△△△△

SEINE-ET-MARNE

FROMAGES & CIE

9 rue Carnot - 77000 MELUN ✆ 01 64 37 09 30
Horaires d'ouverture : mardi et mercredi - 8h30-13h & 15h30-19h. Jeudi et vendredi - 8h30-13h & 15h-19h. Samedi - 8h30-13h & 15h-19h30
Distance : 200 m
Fromages : Bries, coulommiers

MELUN FÊTE SON BRIE

26 Place Saint-Jean - 77000 MELUN
Horaires d'ouverture : 1er samedi d'octobre
Distance : 600 m

FROMAGERIE BARTHÉLÉMY-GOURSAT

92 rue Grande - 77300 FONTAINEBLEAU
✆ 01 64 22 21 64
Ouvert le mardi au jeudi - 8h-12h30 & 16h-19h15. Vendredi - 8h-13h & 15h30-19h15. Samedi - 8h-13h & 15h-19h15.Dimanche - 8h30-13h
Distance : 4,5 km
Fromages : Fontainbleau

MARCHÉ DE FONTAINEBLEAU

4 Place de la République - 77300 FONTAINEBLEAU
Ouvert : Mardi-Vendredi-Dimanche - 7h-13h
Distance : 4,3 km

LES TERROIRS DE FRANCE

41 rue des Sablons - 77300 FONTAINEBLEAU
✆ 01 64 22 50 80
Horaires d'ouverture : Mardi au jeudi - 8h30-13h & 15h30-19h30. Vendredi - 8h30-13h & 15h-19h30. Samedi - 8h30-13h & 14h30-19h30. Dimanche - 8h30-13h.
Distance : 4,5 km

LA FERME DES SABLONS

19 rue des Sablons - 77300 FONTAINEBLEAU
✆ 01 64 22 67 25
Ouvert du mardi au jeudi - 8h30-13h & 15h30-19h30. Vendredi - 8h-13h & 15h30-19h30. Samedi - 8h-19h30. Dimanche - 8h30-13h.
Distance : 4,6 km
Fromages : Fontainebleau

FOIRE AUX FROMAGES ET AUX VINS

5 Rue Claude Bernard
77250 VENEUX-LES-SABLONS
Ouvert le 1er weekend de septembre - 10h-20h/19h
Distance : 1,6 km

LA FROMAGERIE DE MORET

5 rue de l'église
77250 MORET-LOING-ET-ORVANNE
✆ 01 60 96 25 05
Horaires d'ouverture : Mardi-Jeudi-Vendredi-Samedi - 9h15-13h & 15h30-19h30. Mercredi - 9h15-13h. Dimanche - 9h15-13h
Fromages : Bries, le Morétain

TERROIR ET TRADITIONS CHAFFRAIX

16 place de la République - 77140 NEMOURS
✆ 01 64 28 02 00
Ouvert du mardi-jeudi-vendredi - 8h30-13h & 15h-18h30. Mercredi - 8h-12h30. Samedi - 7h-13h & 15h-18h30. Dimanche - 9h-12h30
Distance : 600 m
Fromages : Bries

Bries et coulommiers.

Réserve Naturelle des Bruyères de Sainte-Assise
Fromages & Cie
Melun fête son B
Réserve Biologique Dirigée de Belle-Croix
Réserve Biologique Intégrale de la Tillaie
Réserve Biologique Dirigée de Baudelut
Réserve Biologique Dirigée de Chêne Brûlé
La ferme des Sablons
Marché de Fontainebleau
Les T
Réserve Biologique Dirigée de la Gorge aux Merisiers
Réserve Biologique Dirigée du Mont Merle
P.N.R. du Gâtinais Français
Réserve Naturelle du Marais de Larchant
Terroir et Traditions Chaffraix
5 KM

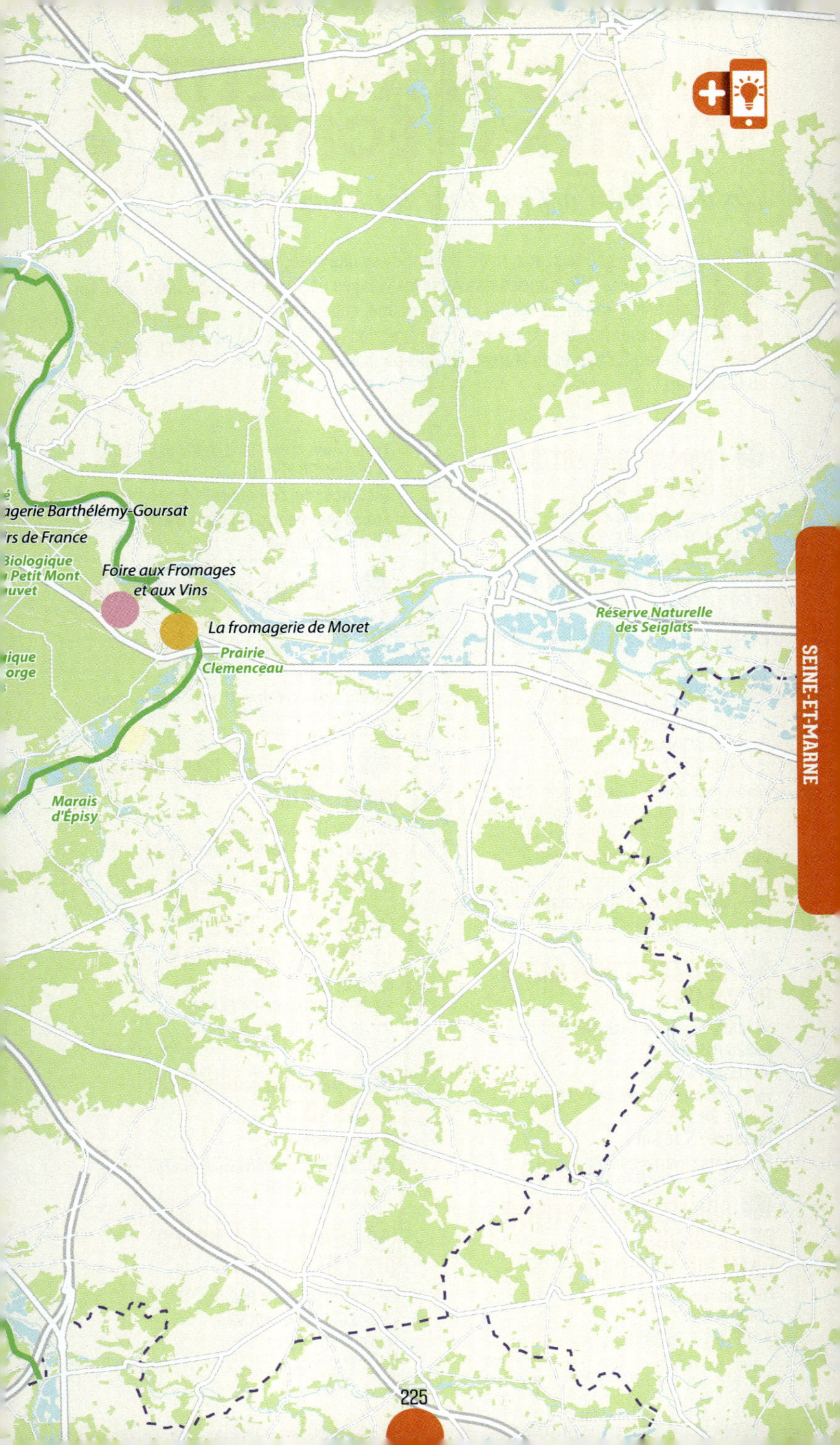

SEINE-ET-MARNE

LA VÉLO FRANCETTE SOUTIERS - ÉCHIRÉ

Un itinéraire affiné dans les Deux-Sèvres

Du bocage gâtinais aux rives de la Sèvre niortaise, cette portion de la Vélo Francette traverse les villages de Soutiers, Saint-Marc-la-Lande où se dressent une collégiale et la commanderie des Antonins, Echiré et les châteaux de Coudray-Salbart et de Mursay. De jolis paysages à découvrir au fil de l'eau.

DISTANCE *30,7 km*

DURÉE ESTIMÉE *2h30*

NIVEAU ▲△△△△

FROMAGERIE ARTISANALE « LE COTEAU »

14, rue des Chaumes Le Poirier
79310 SAINT-PARDOUX
✆ 05 49 63 41 06
Vente tous les jours 8h-12h sauf dim. et jours fériés
Distance : 1 km
Fromages : chèvre et vache

EARL CHEVREAU

Le Petit Chanteloup
79310 SAINT-MARC-LA-LANDE
✆ 05 49 25 82 78
Vente : mer. et ven. 16h-19h, sam. 11h-12h et d'octobre à mars, mer. et ven. 16h-19h
Visite sur rdv
Distance : sur l'itinéraire
Fromages : Mothais sur feuille, bûche, petits chevreaux apéro, crottins, faisselle, fromage blanc, tomme pressée

LAITERIE COOPÉRATIVE DE PAMPLIE

51 Route du Chêne-Casse-Tête
79220 PAMPLIE
✆ 05 49 25 81 82
Vente : du mar. au ven. 14h-18h, le sam. 9h-12h30
Distance : 5,18 km
Fromages : fromage blanc

COOPÉRATIVE LAITIÈRE DE LA SÈVRE - LAITERIE D'ECHIRÉ

76, place de l'église
79410 ECHIRÉ
✆ 05 49 32 89 09
Vente : mer. et ven. 9h-12h30 et 14h-18h et le sam. 9h-12H30
Distance : sur l'itinéraire
Fromages : beurre et crème d'Echiré AOP Charentes-Poitou

MARCHÉ DE PRODUCTEURS À ECHIRÉ

76, place de l'Église
79410 ECHIRÉ
Horaires d'ouverture : 1er et 3e ven. du mois 17h-20h

MARCHÉ DE CHAMPDENIERS-SAINT-DENIS

Place du Champ de foire
79220 CHAMPDENIERS-SAINT-DENIS
Horaires d'ouverture : ven. matin

GÎTES D'ÉTAPE LE RELAIS DE LA TOUR

2, rue des Antonins
79310 SAINT-MARC-LA-LANDE
✆ 05 49 63 26 12

CHAMBRES D'HÔTES A PARADIS

5, place du Paradis
79220 CHAMPDENIERS-SAINT-DENIS
✆ 05 49 75 09 26

CHAMBRES D'HÔTES DES CHEVAUX

28, chemin du Puits Breilbon
79220 GERMOND-ROUVRE
✆ 05 49 04 05 11

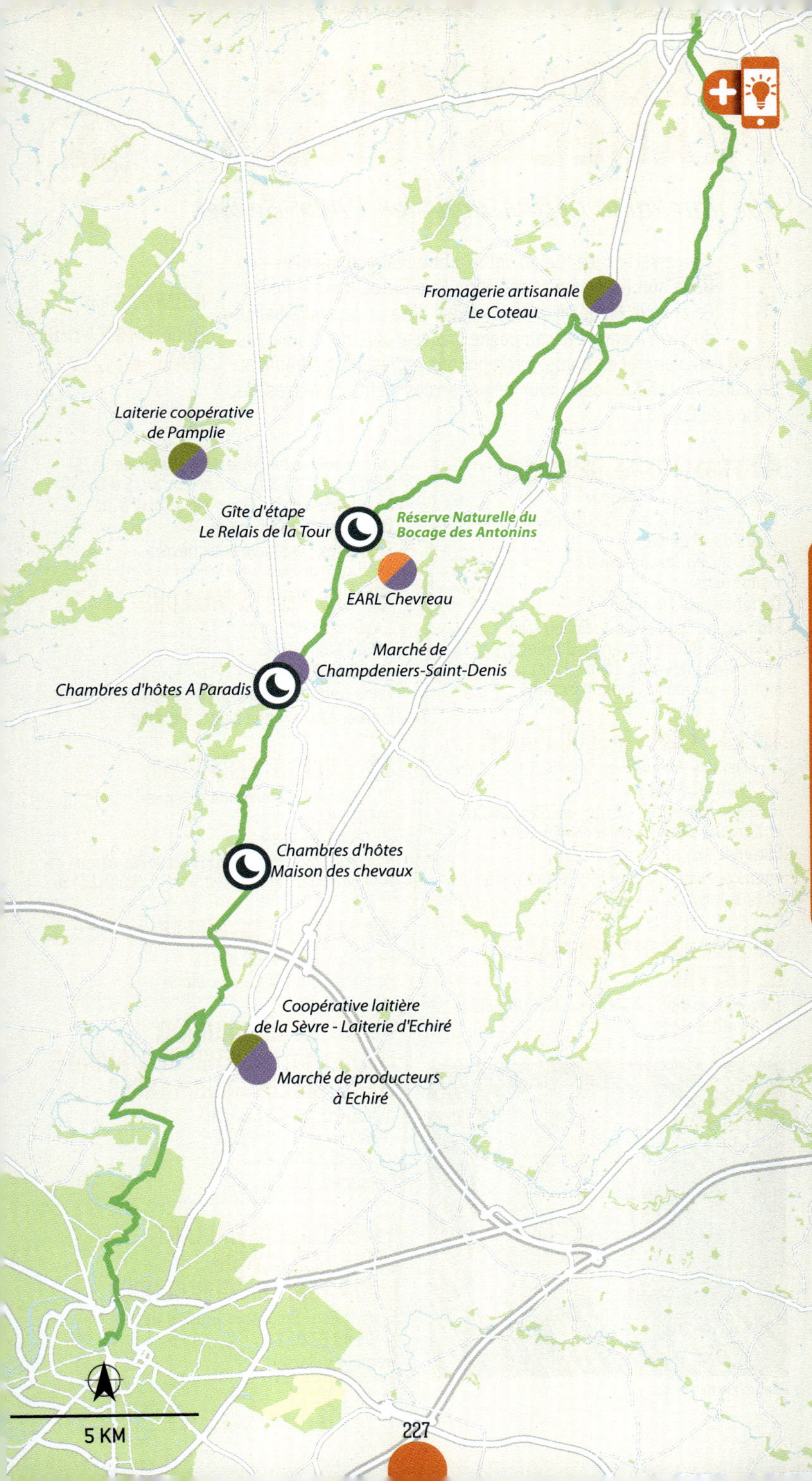
Fromagerie artisanale
Le Coteau
Laiterie coopérative
de Pamplie
Gîte d'étape
Le Relais de la Tour
Réserve Naturelle du
Bocage des Antonins
EARL Chevreau
Marché de
Champdeniers-Saint-Denis
Chambres d'hôtes A Paradis
Chambres d'hôtes
Maison des chevaux
Coopérative laitière
de la Sèvre - Laiterie d'Echiré
Marché de producteurs
à Echiré
5 KM

DEUX-SÈVRES

LE RUBAN VERT - PRAHECQ - MELLE

Un itinéraire affiné dans les Deux-Sèvres

La voie verte « Le Ruban Vert » entre Prahecq et Celles-sur-Belle suit le tracé de l'ancienne voie ferrée Niort – Ruffec. Ce chemin blanc en sable stabilisé offre un parcours balisé de 9 km à travers la campagne melloise agrémenté de murs en pierre et de ponts, à l'ombre des arbres et des arbustes. Un cadre bucolique idéal pour déguster des petits fromages de chèvre du Poitou !

DISTANCE *15 km*
DURÉE ESTIMÉE *1h10*
NIVEAU ▲△△△△

FROMAGERIE DES GORS

Zone artisanale La Chagnée
14, route de la Roche - 79500 MELLE
✆ 05 49 27 06 58
Vente : du lun. au sam. 9h-12h
Visite sur rdv
Distance : sur l'itinéraire
Fromages : Chabichou du Poitou AOP, Couronne, Bûche, Losange, Briquette, Petit Pavé, Chevrette, Dôme, Palet, Mothais sur feuille, Tomme lactique

LA FERME DE LOUJEANNE

2, chemin du Paradis Fayolle - 79230 BRULAIN
✆ 05 49 26 42 46
Horaires d'ouverture : du lun. au sam. 8h-11h et 17h-19h, dim. et jours fériés 8h-10h
Distance : 6 km
Fromages : Mothais sur feuille, tomme de chèvre, lingot

MAISON DES FROMAGES DE CHÈVRE

1, avenue de Niort - 79370 CELLES-SUR-BELLE
✆ 05 49 16 67 16
Vente : sauf jours fériés. Mar. et mer. de 9h15-12h30 et 14h à 18h, Jeu. et ven. 9h15 à 12h30 et 14h00 à 18h30. Sam. : 9 h 15 à 12 h 30
Distance : sur l'itinéraire
Fromages : Fromages de chèvres

© DEP79 P.WALL

Chabichou du Poitou.

LES PETITS VALLONS

2 lieu dit Le Nougerat
79500 POUFFONDS
✆ 05 49 29 30 83
Vente : mer. 16h30-17h30 et sam. 11h-12h
Fromages : fromage blanc, faisselle

ÉPICERIE FERMIÈRE

11, avenue du Commandant Bernier
79500 MELLE
✆ 05 49 07 32 59
Horaires d'ouverture : lun. 15h-19h30, du mar. au sam. 9h-12h30 et 15h-19h30, dim. 9h30-12h30

MARCHÉ DE MELLE

Place Bujault - 79500 MELLE
Horaires d'ouverture : ven. matin

HÔTEL-RESTAURANT LOGIS L'HÔTELLERIE DE L'ABBAYE LOGIS TABLES GOURMANDES

1, place des Epoux Laurant
79370 CELLES-SUR-BELLE
✆ 05 49 26 03 18
Fromages : locaux

HÔTEL-RESTAURANT LOGIS LES GLYCINES LOGIS TABLES GOURMANDES

5, place René Groussard - 79500 MELLE
✆ 05 49 27 01 11
Fromages : locaux

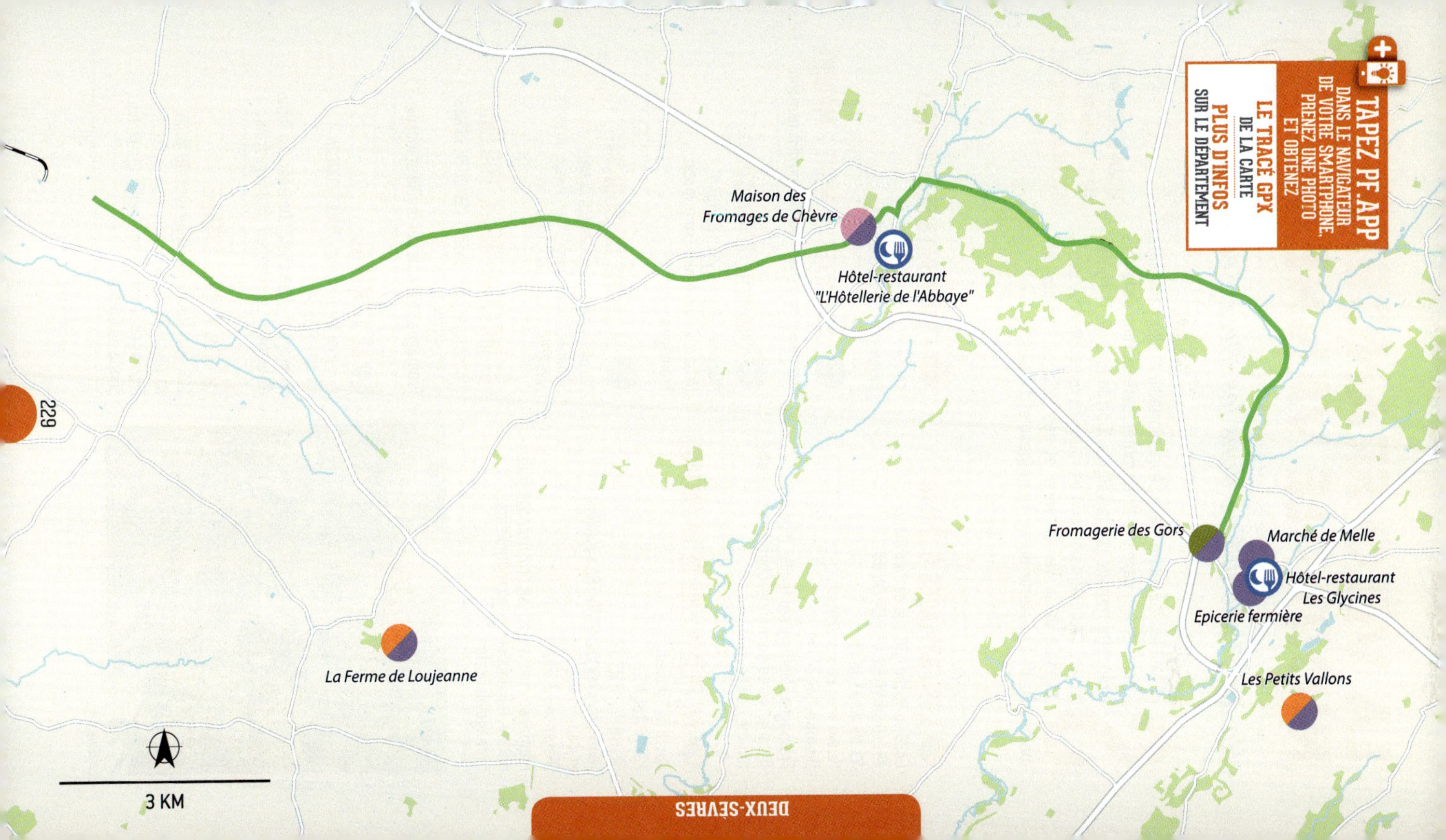

TAPEZ PF.APP
DANS LE NAVIGATEUR DE VOTRE SMARTPHONE, PRENEZ UNE PHOTO ET OBTENEZ
LE TRACÉ GPX DE LA CARTE
PLUS D'INFOS SUR LE DÉPARTEMENT

LA VÉLO FRANCETTE NIORT - LE VANNEAU

Un itinéraire affiné dans les Deux-Sèvres

Suivant les méandres de la Sèvre niortaise et alternant entre chemins de halage et petites routes, cette portion de la Vélo Francette transite par la ville de Niort le long de la coulée verte. L'itinéraire poursuit sa route en direction de Coulon, capitale de la Venise verte et des villages traditionnels maraîchins de La Garette, du Vanneau-Irleau et d'Arçais.

DISTANCE *30,6 km*
DURÉE ESTIMÉE *2h40*
NIVEAU ▲△△△△

DEUX-SÈVRES

LES FROMAGES D'EMMA

GAEC La Roche - 38, rue de Pied Blanc
79210 SAINT-HILAIRE-LA-PALUD
✆ 05 49 35 36 88
Vente : mar. et ven. 17h-19h
Distance : 6,27 km
Fromages : Mothais sur feuille, Pigouille, Tricorne, Carré du marais, Chabis, la briquette, tomme de chèvre

LA FROMAGERIE DE LA PALOUBE

Route du Vanneau
79210 ARCAIS
✆ 06 78 87 63 32
Vente : tous les jours 17h-19h sauf dim. et jours fériés
Distance : 2,5 km
Fromages : tomme au lait cru, fromage frais nature, lePaloubéen à la croûte fleurie, fromage blanc, lait

© PASCAL BELTRAMI – LA VELO FRANCETTE®

La Garette.

FERME PATRICE POUPARD

Eleveur
Brillauvin - 79270 SANSAIS

LES HALLES DE NIORT - MARCHÉ

Horaires d'ouverture : du mar. au dim. le matin

MARCHÉ D'ARÇAIS

Place de l'Église - 79210 ARCAIS
Horaires d'ouverture : sam. matin
Fromages : chèvre

MARCHÉ DE COULON

76, place de l'église - 79410 ECHIRÉ
Horaires d'ouverture : 1er et 3e ven. du mois 17h-20h

DOMAINE DE LA TUILERIE

98, route de La Rochelle - 79000 BESSINES
✆ 05 49 09 12 45
Fromages : Mothais sur feuille et locaux

LE CENTRAL

4, rue de l'Autremont - 79510 COULON
✆ 05 49 35 90 20
Fromages : Chabichou, Chevreau, La Tome d'Aurélien, Capri lezéen, fromage frais

LA BELLE ÉTOILE

115, quai Maurice Métayer - 79000 NIORT
✆ 05 49 73 31 29
Fromages : Mothais sur feuille, Chabichou, Bonde de Gâtine

Coulon, marais Poitevin.

AUBERGE DE LA ROUSSILLE
30, impasse de la Roussille - 79000 NIORT
✆ 05 49 06 98 38
Fromages : Mothais sur feuille, Chabichou, Tricorne, Tomme de Chèvre.

PLAISIR DES SENS
1 bis avenue des Martyrs de la Résistance
79000 NIORT ✆ 05 49 24 02 76
Fromages : locaux

CHAMBRES D'HÔTES CHOLLET PLAT
10, rue de l'Ouche - 79210 ARCAIS
✆ 05 49 35 42 59

CHAMBRES D'HÔTES M. LEYSSENE
Venelle du Charron - 79210 ARCAIS
✆ 05 49 35 40 06

HÔTEL AU MARAIS
48 quai Louis Tardy - 79510 COULON
✆ 05 49 35 90 43

CAMPING DE LA VENISE VERTE
178, route des Bords de Sèvre - 79510 COULON
✆ 05 49 35 90 36

CHAMBRES D'HÔTES LES ROSEAUX
285, route du Grand coin - 79510 COULON
✆ 05 49 35 03 08

CAMPING LE MARTIN PÊCHEUR
155, avenue du Marais Poitevin
79460 MAGNE
✆ 05 49 35 71 81

GÎTE RURAL LA GRENOUILLE
64, rue des Gravées
79270 SANSAIS
✆ 05 49 73 12 58

HÔTEL MERCURE
27, rue de la Terraudière
79000 NIORT
✆ 05 49 63 26 12

HÔTEL LOGIS SANDRINA
43, avenue Saint-Jean d'Angély
79000 NIORT
✆ 05 49 79 28 42

CHAMBRES D'HÔTES L'HORIZON
11 quai de Belle Ile
79000 NIORT
✆ 06 77 02 88 89

GÎTES MAISON DE CHANTEMERLE
38 bis rue de la Routière
79000 NIORT
✆ 06 08 45 54 06

GÎTE DE BEL-AIR
12, rue de Bel Air Surimeau
79000 NIORT
✆ 06 10 23 20 20

DEUX-SÈVRES
Hôtel-restaurant
Le Central
Chambres d'hôtes Les Roseaux
Camping de la Venise Verte
P.N.R. du
Marais Poitevin
Chambres d'hôtes
Chollet Plat
Marché d'Arçais
Chambres d'hôtes
M. Leyssene
La Fromagerie
de la Paloube
Gîtes "La Bicyclette Verte"
Patrice POUPARD
Les Fromages d'Emma
3 KM
232

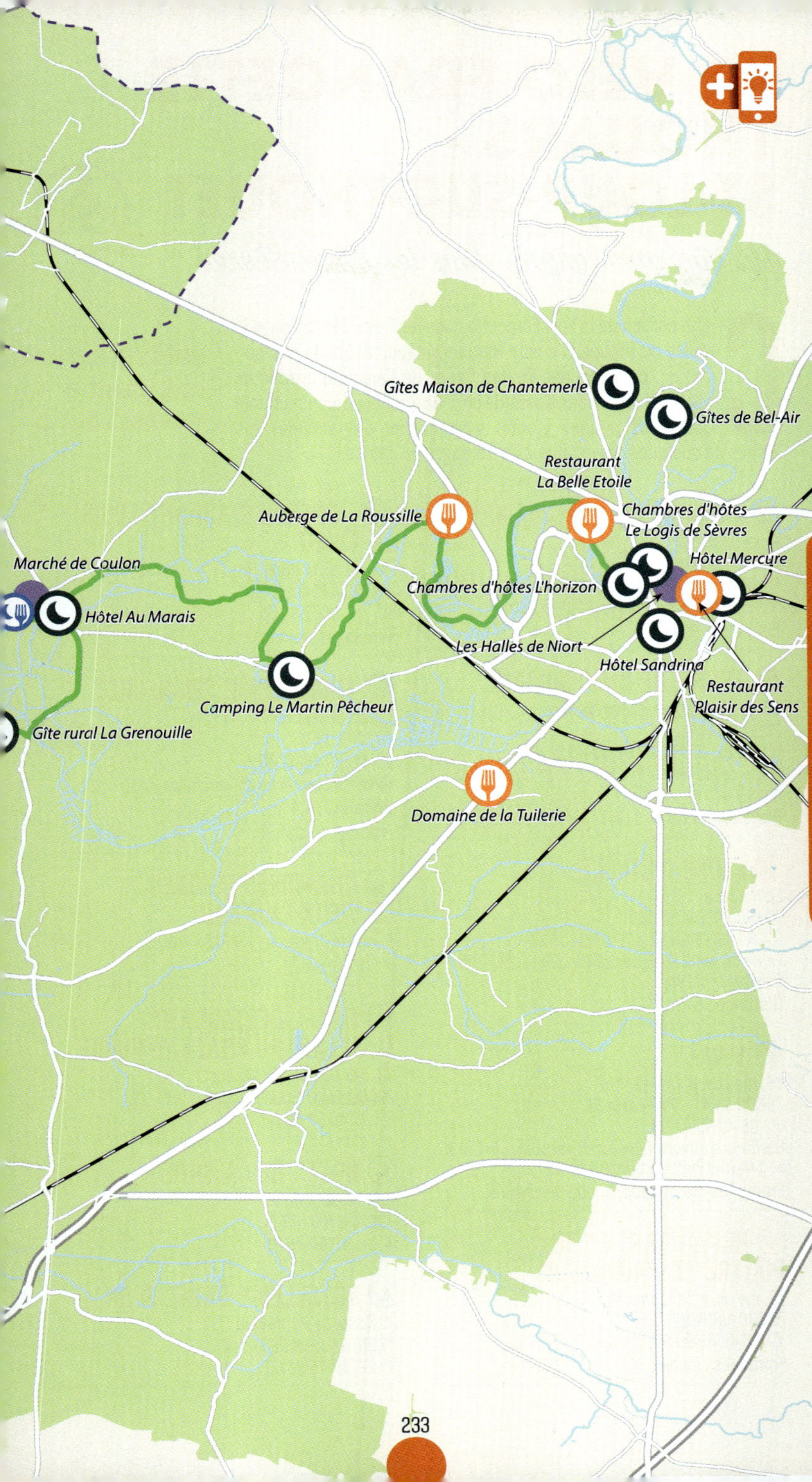

Gîtes Maison de Chantemerle
Gîtes de Bel-Air
Restaurant La Belle Etoile
Chambres d'hôtes Le Logis de Sèvres
Auberge de La Roussille
Hôtel Mercure
Marché de Coulon
Chambres d'hôtes L'horizon
Hôtel Au Marais
Les Halles de Niort
Hôtel Sandrina
Restaurant Plaisir des Sens
Camping Le Martin Pêcheur
Gîte rural La Grenouille
Domaine de la Tuilerie

LA VÉLO FRANCETTE THOUARS - ST-LOUP-SUR-THOUET

Un itinéraire affiné dans les Deux-Sèvres

Cette portion de la Vélo Francette dans les Deux-Sèvres longe la vallée du Thouet. Elle relie Thouars, Airvault et Saint-Loup-sur-Thouet, homologuées Petites Citées de Caractère avec leurs abbayes et maisons à pans de bois. Une richesse architecturale dont vous pourrez profiter sans oublier d'agrémenter vos visites de quelques dégustations de fromages de chèvre...

DISTANCE *36 km*

DURÉE ESTIMÉE *2h*

NIVEAU ▲△△△△

DEUX-SÈVRES

MARCHÉ HEBDOMADAIRE

Halle d'Airvault
79600 AIRVAULT
Horaires d'ouverture : ven. 8h-12h
Marché de producteurs le 14/07 à 18h.
Fromages : chèvre

FERME DE L'AIRVAUDAIS

18 rue de Gastine - Borcq sur Airvault
79600 AIRVAULT
✆ 06 81 49 99 39 / 06 03 66 17 44
Visite découverte de la ferme le 1er mercredi du mois à 17h ou sur RDV
Distance : 4,8 km

FLORE D'ÉTABLE

La Neurtrie
79100 STE RADEGONDE
✆ 05 49 96 60 51 / 06 07 54 13 60
Vente du lundi au vendredi 9h-12h et 19h-20h. Samedi 17h-19h.
Distance : 5 km

VIVAL

16, rue Théophane Vénard
79600 SAINT-LOUP-LAMAIRE
✆ 05 49 69 02 93
Horaires d'ouverture : du mar. au sam. 9h-12h30 et 14h30-19h30, le dim. 8h30-13h
Fromages :Saint-Loup, bûche de chèvre

RESTAURANT LE 12, MAÎTRE-RESTAURATEUR

12, rue de la Gendarmerie
79600 AIRVAULT
✆ 05 49 63 99 50
Fromages : locaux

HÔTEL-RESTAURANT LOGIS LE CYGNE

10, rue de la Gare
79600 AIRVAULT
✆ 05 49 63 30 58
Fromages : locaux

FROMAGERIE SEIGNEURET

13 rue de Fleury
79100 LOUZY
✆ 06 80 50 41 72
Ouvert du mardi au dimanche de 7h30 à 13h
Distance : 4,4 km
Fromages : chèvre

CHAMBRES D'HÔTES LE VIEUX CHÂTEAU

6, rue de Brelucan - 79600 AIRVAULT
✆ 05 49 64 25 78

HÔTEL-RESTAURANT LE RELAIS DU CHAPEAU ROUGE

33, rue Théophane Vénard
79600 SAINT-LOUP-LAMAIRE
✆ 05 49 64 68 08

HÔTEL DE LA GARE

1 Place de la Gare
79100 THOUARS
✆ 05 49 66 20 75

HÔTELLERIE SAINT-JEAN

25 Route de Parthenay
79100 ST JEAN DE THOUARS
✆ 05 49 96 12 60

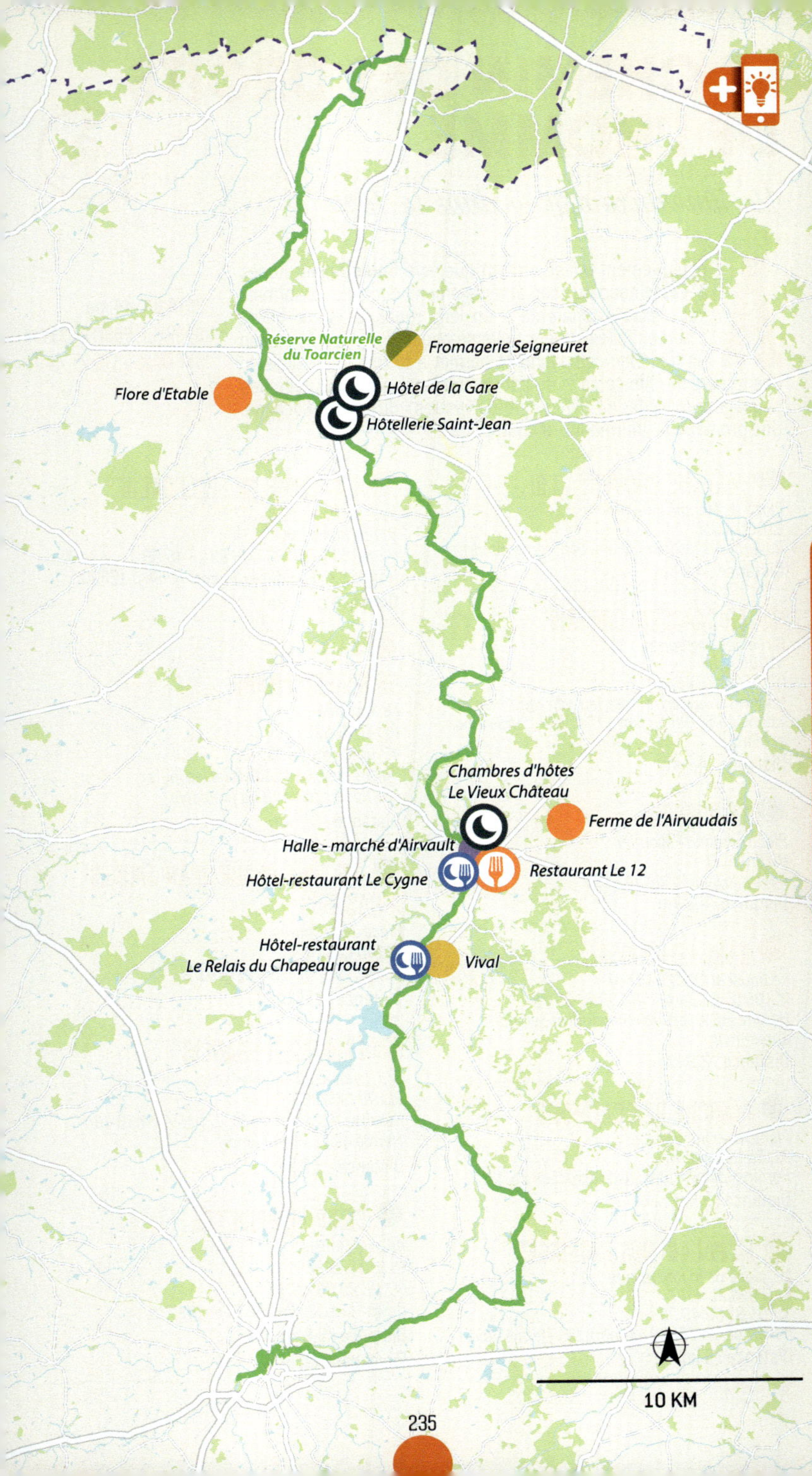
Réserve Naturelle du Toarcien
Fromagerie Seigneuret
Flore d'Etable
Hôtel de la Gare
Hôtellerie Saint-Jean
Chambres d'hôtes Le Vieux Château
Ferme de l'Airvaudais
Halle - marché d'Airvault
Hôtel-restaurant Le Cygne
Restaurant Le 12
Hôtel-restaurant Le Relais du Chapeau rouge
Vival
10 KM

DEUX-SÈVRES

LE CHEMIN DES DROITS DE L'HOMME

Un itinéraire affiné dans le Tarn

Anciennement utilisé en tant que voie ferrée reliant Rodez à Castelnaudary, cet aménagement cyclable désormais Voie Verte s'apparente à un long ruban de sable bordé d'herbes folles : une « traverse paysagère » qui formalise un lien ville-campagne et permet à la fois la découverte des trésors de l'Albigeois et du patrimoine local, ainsi que celle des paysages ruraux des « Collines agro-sylvestres » du pays de Cocagne. Une promenade gourmande et champêtre !

DISTANCE *44 km*
DÉNIVELÉ POSITIF *334 m*
NIVEAU ▲△△△△

MARCHÉ COUVERT ALBI
Place du Marché Couvert
81000 ALBI
Ouvert tous les jours de 7h-14h (fermé lundi)
Distance : 4,6 km

FROMAGERIE CATHARE
7, rue des Foissants
81000 ALBI
© 05 63 76 46 93
Horaires d'ouverture : mer. jeu. ven. sam. : 9h30 - 13 h / 16h - 19h30. dim. : 10h - 13h (fermé lundi et mardi)
Distance : 4,7 km

LE BOUSCAL
Place Fernand Pelloutier
81000 ALBI
Ouvert le samedi de 8h - 13h
Distance : 4,2 km

EARL LE BOUSCAL
Le Bouscal - 81120 DÉNAT
© 05 63 56 64 48 / 06 32 26 33 78
Horaires d'ouverture : mercredi et samedi après-midi
Distance : 2,9 km

MARCHÉ DE RÉALMONT
Place de la République
81120 REALMONT
Horaires d'ouverture : le mrecredi de 8h-13h.
Distance : 5 km

LE PALAIS DES FROMAGES
19, place de la République
81120 REALMONT
© 05 63 60 48 23
Ouvert de 8h-12h30 / 14h30-19h (fermé lundi)
Distance : 5 km

LA FERME DE BELLEGARDE
Bellegarde
81120 REALMONT
© 05 63 45 50 83 / 06 83 15 48 69
Horaires d'ouverture : Samedi de 9h à 12h30
Distance : 2,3 km

LA FERME DE ROBERT PIERRE
La Rigaudié
81120 RONEL
© 05 63 55 54 26
Ouvert à partir de 18h tous les jours (contacter l'éleveur au préalable)
Distance : 5,3 km

MARCHÉ PLACE JEAN JAURÈS À CASTRES
Place Jean Jaurès
81100 CASTRES
Ouvert tous les jours de 9h-17h.
Distance : 1,2 km

FROMAGER FRANCIS
173, avenue du Sidobre
81100 CASTRES
Horaires d'ouverture : 9h-12h15 / 15h30-19h (fermé dimanche et lundi)
Distance : 3,8 km

CŒUR DE BIQUETTE
46, rue Molière
81100 CASTRES
© 06 29 06 46 48
Ouvert tous les vendredis de 9h-12h.
Distance : 2,6 km
Fromages : Yaourts

Fromagerie Cathare
Le Bouscal
Marché couvert Albi
EARL Le Bouscal
Ferme de Robert Pierre
La ferme de Bellegarde
Le Palais des Fromages
Marché de Réalmont
Fromager Francis
P.N.R. du Haut-Languedoc
Marché place Jean Jaurès à Castres
Cœur de Biquette
5 KM
Réserve Naturelle de Cambounet-sur-le-Sor

LE TOUR DE BOURGOGNE À VÉLO

Un itinéraire affiné dans l'Yonne

Entre voies vertes et chemins de halage, cet itinéraire vous guidera le long du Canal de Bourgogne de Brienon-sur-Armançon à Flogny-la-Chapelle. Vous découvrirez la spécialité fromagère locale : le Soumaintrain ! Produit dans tous les sites du parcours, ce fromage au lait de vache est au coeur d'une manifestation organisée chaque année à la fin juin : la fête du Soumaintrain !

DISTANCE *22 km*
DURÉE ESTIMÉE *2h*
DÉNIVELÉ POSITIF *55 m*
NIVEAU ▲△△△△

YONNE

GAEC DU VAL D'AURÉ

29 route de Ligny
89600 BOUILLY
✆ 03 86 35 06 04
Ouvert tous les jours 9h-12H et 18h-19h sauf dim.
Distance : 3 km
Fromages : Soumaintrain « Terre d'Armance », St Florentin, fromage blanc

LE MARCHÉ DE SAINT FLORENTIN

Centre de St Florentin
Horaires d'ouverture : sam. et lun. matin
Distance : 2 km

© BRUNO COURSIMAULT

Ferme Gillot à Beugnon.

FERME GILLOT

20 rue Neuve
89570 BEUGNON
✆ 03 86 56 40 48
Ouvert tous les jours
Distance : 5 km
Fromages : Soumaintrain, St Florentin, tomme, fromage blanc

GAEC LECLÈRE

4 Rue des Sablons
89570 SOUMAINTRAIN
✆ 03 86 56 31 06
Distance : 2 km
Fromages : Chaource, Soumaintrain, Camem-bert, Saint Florentin

GAEC LORNE

8 rue de l'Etang
89570 SOUMAINTRAIN
✆ 03 86 56 32 07
Ouvert tous les jours sur rdv
Fromages : Soumaintrain fermier, fromage affiné, St Florentin fermier, fromage blanc

FÊTE DU SOUMAINTRAIN

A Soumaintrain aux alentours du 23 juin

FÊTE DE LA GOUGÈRE

Flogny-la-Chapelle

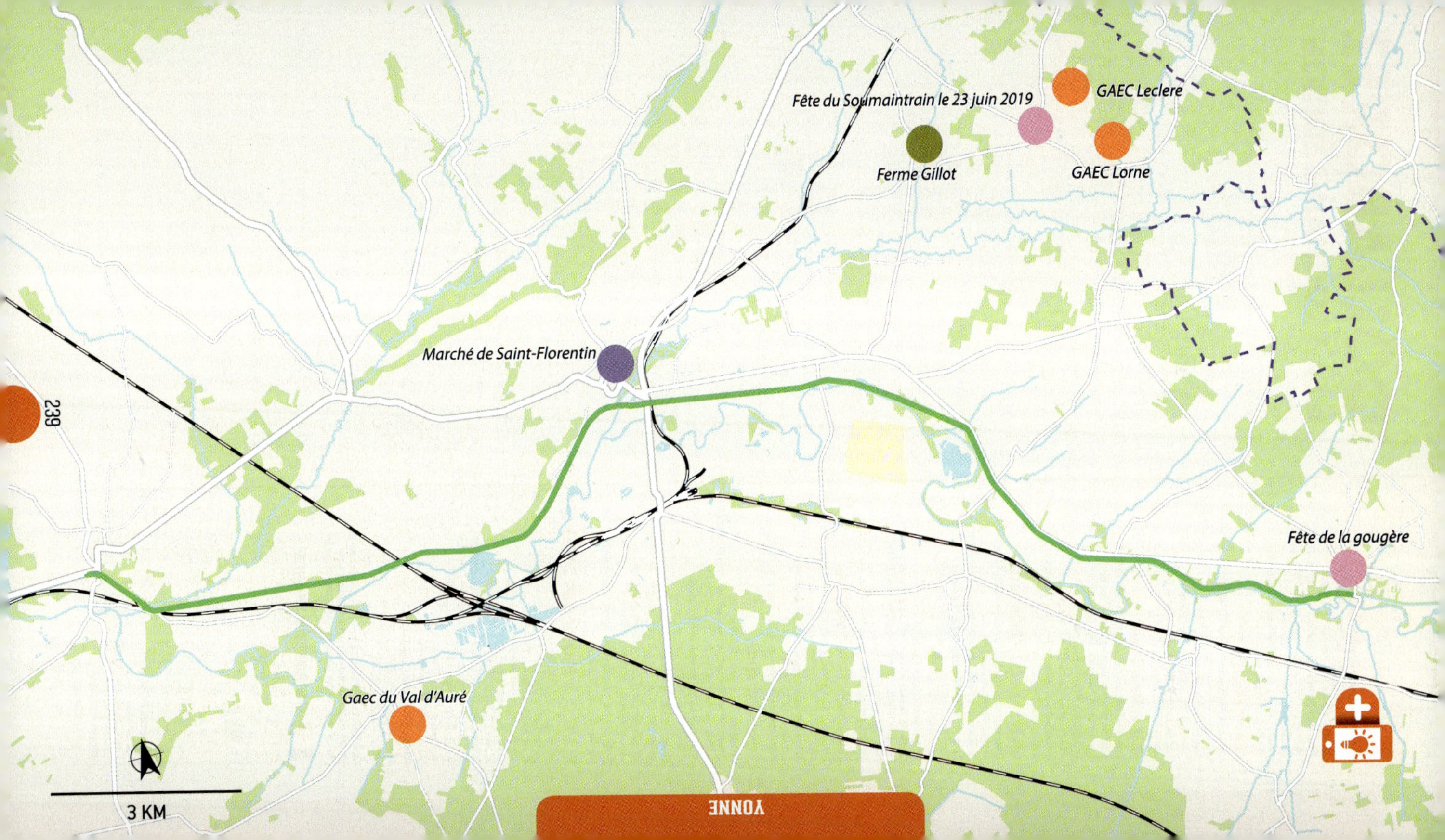
Fête du Soumaintrain le 23 juin 2019
GAEC Leclere
Ferme Gillot
GAEC Lorne
Marché de Saint-Florentin
239
Fête de la gougère
Gaec du Val d'Auré
3 KM
YONNE

ÉDITION

Directeurs de collection et auteurs : Dominique AUZIAS et Jean-Paul LABOURDETTE
Directeur Éditorial : Stéphan SZEREMETA
Rédaction France : Elisabeth COL, Tony DE SOUSA, Mélanie COTTARD et Audrey VEDOVOTTOO
En collaboration avec : Sophie LE MOUEL, Karine LASSUS, Anne FAYARD et les équipes des Départements labellisés.

FABRICATION

Responsable Studio : Sophie LECHERTIER assistée de Romain AUDREN
Maquette et Montage : Julie BORDES, Sandrine MECKING, Delphine PAGANO
Iconographie et Cartographie : Anne DIOT, Julien MAIREY et Julien DOUCET

WEB ET NUMÉRIQUE

Directeur Web : Louis GENEAU de LAMARLIERE
Chef de projet et développeurs : Nicolas de GUENIN, Adeline CAUX, Kiril PAVELEK
Intégrateur Web : Mickael LATTES
Webdesigner : Caroline LAFFAITEUR
Community Traffic Manager : Alice BARBIER, Mariana BURLAMAQUI et Vincent PHAM

DIRECTION COMMERCIALE

Directeur commercial : Guillaume VORBURGER assisté de Manon GUERIN
Responsable Régies locales : Michel GRANSEIGNE
Responsables Développement régie inter : Jean-Marc FARAGUET et Guillaume LABOUREUR assistés de Claire BEDON
Commercial : Yannick LEMARRE
Chefs de Publicité Régie nationale : Caroline AUBRY, François BRIANCON-MARJOLLET, Perrine DE CARNE MARCEIN, Caroline PREAU
Gestion commerciale : Vimla MEETOO et Assa TRAORE

DIFFUSION ET PROMOTION

Directrice des Ventes : Bénédicte MOULET assistée d'Aissatou DIOP, Sidonie COLLET
Responsable des ventes : Jean-Pierre GHEZ assisté de Nelly BRION
Relations Presse-Partenariats : Jean-Mary MARCHAL

ADMINISTRATION

Président : Jean-Paul LABOURDETTE
Directrice des Ressources Humaines : Dina BOURDEAU assistée de Sandra MORAIS et Eva BAELEN
Directrice Administrative et Financière : Valérie DECOTTIGNIES
Comptabilité : Jeannine DEMIRDJIAN, Adrien PRIGENT et Faiza ALILI
Recouvrement : Fabien BONNAN assisté de Sandra BRIJLALL et Vinoth SAGUERRE
Responsable informatique : Arney-David BADER
Standard : Assa TRAORE

VÉLO & FROMAGES 2020

LES NOUVELLES ÉDITIONS DE L'UNIVERSITE
18, rue des Volontaires - 75015 Paris.
✆ 01 53 69 70 00 - Fax 01 42 73 15 24
Internet : www.petitfute.com
SAS au capital de 1 000 000 €
RC PARIS B 309 769 966
Couvertures : © UWE MOSER © G.BLANCHON-CNIEL / © CIGC - Jean-Pierre Van Der Elst © Cyril CRESPEAU © AOP Ossau-Iraty © LAD Patrick GERARD
Impression : CORLET IMPRIMEUR 14110 Condé-en-Normandie
Achevé d'imprimer : Juillet 2020
Dépôt légal : Août 2020
ISBN : 9782305047577

Pour nous contacter par email, indiquez le nom de famille en minuscule suivi de @petitfute.com
Pour le courrier des lecteurs : info@petitfute.com

IMPRIMÉ EN FRANCE

PEFC
10-31-1510
Certifié PEFC
Ce produit est issu de forêts gérées durablement et de sources contrôlées.
pefc-france.org

COLLABOREZ
À LA PROCHAINE ÉDITION